KB234643

사회적 기업의
지속가능성과
기업가정신

사회적 기업의
지속가능성과
기업가정신

사회적 기업의 지속가능성과 기업가정신

최조순 지음

한국학술정보[주]

책머리에

　최근 사회의 다양한 문제 해결을 위해 우리나라에서는 다양한 대안들을 모색하고 있다. 특히, 장기적인 실업, 복지수혜의 사각지대의 해소, 사회 양극화와 같은 문제들의 해결을 위한 새로운 대안 모색에 적극성을 보이고 있다. 사회적 기업은 이러한 상황을 해결할 수 있는 대안이자 새로운 패러다임으로 주목을 받고 있다. 사회적 기업은 영국과 유럽, 미국 등에서 오랜 역사를 가지고 발달해왔고, 실제로 사회 취약계층에 대한 일자리 제공과 사회 서비스 제공, 이를 통해 사회통합에 기여하는 역할을 수행해왔다. 그리고 사회적 기업은 공익성을 추구하면서 스스로의 수익활동을 통해 독자적으로 생존할 수 있다는 특징으로 인하여 공익성과 사회 서비스를 제공해온 기존 영역과 차별성을 가진다.

　한국에서의 사회적 기업 역시 외국과 유사한 역할 수행의 목적으로 도입되었고, 그 역할을 충실히 수행해가는 과정 중에 있다. 그러나 외국의 사회적 기업과 달리 한국의 경우 사회적 기업의 활동 환경 여건이 아직은 미흡하고, 정부지원에 대한 의존성향이 강하게 나타나고 있으며, 사회적 기업의 자생력은 여전히 부족한 수준이다. 이러한 측면에서 볼 때, 사회적 기업의 지속가능성에 대하여 의미를 부여하기에는 아직 한계가 있다. 사회적 기업의 지속가능성과 관련된 기존 연구들은 사회적 기업의 개념, 태동 요인, 성장 요인 등에 대하여 살펴보기 위하여 특정 사례를 중심으로 살펴봄으로써 제도적·정책적 대안을 제시하는 수준에 그치고 있다. 그리고 사회적 기업의 기본원칙과 기준으로 작동할 수 있는 사회적 기업가정신에 대해서는 다양한 요인들 중 하나로 고려하여 이론적인 작동가능성에 대해 언급하는 수준에 불과하였다. 그러나 사회적 기업가정신은 사회적 기업의 태동부터 운영, 성장에 이르기까지 사회적·경제적 목적 달성, 사회적 기업이 활동할 수 있는 환경의 형성, 사회변화를 추구하는 데 가장 중요한 요인이라고 할 수 있다. 그래서 사회적 기업의 지속가능에 사회적 기업가정신이 어떻게 작동하고 어떠한 관계를 형성하는지에 대한 실질적인 규명이 필요하다.

이러한 배경하에 이 책에서는 '사회적 기업의 지속가능성에 대한 의미는 무엇인지', '사회적 기업가정신은 사회적 기업을 어떻게 지속가능하게 하는가', '이 둘의 관계는 어떻게 형성되고 작동되는가'에 대한 질문에 답함으로써 사회적 기업을 지속가능하게 하는 핵심 요인이 사회적 기업가정신임을 밝혀내고자 하였다. 이러한 연구 목적을 달성하기 위해 사회적 기업을 운영하는 대표와 운영자들을 대상으로 심층 인터뷰 조사와 자기 평가 설문을 실시하였다. 각 사회적 기업의 사회적 기업가정신을 살펴보기 위한 지표들은 사회적 가치 지향성, 혁신성, 진취성, 위험감수성으로 구성하였고, 사회적 기업의 지속가능성을 살펴보기 위한 지표들은 사회적 목적 달성, 경제적 기반, 환경적 수용성으로 구성하였다.

이러한 지표들을 중심으로 사회적 기업을 살펴본 결과는 다음과 같다. 첫째, 사회적 기업가정신은 사회적 기업마다 활동 영역, 목적, 설립 배경에 따라 다양하게 나타났다. 이는 사회적 기업가정신을 구성하는 각 요인들의 발현 정도가 사회적 기업마다 다르게 나타난다고 할 수 있으며, 사회적 기업가정신의 구성 요인들 중 사회적 가치지향성과 혁신성의 발현 정도는 높은 것으로 나타난 반면, 진취성과 위험감수성은 상대적으로 낮은 것으로 나타났다. 사회적 기업은 사회 문제, 공공의 문제를 해결하고자 하는 사회적 목적, 사회적 가치지향적인 성향을 가진 개인 혹은 집단으로부터 출발하였기 때문에 과거와는 다른 새로운 해결방안의 모색 및 시도가 진행되는 과정에서 사회적 가치지향성과 혁신성이 높게 나타났다.

둘째, 사회적 기업의 지속가능성 정도도 사회적 기업가정신과 마찬가지로 사회적 기업의 특성에 따라 다양하게 나타났다. 사회적 기업의 지속가능성을 구성하는 요인들 중 사회적 목적 달성은 높은 정도를 보여주고 있으며, 경제적 기반과 환경적 수용성은 상대적으로 낮았다. 사회적 목적은 사회적 기업의 설립의 배경 및 목적과 직접적으로 관련이 있기 때문에 높은 정도를 보여주고 있는 반면, 경제적 기반은 다양한 수익활동을 통해 경제적 기반을 형성하여 가고 있으나 상당 부분을 정부 재원에 의존하고 있기 때문에 낮은 정도를 보여주고 있다. 환경적 수용성은 사회적 기업이 활동할 수 있는 최소한의 제도적·정책적 기반은 형성되어 있으나, 일반 시장에서의 활동, 사회적 기업의 특성과 혁신이 발휘될 수 있는 환경적 여건이 미흡하기 때문에 낮게 나타났다.

마지막으로 이론에서 제시된 사회적 기업가정신과 사회적 기업 지속가능성은 실제로 관계를 형성하고 있는 것으로 나타났다. 사회적 기업가정신의 함양 정도가 높은 사회적 기업은 지속가능성 정도도 높았다. 그리고 사회적 기업이 지속가능하기 위해서는 사회적 목적, 경제적 기반, 환경적 수용성 요인들이 상호 유기적으로 작동할 수 있어야 지속가능할 수 있는 가능성이 높았으며, 이러한 지속가능성의 순환 과정에서 사회적 기업가정신은 사회적 목적 달성에 긍정적인 영향력을 행사하고, 이것은 다시 환경적 수용성으로 이어지고, 이것이 사회적 기업의 경제적 기반을 형성하는 선순환 구조를 형성하게 됨으로써 사회적 기업은 지속가능할 수 있다. 그러나 지속가능하다고 판단되는 사회적 기업에서도 이러한 선순환구조가 제대로 형성되지 않았다.

이러한 연구 결과를 토대로 이 책에서 사회적 기업이 지속가능하기 위한 정책적 제언을 제시하면 다음과 같다. 첫째, 사회적 기업이 지속가능하기 위해서는 사회적 목적, 경제적 기반 형성뿐만 아니라 환경적 수용성 측면도 매우 중요하다. 그러나 사회적 기업이 활동할 수 있는 환경적인 여건은 여전히 미흡한 여건에 머물러 있다. 이를 개선하기 위해서는 현실에 적합한 정책의 개발 및 지원, 사회적 기업에 맞는 차등적 지원, 직접 지원방식이 아닌 간접 지원 방식, 사회적 기업에 대한 일반 시민들의 인식 개선 노력, 다양한 주체들 간의 파트너십 형성 등 사회적 기업과 관련 이해당사자들의 부단한 노력이 필요하다.

둘째, 사회적 기업이 지속가능하기 위해서는 사회적 기업가정신이 중요한 역할을 수행하고 있음을 규명하였다. 그러나 현재 정부의 지원정책은 사회적인 목적, 사회적 기업가정신은 충분히 함양되어 있고, 제도적 지원이 미흡하다는 판단하에 운영적인 지원과 관련된 부분에 치중되어 있다. 사회적 기업이 지속가능하기 위해서는 활성화할 수 있는 지원제도보다는 사회적 기업의 원동력이라고 할 수 있는 사회적 기업가정신의 함양이 더 중요하다. 때문에 사회적 기업가정신을 함양할 수 있는 체계적이고 단계적인 교육 프로그램의 개발과 사회적 기업 종사자들을 대상으로 하는 재교육을 할 수 있는 지원체계의 마련도 필요하다.

마지막으로 사회적 기업이 지속가능하기 위한 출발점은 사회적 목적의 달성이다. 그래서 사회적 기업이 사회적 목적을 잘 달성하고 있는지 혹은 의미 있는 사회적 가치를 추구하고 있는지에 대해 사회적 기업 스스로 모니터링하고 진단할 수 있는 사회적 회계(social accounting) 등과 같은 자가 진단 혹은 관리 프로그램의 도입·구축이 필요하다.

이 책에서는 사회적 기업가정신과 사회적 기업 지속가능성 관련 연구가 이론적인 연구에만 한정되었던 것에서 벗어나 각 요인의 작동원리와 실질적인 관계를 밝혀냈다는 데 연구의 가장 큰 의의를 가진다. 즉, 사회적 기업이 지속가능하기 위해서는 각 구성요인들이 상호 유기적으로 작동하여야 하며, 이러한 작동과정에 사회적 기업가정신이 핵심적인 역할을 수행하고 있다는 것을 밝혀냈다는 데 그 의의가 있다.

contents

Ⅴ. 결론 _ 233

I

서 론

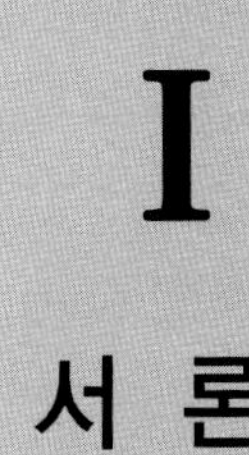

제1절 문제의 제기 및 연구의 목적

　지금 한국은 물론 세계 각국은 시장경제와 복지국가의 한계를 극복하기 위하여 사회적 경제의 등장에 대한 요구와 사회적 기업의 활용 등을 통한 기존 정책의 패러다임 변화 상황에 놓여 있다. 특히 계속되는 경제침체로 인한 문제는 국가를 위기 상태로 내몰고 있다. 국가 위기 상태를 겪고 있는 많은 국가들은 외부적으로는 국제기구의 도움, 다른 국가들과의 연대 등의 방안을 모색하면서 내부적으로는 사회를 통한 해결방안 모색을 시도하고 있다(Reich, 2007: 9). 특히, 장기적인 실업, 복지 수혜의 사각지대, 사회 양극화 등과 같은 사회 문제는 단일 영역만으로 해결할 수 없는 한계에 부딪히게 되면서 기존의 방식에서 벗어난 새로운 대안 모색에 적극성을 보이고 있다.

　한국의 경우 신자유주의, 세계화 등의 사조로 양적 성장의 시대를 경험하면서 경제적으로 그 혜택을 누려왔다. 하지만 그 이면에는 사회 양극화와 계층 간 빈부 격차라는 부산물도 함께 수반되었다. 특히, 1990년대 후반 IMF 위기와 2008년 글로벌 금융위기 이후 실업률의 급증, 고용의 부재 등의 문제는 사회 전반에 걸친 중요한 문제로 대두되었고, 사회 양극화를 심화시키는 원인으로 작용하였다. 이러한 사회 양극화, 사회적 배제, 실업 등의 문제들은 개인의 차원이 아닌 사회의 차원에서 구체화되고 심화되어 나타나고 있다는 점에서 각 사안에 대한 개별적인 문제 접근방식의 해결방안보다는 사회의 영역 안에서 대안을 모색하고 그것을 구체화시키는 것이 필요하다. 이러한 사회 영역 안에서의 문제 해결방안 모색에 관심이 많아지면서 새로운 대안 중 하나로 주목받는 것이 사회적 기업이다. 사회적 기업은 일반적으로 사회 취약 계층에 대한 일자리와 사회 서비스 제공 등의 사회적 목적을 추구하면서 기업 활동을 수행하는 조직이다. 가난한 여성들에게 소액신용대출 사업을 시행하는 방글라데시의 '그라민 은행', 잡지 출판·판매로 노숙자의 자활을 지원하는 영국의 '빅 이슈', 정부와 가전제품 회사로부터 받은 가전제품 재활용사업을 하는 프랑스의 '앙비' 등이 대표적인 사회적 기업의 사례이다.

이러한 사회적 기업은 복지 국가들의 변화에 부응하기 위해 시민사회 영역에서 자발적으로 생겨났으며, 재화와 서비스의 생산을 통해 사회적 배제 및 실업 문제에 대해 혁신적인 해결책을 제시하는 특징을 가지고 있다. 유럽 선진국들은 1970년대 이후 시작된 실업문제에 대처하기 위하여 기존의 수동적 노동정책인 실업급여 제도를 넘어서 노동자들이 노동시장으로 복귀할 수 있도록 직업 훈련과 경험을 갖게 해주는 적극적인 노동정책을 시행하였다. 그리고 1990년대 초반부터 노동시장정책과 사회보장정책이 혼합된 '2차 노동시장 프로그램'이 도입·실행되었는데, 이러한 정책들의 주요한 실천수단으로 노동통합형 사회적 기업이 활용되었다(Borzaga & Santuari, 2001; Evers & Schulze-Bönig, 2001; Laville, 2001; Leichsenring, 2001; Pättiniemi, 2001).

한국에서도 IMF 이후에 실업자 증가와 고용 침체의 문제를 극복하기 위하여 자활사업과 노인, 장애인, 여성 등 사회 취약계층의 일자리 창출과 같은 정책들이 시행되었으나, 실질적인 효과 측면에서 미비하였다. 결국 사회 전체적인 범위 안에서 공공부문과 민간부문 사이의 상승효과를 추구하면서, 일자리 창출과 사회 문제 해결의 실마리를 제공하는 대안으로 사회적 기업에 관심을 갖게 되었고, 사회적 기업의 육성과 지원 제도화의 노력 결과 2007년 사회적 기업 육성법이 제정되었다. 한국에서 사회적 기업은 2007년 사회적 기업 육성법의 제정을 계기로 지속적으로 성장하고 있는 중이며, 2011년 12월 말 현재 정부로부터 600개의 사회적 기업이 인증을 받았다.

사회적 기업은 사회 취약계층에게 일자리와 사회 서비스 제공과 같
은 공익성을 추구하면서 스스로의 수익활동을 통해 독자적으로 생존할
수 있다는 데 그 의의가 있다. 그러나 사회적 기업의 특성을 간과한
정부의 지원정책은 사회적 기업으로 하여금 정부재원에 대한 의존성향
을 키우는 결과를 낳게 되었다. 실제로 정부의 지원정책을 통해 인증
사회적 기업 수의 증가로 영역의 확장은 이루어지고 있지만, 사회적
기업의 영업이익이나 당기순이익 등과 같은 경제적 자생력은 확보하지
못하고 있다. 이로 인하여 사회적 기업의 주요 목적인 사회 취약계층
의 고용이나 사회 서비스 제공의 증가율도 둔화되고 있는 것으로 나타
나고 있다(고용노동부, 2010; 김을식 외, 2011). 사회적 기업이 현재 우
리 사회에서 취약계층의 일자리와 사회 서비스 제공을 통해 복지국가
의 한계를 보완하는 역할과 의미를 고려할 때, 사회적 기업의 지속가
능성 문제는 중요하게 다루어질 필요가 있다. 최근 사회적 기업의 지
속가능성과 그 중요성에 대해 강조하고 있지만, 그 개념조차 다양하고
통일되지 않고 있으며, 관련 연구조차 미흡한 상태이다. 이러한 사회적
기업의 지속가능성의 의미는 지금까지 사회적 기업의 활성화, 사회적
기업의 성과 등의 유사한 개념과 혼재되어 사용되어 왔으며, 주요 관
심은 "사회적 기업이 경제적인 성과를 내고 있는지", "경제적인 자립
을 실천하고 있는지"의 내용을 중심으로 다루어져 왔다. 즉, 지금까지
사회적 기업의 지속가능성 의미는 경제적인 자립을 통해 정부의 재원
의존도를 낮추고, 시장매출을 통해 안정적이고 지속적인 조직 운영을
가능하게 하는 것으로 보고 있다. 이러한 관점에서 사회적 기업이 지
속가능하기 위해서는 시장경쟁력 향상을 통해 달성할 수 있다고 보고
있다(김성기, 2010; 오미옥, 2009; 이광우, 2008; 이용탁, 2008).

그러나 이러한 연구들은 사회적 기업이 가지고 있는 특성이 배제된
일반 기업과 동일하게 바라보는 관점이라고 할 수 있다. 사회적 기업

은 일반기업과 달리 경제적 목적보다 사회적 목적을 더 우선시하며, 다양한 목적을 가지고 활동을 하고 있다. 그리고 사회적 기업의 활동 영역이 사회이고, 설립부터 운영에 이르는 과정에 공익적 가치를 실현하려는 다양한 이해관계자들과 끊임없는 관계를 형성하고 있다. 이러한 측면에서 보면, 경제적 성과의 측면만을 고려하여 지속가능성을 논의한다는 것은 현실적으로 부적절하다.

Speckbacher(2003)는 사회적 기업의 지속가능성을 이윤이나 경제적 요인 하나만으로 성공을 측정할 수 없는데, 그 이유는 경제적인 요인으로 측정할 수 없는 다른 산출물도 이윤 못지않게 중요하기 때문이라고 설명하고 있다(Speckbacher, 2003). 그러므로 사회적 기업의 지속가능성 개념에는 사회적 기업의 특성과 역할, 경제적 성과뿐만 아니라 사회적 기업의 존재 이유에 대한 가치 부분까지 반영하여 종합적으로 살펴보는 것이 필요하다.

그렇다면 사회적 기업은 어떻게 지속가능할 수 있는가? 사회적 기업을 지속가능하게 하는 요인으로 Moshe & Lerner(2006)는 설립단계의 자본기반, 공개토론에서 벤처가 갖는 혁신적 생각의 용인, 자원봉사자들의 비율을 포함한 벤처의 인적 자원 구성, 기업가의 사회적 네트워크 형성, 기업가의 전적인 헌신 등을 제시하고 있고, Maurriece(2004)는 마케팅 능력 및 수익성 보장, 사회적 안정, 소유의식 및 내생적 동참, 리더십, 기술이전 등을 들고 있다. 국내의 연구에서 이인재(2006)는 업종선택, 조직운영의 지도력을 갖춘 지도자와 경영 전문인 확보, 사회적 지원, 조직 내부 상호 통제시스템과 갈등 해소 등을 제시하고 있고, 정선희(2007)는 경영자의 리더십, 명확한 목표의식, 충분한 시장조사, 신속한 의사결정력을, 이광우(2008)는 경영 전략적 요인이나 경영자의 경영 역량, 협의에 의한 의사결정, 기업가정신, 다양한 자원의 연계를 통한 네트워크 확보, 정부 및 시장 환경 등의 환경적 요인을 주요 요인으로 제시하고 있다. 김성기(2010)는 다양한 이해관계자들의 참여를 통한 자원혼합을 통해 사회적 기업은 지속가능할 수 있다고 하고 있다. 그러나 이러한 요인들은 사회적 기업의 단기적인 목표 달성을 통한 성과와 관련된 요인이라고 할 수 있다. 즉, 특정 시점에 도달하고자 하는 목표를 실현하기 위한 요인으로는 작용할 수 있으나, 지속적이고 안정적인 상태의 유지를 위한 요인으로서의 작동은 기대하기 어렵다. 즉, 사회적 기업이 사회적 가치창출을 위해 지속적으로 안정성을 확보하기 위해서는 조직 내 시스템의 조화, 외부 환경과의 적절한 조화가 이루어져야 하는데, 기존의 연구에서 제시하고 있는 요인들은 이러한 부분을 충족시키지 못하고 있다. 그러나 사회적 기업가정신은 다양한 요인들을 적절하게 활용할 수 있고, 환경의 변화에 대해 적절히 대응하면서 사회적 기업의 특성을 유지할 수 있는 원칙으로 작동할 수 있다.

일반적으로 사회적 기업가정신은 사회적 목적을 실현하기 위하여 기업가적인 기지를 발휘하는 것이라고 할 수 있다. 실제 사회적 기업의 대표들은 사회적 기업가정신의 중요성을 강조하고 있다. 예를 들어, '핸인핸'은 중증 장애인의 노동통합을 위한 사회적 기업이며, 칫솔 사업과 카트리지 재생 등이 대표적인 사업이다. 핸인핸은 기존 장애인직업재활시설이 좀 더 혁신적으로 개발된 형태이고, 중증장애인이 노동에 참여하는 조건에서도 중저가 칫솔 시장을 공략하여 매년 20억 이상의 매출액을 달성하고 있다. 이러한 중증 장애인 사회적 기업이 열악한 조건 속에서도 사회적 목적을 실현하면서 스스로 일어날 수 있었던 바탕에는 사회적 기업가정신이 있었기 때문이다. 이외에도 많은 사회적 기업들의 역할과 활동의 배경에는 사회적 기업가정신이 바탕이 되고 있으며, 급변하는 환경이나 조직운영에 대한 적극적인 대응과 관련하여 대처할 수 있는 반응 원리로서 역할을 할 수 있다. 따라서 이 책에서는 사회적 기업가정신을 사회적 기업이 지속가능하는 데 주요 요인으로 고려하여 살펴보고자 한다.

지금까지의 사회적 기업가정신과 사회적 기업의 지속가능성과 관련된 연구들은 개념과 특징, 영향요인들을 규명하는 데 집중되어 왔고, 이 둘의 관계에서 실질적인 관계에 대한 연구는 부족하다. 즉, "사회적 기업가정신이 어떻게 사회적 기업을 지속가능하게 하는지", "사회적 기업이 지속가능하는 데 사회적 기업가정신은 어떻게 작동되는지"에 대한 연구는 거의 이루어지지 않고 있다. 사회적 기업의 지속가능성과 관련된 기존 연구(이용탁, 2009; Dees, 1998; Weerawardena & Mort, 2006)에서는 사회적 기업의 사회적 가치와 경제적 가치는 사회적 기업가정신의 발휘로 창출되는 결과라고 보고 있다. 그러나 이러한 연구들은 두 요인의 관계를 이론적인 측면에서의 가능성에 대해서 언급하고 있으며, 실제로 사회적 기업가정신이 어떻게 사회적 기업을 지속가능하게 하는지, 각 구성요인들은 어떠한 관계를 형성하는지에 대해서는 규명하지 못하는 한계를 보이고 있다. 이와 관련하여 이 책에서는 사회저 기업가정신이 사회적 기업을 어떻게 지속가능하게 하는지에 대해서 심층적으로 살펴보고, 이 둘의 실질적인 관계를 규명하고자 한다.

즉, 사회적 기업가정신과 사회적 기업 지속가능성이 관계가 있는지에 대해 살펴보고, 사회적 기업가정신이 어떻게 사회적 기업을 지속가능하게 하는지를 규명하는 것이 본 연구의 핵심이다. 이와 관련하여 본 연구자가 가지는 문제의식은 크게 두 가지이다.

첫 번째는 먼저 사회적 기업가정신과 사회적 기업의 지속가능성과 관련된 것으로써, 이 두 요인은 어떠한 요인들로 구성되며, 어떠한 특성을 가지고 있는가에 대한 문제이다. 이러한 문제는 사회적 기업가정신과 사회적 기업의 지속가능성에 대한 의미를 명확하게 함으로써 어떠한 구성요인들로 구성되며, 각 구성요인들은 어떠한 관계를 형성하는지에 대해서 살펴볼 것이다. 특히, 사회적 기업의 입장에서 어떠한 요인들이 고려되어야 하는지와 사회적 기업의 유형, 업종에 따라 이러한 요인들이 어떻게 작동되고 있는지에 대해 살펴볼 것이다.

두 번째는 사회적 기업가정신과 사회적 기업 지속가능성의 관계와 관련된 것으로서, 실제로 이 두 요인이 의미 있는 관계를 형성하고 있는가에 대한 문제이다. 이러한 문제는 사회적 기업가정신과 사회적 기업 지속가능성의 각 구성요인의 관계를 형성하는지에 대해서 살펴볼 것이다. 그리고 사회적 기업이 지속가능하기 위한 구성요인들 간의 순환체계에서 사회적 기업가정신은 어떻게 작동하고, 실제로 어떠한 부분에서 작동하고 있는지를 살펴볼 것이다.

이러한 일련의 과정을 통해 사회적 기업가정신과 사회적 기업 지속가능성의 관계를 구명할 수 있을 것이며, 실제로 사회적 기업가정신이 사회적 기업을 지속가능하게 하는 핵심 요인으로 작동하는지를 밝힐 수 있을 것이다.

제2절 연구의 범위와 방법

현재 한국의 공식적인 사회적 기업의 역사는 4년여에 지나지 않는다. 2007년 제정된 「사회적 기업 육성법」에 따라 2011년 12월 말 현재 고용노동부에 의해 인증을 받은 600개 사회적 기업들이 운영되고 있다. 사회적 기업의 개념적 특성인 공익성과 영리성의 추구는 장기적인 측면에서 볼 때 사회적 기업이 지속가능할 수 있는 가장 강력한 수단이 될 수 있지만, 단기적으로는 제반 환경이나 여건이 형성되지 않았기 때문에 지속가능성에 대한 의구심을 제기할 수밖에 없다. 그리고 사회적 기업의 역할과 책임론이 점차 증가되는 현시점에서 사회적 기업의 지속가능성과 관련된 이의를 제기하는 것은 현실적으로 당연한 것일 수 있다. 따라서 본 서의 목적은 사회적 기업이 어떻게 지속가능할 수 있는가? 그리고 사회적 기업가정신은 사회적 기업을 어떻게 지속가능하게 하는가에 대해 살펴보는 것이다. 이러한 목적을 수행하기 위한 연구의 대상과 방법을 제시하면 다음과 같다.

첫째, 이 책의 연구 대상은 사회적 기업과 사회적 기업가이다. 여기에서 사회적 기업가는 사회적 기업을 운영하는 대표, 관리 및 운영, 관련 담당자로 한정하고자 한다. 그리고 이 책에서는 지속가능성과 사회적 기업가정신의 이론적 고찰을 통해 조직적인 차원에서의 접근을 시도하고 있기 때문에 직접적인 연구의 대상은 사회적 기업이다.

둘째, 연구의 내용적 범위는 사회적 기업의 개념과 특징, 사회적 기업의 지속가능성과 사회적 기업가정신의 구성과 관계에 대해 논의하였다. 이러한 논의들을 통해 사회적 기업의 지속가능성과 사회적 기업가정신의 평가 지표를 설정하였다. 사회적 기업가를 대상으로 심층인터뷰(in-depth interview)와 자기 평가 설문조사를 통해 최종적으로 각 사례의 특징을 분석한 후 사회적 기업가정신과 지속가능성의 관계에 대해 살펴보고, 사회적 기업이 지속가능할 수 있는 정책적 함의를 제시하였다.

이 책의 연구 방법은 연구의 논의를 풍부하게 하기 위하여 문헌연구와 사례연구방법, 설문조사를 병행하여 사용하였다. 먼저 문헌연구에서는 국내외 학술지와 전문잡지, 그리고 고용노동부에서 발간한 사회적 기업 관련 자료를 이용하였다. 사회적 기업가정신이 어떻게 사회적 기업을 지속가능하게 할 수 있는지를 살펴보기 위하여 사례연구(case study) 방법을 활용하였다. 사례연구(case study) 방법은 특별한 사람, 사회 상황, 사건 등에 관한 충분한 정보를 체계적으로 수집하고 연구 대상이 어떻게 작동하고 기능하는가를 효과적으로 이해하는 데 적합한 연구방법이다(김구, 2008). 즉, '어떻게'와 관련된 문제를 해결하기 위해서는 다른 연구방법들보다 사례연구방법이 더 적절하다. 특히, 사례연구방법은 많은 표본을 사용하기보다는 한정된 변수에 대해 엄격한 프로토콜(protocol)에 따라 진행하는 연구방법으로 단순히 현상의 발생 자체나 빈도보다는 시간에 걸친 추적을 필요로 하는 조작적인(operational) 관계를 다루는 데 유용하다(Yin, 2008). 이러한 측면에서 볼 때, 사회적 기업가정신이 어떻게 작동하고, 어떻게 사회적 기업을 지속가능하게 하는지를 살펴보는 데는 사례연구방법이 가장 적합하다. 사례연구방법을 통해 이 둘의 관계를 심층적으로 살펴보고, 사회적 기업가정신이 사회적 기업을 지속가능하게 하는 핵심 요인임을 규명할 수 있을 것이다. 사례연구를 진행하기 위한 자료 수집은 사회적 기업의 대표 및 관리자, 담당자를 중심으로 개인에 의한 심층면접(in-depth interview)을 실시하였다. 본격적인 인터뷰 조사는 2011년 9월 20일부터 10월 20일까지 약 4주간 7명의 사회적 기업가를 대상으로 실시하였다. 인터뷰 분석은 패턴매칭(pattern matching), 삼각측정법(trangulation)을 활용하여 해석의 신뢰성을 높이고자 하였다.

그리고 사례연구방법을 보완하기 위하여 각 사례의 사회적 기업가들을 대상으로 사회적 기업가정신 및 사회적 기업의 지속가능성 정도에 대한 자기 평가와 해당 점수 부여에 대한 이유를 기재할 수 있는 자기 평가 설문조사를 실시하여 연구의 논의를 더욱 풍부하게 하고, 객관성을 확보할 수 있도록 하였다.

II

사회적 기업의 지속가능성과 사회적 기업가정신에 대한 이론적 논의

제1절 사회적 기업의 개념과 특성에 관한 이론적 고찰

1. 사회적 기업의 등장 배경

최근 사회적 기업(social enterprise)에 대한 관심과 더불어 다양한 영역에서 관련 연구가 활발하게 진행되고 있다. 이러한 사회적 기업의 등장은 자본주의 역사 변천과정에서 국가와 시장과의 관계 변화와 관련이 있다. 미국은 개인의 물질적 출세를 지나치게 강조하고 리스크, 다양성, 상호 의존성이 부족한 반면, 유럽은 개인의 자유보다는 공동체 내의 관계, 삶의 질, 지속가능개발, 인권과 자연, 다원적 협력을 강조한다(Rifkin, 2004: 12). 이처럼 사회적 기업이 처음 출현한 유럽과 미국은 서로 다른 역사적 배경을 가지고 있고, 학자들도 사회적 기업의 출현에 대해 다양한 시각을 가지고 있다. 그럼에도 불구하고 두 지역에서 사회적 기업이 등장하게 된 공통점은 기존 대응방식의 한계로부터 출발했다는 것이다. 즉, 시장실패에서 정부개입으로 전환한 후 정부실패 및 접근의 비효율성은 새로운 시장원리 도입의 필요성이 강조되었고 그것을 보완하기 위한 과정에서 사회적 기업이 등장했다고 할 수 있다.

사회적 기업의 선구자적인 위치에 있는 유럽과 미국의 경우에도 서로 다른 등장배경을 가지고 있다. 유럽의 사회적 경제 및 사회적 기업의 활동의 뿌리는 1800년대 중반의 사회경제적 어젠다의 기금조성 수단이었던 협동조합운동에서 그 기원을 찾을 수 있다(Alter, 2007). 반면 미국은 자선운동이나 비영리활동이라는 역사적 배경 속에서 등장을 했고, 1970년대 비영리기업들이 빈곤층을 위한 일자리를 창출하기 위한 방법으로 비즈니스 활동들을 규정하면서 발달하게 되었다(Alter, 2002; Kerlin, 2005).

1) 유럽의 사회적 기업 등장

유럽의 사회적 기업 활동의 뿌리는 1800년대 중반부터 시작된 협동조합운동에서 그 유래를 찾을 수 있다. 근대 자본주의가 본격화되기 시작한 지난 3세기 동안 많은 사람들이 불완전한 자본주의가 가지는 문제를 인식해왔고, 이러한 문제를 해결하기 위한 다양한 시도 중 하나가 노동자와 소비자가 함께 사업체를 소유하고 공동의 이익을 추구하는 협동조합(cooperative)[1]운동이다. 이러한 협동조합운동[2]은 기업을 소유한 상인의 수익보다는 노동자와 소비자의 혜택을 위해 운영된다는 개념으로 시작되었다(정무성 외, 2011; Alter, 2007; Ridley-Duff & Bull, 2011). 협동조합을 통해서 근로자 및 그 가족의 복지를 향상시킬 수 있는 계기를 마련하게 되었고, 이후 협동조합은 노동자 개인에서 마을지역으로, 마을지역에서 자치지역으로 그 범위가 확대·변화하게 되었다. 이러한 협동조합의 특성과 배경들이 사회적 기업에 반영되었으며, 빈곤층을 위한 사회정의 실현의 기능을 수행하고 있다(Alter, 2007).

서유럽국가들은 1970년대 후반부터 1990년대까지 경기침체와 실업률 증가로 복지국가의 위기에 봉착하게 된다. 유럽에서 사회적 기업의 등장은 복지국가의 위기 및 재검토 과정에서 출현했다는 배경을 가지고 있다. 또한 유럽의 사회적 기업은 협동조합 및 협회와 같은 사회적 경제운동의 두터운 기반을 가지고 1980년대 접어들면서 본격적으로 성

---

1) 협동조합의 특징은 영리사업을 통해 구성원인 조합원들에게 이익 배당을 하고 공동으로 의사결정을 수행하는 것이다. 이익 배당은 자신이 낸 돈에 비례하여 가져가지만, 의사결정은 동일하게 1인 1표를 행사하는 정치-민주적 의사결정 구조이다. 국내에도 농업협동조합, 수산업, 신협, 소비자생활협동조합 등이 있으며, 이를 지원하기 위한 법적 제도가 마련되어 있다(양세진, 2011).

2) 협동조합운동의 시작이라 할 수 있는 Robert Owen은 산업혁명 초기에 행해지던 노동자 착취에 큰 충격을 받고 이를 해결하기 위해 단계별로 실질적인 활동에 들어갔다. 먼저 그는 스코틀랜드 뉴 래크너에 있는 자기 소유의 방직공장에 좋은 품질의 상품을 약간의 이윤만 남기는 가격에 파는 상점을 열어서 대량판매로 아낀 돈을 직원들에게 돌려주었다. 이 상점은 협동조합운동이 탄생하는 계기가 되었다.

장하기 시작했다. 이러한 성장과정에서 사회복지사, 협동조합 운동가, 전통적 제3섹터의 조직 대표자, 사회적으로 배제된 노동자들이 사회적 기업에 참여할 수 있는 기회를 보장받게 된다(김성기, 2009). 사회적 기업의 법적 형태는 대부분 협동조합으로 존재하며 사회 서비스 공급 및 일자리 제공 등과 같이 이전에 없었던 수요에 주목하는 특징을 가지고 있다. 1990년대 이후 유럽 선진국에서 사회적 기업에 대한 관심이 증가하고 있는 이유는 무엇보다 정부의 복지정책 변화와 밀접한 관련을 갖는다. 특히, 복지 축소와 민영화의 과정이 진행되면서 정부에 의한 직접 서비스 제공방식이 퇴조하기 시작하고 동시에 전통적 자선 기관 및 기존 사회 서비스 기관에 대한 정부 보조금 지급이 줄어들게 되었다. 또한 경쟁 입찰을 통한 민간기관들의 사회 서비스 영역으로의 진입이 확대되게 된다. 이러한 환경변화는 사회적 기업 활동의 수요를 증가시켰고 새로운 사회적 기업의 등장 및 확대를 촉진하는 원인으로 작용하게 되었다(김혜원, 2008).

사회적 기업들은 복지국가가 재조정되거나 수요를 충족시키지 못하는 부분 즉, 장기실업자에 대한 고용 프로그램, 개별 사회 서비스 제공에 적용되었다. 이러한 대응에 따라 대부분의 유럽에서는 자연적으로 복지국가에 대한 의존을 다변화시키게 되었다. 그러나 사회적 기업의 활동영역은 기존의 사회 서비스 영역의 넓은 범주를 담당하기보다는 좁은 틈새시장을 주로 담당하는 보완자적인 위치를 차지하게 된다(Kerlin, 2005).

2) 미국의 사회적 기업 등장

미국에 사회적 기업이라는 용어가 처음 등장한 것은 비영리조직들의 상업 활동을 표현하기 위한 것이었는데, 이는 1960년대 말 비영리조직들이 고용창출사업을 시작하면서부터이다(Alter, 2007). 그리고 1980년대 이후 사회적 기업은 본격적으로 확장되기 시작하였다. 이러한 배경에는 미국 정부의 지원금 삭감과 관련이 깊다. 1960년대 미국정부는 'The Great Society Program'을 통해 빈곤, 교육, 건강 돌봄, 지역사회개발, 환경 등의 분야에 수십억 달러를 투자했다. 기금은 대규모의 관료조직을 형성하기보다는 대부분 관련 분야에서 활동하던 비영리조직들에게 제공되었다. 결국 이러한 배경은 비영리조직의 창출과 확대에 박차를 가하는 현상으로 이어지게 되었다(Salamon, 1995; Kerlin, 2005 재인용; Young, 2003). 그러나 1970년대 후반에 경제 불황과 경기침체로 인하여 1980년대에는 복지 분야의 긴축재정과 대규모 삭감이 이루어지면서 결과적으로 건강 돌봄을 제외한 비영리조직에 대해 380억 달러 정도 삭감되었다(Salamon, 1995; Kerlin, 2005 재인용). 1980년대 이후 사회적 기업 개념은 사회복지서비스를 제공하는 비영리조직이 서비스 제공을 유료화시키는 방식으로 본격적으로 확장되기 시작했다. 비영리조직들은 정부의 대폭적인 삭감에 따른 손실을 보완하기 위한 방법으로 사회적 기업을 선택했다. 점차적으로 비영리조직의 상업적 활동이 반영을 확대하기 시작했으며, 거의 대부분의 상업적 활동이 사회적 목적을 추구하는 측면에서 수용되는 폭넓은 의미로 변형되었다(Kerlin, 2005). 결국 미국에서 사회적 기업의 등장은 사회 서비스 분야의 서비스 공급과 재정보완 수단으로 도입되었고(Kerlin, 2005), 사회적 목적을 위해 수행되는 상업적 활동의 의미를 가짐과 더불어 구체적인 조직형태를 갖추기보다는 비영리조직이 상업적 방식으로 수익을 창출하는 방식으로 변화한 것이라고 할 수 있다.

미국의 사회적 기업은 비영리조직의 혁신적 비즈니스 활동으로 간주된다. 이러한 부분은 유럽의 경우 사회적 목적을 위해 상거래 활동으로 안정적인 재원을 확보하는 독립적 조직으로 정의되는 것과 비교된다(김성기, 2009). 비영리조직의 재정위기 극복을 위한 상업적 비즈니스 개발이 직접적인 계기가 되므로, 공공정책과 관련성이 높지 않다는 특성을 지닌다. 또한 비영리조직이나 기부문화가 활성화되어 있는 미국의 특징은 사회적 기업의 활성화 가능성을 높일 수 있고, 기업의 자선행위가 사회적 기업 발전의 도구로 활동되고 작용할 수 있다는 것으로 볼 수 있다.

3) 한국의 사회적 기업 등장

한국의 사회적 기업 등장은 1997년 IMF 외환위기와 깊은 관련이 있다. 경제 성장에 비해 실업과 빈곤의 문제에 취약한 복지국가 시스템이 개선되어야 한다는 사회적 요구가 정책 입안자와 시민사회 안에서 대두되었다. 이후 사회정책 측면에서 공공부조 제도, 일자리 창출 정책 등의 확대가 지속적으로 이루어져 왔다. 그러나 정부의 사회정책 확대에도 불구하고 사회 양극화, 비정규직의 확대, 일하는 빈곤층의 확산은 정부의 힘만으로는 해결하기 쉽지 않은 문제였다. 한편 고령화, 저출산 문제로 인한 사회 서비스에 대한 수요도 확대되었다. 사회 취약계층에 대한 단기적 실업대책의 실효성이 제기되었고, 사회 서비스 공급을 위한 일자리 확대의 필요성도 증대되었다. 이에 따라 2000년을 전후로 사회적 기업은 민간과 정부 양자로부터 사회문제 해결을 위한 새로운 대안으로 주목받기 시작하였다.

한국에서 사회적 기업의 역사는 1990년대 초반 빈민지역에서 시작한 생산 공동체 운동에 기원을 두고 있으며, 이후 사회적 기업은 민간 차원의 운동과 취약계층을 위한 정부의 일자리 정책과 병행하면서 발전하기 시작하였다. 정부의 일자리 창출 정책은 두 가지 형태로 전개되었는데, 하나는 노동 유인을 통한 소득보장 정책인 자활제도이며, 다른 하나는 공공부문 주도의 취약계층에 대한 일자리 확충 정책인 사회적 일자리 제도라고 할 수 있다. 이러한 취약계층, 주로 빈곤층이나 취업 취약계층에 대한 고용창출정책은 1997년 외환위기 이후 확대되어 왔고, 하나의 새로운 대안으로 사회적 기업이 모색되었다. 사회적 기업은 2007년 사회적 기업 육성법의 시행으로 제도화되었는데, 이것은 취약계층에 대한 지속가능한 고용창출과 사회 서비스 공급체를 육성하는 목적으로 이루어진 것이라고 할 수 있다. 이러한 법 시행에 따라 2007년 1차 인증 이후 2011년 12월 말 현재 600개의 사회적 기업이 인증되었다. 2010년 말 기준으로 약 13,500명을 고용하고 있고 이 중에서 약 7,800명은 사회 취약계층들을 고용하고 있는 것으로 나타났다(사회적 기업진흥원 홈페이지). 이러한 사회적 기업들은 대체적으로 정부의 사회적 일자리 사업이나 자활 사업을 통해 육성되는 경우가 많고, 장애인 분야도 직업재활시설이나 표준작업장과 관련이 많다(고용노동부, 2010; 김성기, 2009). 최근에는 지역형 사회적 기업으로 인증을 받은 후 인증요건을 갖추어 고용노동부의 사회적 기업으로 인증을 받는 경우가 점차 늘고 있다.

앞서 살펴본 유럽과 미국의 사회적 기업의 등장(유럽, 미국)과 한국의 사회적 기업의 특징을 비교하면 다음과 같이 정리할 수 있다. 한국은 유럽에 비해 협동조합의 전통(사회적 경제)이 취약하고, 미국에 비해 기부문화나 비영리조직의 토대가 취약하다. 첫째, Defourny & Nyssen(2006)이 지적하듯이 사회적 기업이 특정 서비스 욕구에 대응하는 방식은 각 복지국가의 상황 및 맥락에 따라 다양하다. 유럽과 한국의 경우는 복지국가가 재검토해야 하거나 이전에 없었던 수요에 주목하는 경향이 큰 반면에 미국의 경우에는 비영리조직이 재정위기를 극복하기 위해 상업적 비즈니스가 개발되었다. 유럽과 한국은 복지국가의 정책과 밀접한 관련이 있기 때문에 법적 지원체계가 존재하고, 미국의 경우는 상대적으로 공공정책과 관련성이 약하다고 볼 수 있다.

둘째, 제도·환경적인 맥락에 따라 사회적 기업의 형태도 다른 것으로 나타날 수 있다. 미국의 경우 비영리조직이나 기부문화가 활성되어 있고, 사간회적 기업의 활동도 이러한 부문의 수익창출 활동과 관련이 깊다. 각종 비영리조직이 수행하는 상업적 비즈니스를 사회적 기업으로 보기 때문에 그러한 활동을 수행하는 비영리조직과 그렇지 않은 비영리조직을 구분하는 것은 쉽지 않다(Kerlin, 2005). 그래서 미국의 사회적 기업을 조직적 차원에서 논의하는 것은 쉽지 않다. 유럽의 경우는 협동조합, 협회와 같은 사회적 경제 운동의 기반이 두텁고 공공정책과의 관련성도 크다. 이러한 이유로 유럽 대다수 국가에서 사회적 기업의 형태는 협동조합으로 존재하고 있다(Defourny & Nyssen, 2008). 영국의 경우에는 다른 유럽 국가들과 달리 협동조합뿐만 아니라 다양한 조직형태가 존재한다(김성기, 2009). 한국의 경우는 유럽의 경우와 비슷하지만, 사회적 경제의 전통이나 비영리활동의 기반이 유럽과 미국에 비해 취약하다. 그래서 정부정책에 의해 실업 및 사회 서비스 사업을 하던 주체들이 사회적 기업의 주요 주체로 활동하고 있다. 또한, 미국이나 유럽과 달리 상법상 회사의 조직형태를 사회적 기업의 조직유형의 범위에 포함시킴으로써 사회적 기업의 활동영역을 민간영역으로까지 확장하고 있다.

셋째, 사회적 기업에 대한 용어도 각 국가별 역사적 맥락과 사회적 상황에 따라 다르게 정의되고 있다. 미국에서 사회적 기업은 사회적 목적을 가진 비즈니스(business with social goals)로 사용되고 있으며, 상업적 수익창출에 목적을 두고 있다. 유럽과 한국은 사회적 목적을 가진 비즈니스 사업체(business organization with social goals)로 사용되고 있지만 유럽은 사회적 경제에 기반을 두면서 일자리 창출, 사회 서비스 제공, 지역재생의 측면을 강조하고, 한국은 비영리조직(일반 상법상 회사형태의 영리기업)에 기반을 두고 활동을 하면서 취약계층의 일자리 제공과 사회 서비스 공급을 강조하고 있다.

〈표 2-1〉 미국-유럽-한국의 사회적 기업 맥락 비교

구분			미국	유럽	한국
역사적 맥락	등장 배경		1980년대 정부의 복지 지원 축소 -비영리조직의 상업적 수익창출 전략에서 발전	1980년대 복지국가 위기 -실업, 사회 서비스 필요에 대응 -사회적 경제 운동	2000년대 취약계층 일자리 창출과 사회 서비스 필요에 대한 대응 -생산공동체운동 기원
	제도 관계		미흡	사회적협동조합법 (영국은 CIC)	사회적 기업 육성법
	조직	형태	비영리조직(501(c)(3))	협회 또는 협동조합	비영리조직 (일부 상법상 회사 포함)
		규모	아주 많음	적음(영국은 예외)	적음
용어적 맥락	목적		비영리조직의 사명을 지원하기 위한 이중적 비즈니스	사회적 편익 창출 -일자리 창출, 사회 서비스 공급, 지역 재생 등	사회적 편익 창출 -일자리 창출, 사회 서비스 공급
	의미		사회적 목적을 가진 비즈니스 (business of the goals)	사회적 목적을 가진 비즈니스 사업체 (business organization with social goals)	사회적 목적을 가진 비즈니스 사업체 (business organization with social goals)

자료: 김성기. 2009: 150.

정리하면, 사회적 기업은 합리적 존재인 인간이 자신의 이익을 위해 선택하고 경제행위를 하는 일차원적인 존재가 아니라는 관점에서 출발하고 있다고 할 수 있다. 즉, 인간은 개인의 효용극대화라는 하나의 목표만을 추구하는 것이 아니라 사회적 가치도 함께 추구한다는 것이다. 물론 사회·정치·경제적인 맥락의 차이로 인하여 유형, 운영방식의 차이는 있지만 사회적 기업이 가지고 있는 특징은 상품, 서비스, 고객, 시장, 비용 그리고 수익의 측면에서 기업으로 설계되고 운영되고 개인의 효용 극대화 원칙은 사회적 혜택 우선의 원칙으로 대체되어 사회적 목적 혹은 사회적 가치 실현에 더 큰 방점을 찍고 있다.

2. 사회적 기업의 개념

사회적 기업의 역할, 개념, 특징 등과 관련된 연구들이 지속적으로 진행되고 있지만, 여전히 '사회적 기업은 무엇인가?'에 대해서는 명확하고 통일된 개념 정의가 이루어지지 않았다(OECD, 1999). 이러한 배경에는 사회적 기업이 다년간 사회적 수요에 대응하는 과정에서 정부와 시민사회, 시장과의 관계적 측면의 변화, 사회·경제·정치 등과 같은 환경적인 내용들이 혼합되어 나타났기 때문이라고 할 수 있다. 그렇지만 지역사회 기여, 사회적인 가치 창출의 측면에서 유사한 목적을 추구한다는 공통점을 가지고 있다(Brouard & Larviet, 2010). 사회적 기업의 개념과 관련하여 다양한 학자들이 정의하고 있는 사회적 기업의 개념에 대해 정리하면 다음 <표 2-2>와 같다.

<표 2-2> 사회적 기업의 정의

연구자	사회적 기업의 정의
REDF(1996)	저소득층에게 경제활동의 기회를 제공하기 위해 수익활동을 하는 수익벤처
OECD(1999)	공익을 위해 사업가적인 전략으로 조직의 목적을 수익극대화가 아닌 경제적·사회적 목표의 실현에 두고, 사회적 배제와 실업 문제에 대해 혁신적인 해결책을 제시하는 조직
Bates et al.(2001)	사회적 목적을 실현하기 위하여 비즈니스 도구와 기술을 활용하는 조직
CONSCISE Project (2001)	사회적 기업은 경제 및 수익활동을 통해 사회적 목적을 실현하려는 비영리조직
Smallbone et al. (2001)	사회적 목적을 실현하기 위하여 경쟁적 비즈니스, 거래를 하는 조직
Bibby(2002)	커뮤니티를 지속하게 하거나 변화시키기 위하여 경제적, 사회적, 환경적 가치를 생산하는 조직
DTI(2002)	경제적 잉여를 지역사회에 재투자하는 주로 사회적 목적을 실천하는 비즈니스 조직체
Gray et al.(2003)	사회적 목적을 실천하기 위하여 비즈니스적인 감각을 사용하는 조직체
Paton(2003)	일반 비즈니스 사업체와 마찬가지로 경제적 수익활동을 하지만, 영리 목적이 아닌 조직의 목적과 비전을 실현하는 조직체
Pearce(2003)	사회적 기업은 영리를 추구하는 조직이 아니라 경제활동을 통해서 사회적 목적과 사회적 수요를 충족시키려는 조직체
Alvord et al.(2004)	사회적 기업은 비즈니스 경제 사업으로서 사회문제를 해결하고 시도하려는 조직
Crossan et al.(2004)	사회적 목적을 실현하기 위하여 비즈니스 모델을 사용하는 사회적 목적과 미션에 의해 운영되는 조직체

Haugh & Tracey (2004)	사회적 목적 실현을 위해서 거래활동을 하는 조직체
Alter(2006)	사회 문제의 해결, 시장 실패의 극복과 같은 사회적 미션을 달성하기위한 비즈니스 벤처
Defourny & Nyssens (2006)	공동체의 이익을 위한 분명한 목적과 직접적으로 관련되는 재화와 서비스를 제공하는 비영리조직
Desa & Kotha(2006)	사회적 니즈의 해결을 과학적 방법을 통해 해결하는 과학기술 벤처
Gould(2006)	사회적 목적을 실현하거나 사회적 목적 실현을 위해 수익활동을 하는 비즈니스 조직체
Haugh(2006)	사회적 목적을 실현하기 위해 거래 및 수익활동을 전개하는 다양한 조직들의 집합체
Hockerts(2006)	이익을 추구하는 일반 비즈니스 영역과 사회적 목적을 추구하는 비영리 영역이 중첩되는 사회적 목적을 추구하는 혼합적 조직체
Thompson & Doherty(2006)	사회적 문제를 비즈니스 기법을 통해 해결하려는 조직체
Babos et al.(2007)	사회 취약계층을 위한 노동 통합 및 사회 서비스를 제공하는 조직체
Cochran(2007)	사회적 문제 해결에 헌신을 다하는 조직체
OTS3)(2007)	사회적 목적을 추구하고 경제 활동을 통해 발생하는 이익은 지역사회에 재투자하는 조직체
Institute for Social Entrepreneurs	경제적인 측면뿐만 아니라 사회적, 환경적 측면의 문제들을 해결하기 위하여 수익 전략을 사용하는 조직체
OECD–LEED Programs	법적인 형태에 상관없이 기업가정신을 바탕으로 경제적, 사회적 목적을 추구하는 조직체
Social Enterprise Alliance	기업가적 방법, 수익전략을 통해 사회적 목적을 실천하는 조직체
Social Enterprise London	사회적 목적의 실현을 위해서 경쟁적 비즈니스 활동을 추구하는 조직체

자료: Brouar D 사 & Laviet, 2010: 33-38.

<표 2-2>에서도 볼 수 있듯이 사회적 기업에 대한 개념 정의는 학자별, 분야별로 매우 다양하게 다루어지고 있다. 그렇지만 각 개념에 내포되어 있는 공통적인 핵심은 크게 사회적 목적과 목적을 실현하기 위한 운영 수단으로 구분할 수 있다. 먼저 사회적 기업의 목적과 관련된 특징을 살펴보면, 첫째, 사회적 기업은 사회적 니즈(needs)와 문제의 해결을 핵심으로 하는 사회적 목적을 가지고 있다. 둘째, 사회적 기업은 정도의 차이는 있지만 긍정적인 사회 변혁과 혁신을 추구한다. 셋째, 사회적 기업은 지역사회의 발전을 추구한다는 것이다. 사회적 기업

---

3) Office of the Third Sector.

이 추구하고자 하는 주요 목적은 사회적 문제 해결, 지역사회의 문제 해결, 사회적 니즈와 같은 사회적인 부분에 관심을 갖고 이를 해결하고자 한다는 것이다.

다음으로 사회적 기업의 운영과 관련된 부분을 살펴보면, 첫째, 사회적 기업은 비즈니스적인 접근과 도구를 사용한다. 둘째, 사회적 기업은 다양한 자원 혼합에 의존한다. 이를 통해 특정 자원에 의존하기보다는 재정적인 자립을 추구한다. 셋째, 사회적 기업은 시장영역에서 재화와 서비스 제공과 관련된 부분에 종사한다. 넷째, 사회적 기업은 시장과 고객 중심으로 운영되며, 경쟁적 비즈니스를 수행한다. 다섯째, 사회적 기업은 위험감수적 성향을 가지고 있으며, 사회적 가치와 경제적 가치를 동시에 추구한다. 여섯째, 사회적 기업은 잉여이익에 대해서 사회적 목적을 위해 재투자를 한다(Brouard & Laviet, 2010: 37-38). 이러한 측면에서 보면 사회적 기업은 사회적인 문제 해결과 목적을 실현하기 위하여 기존의 비영리조직들과는 다른 혁신적이고 새로운 방법을 통해 스스로 자원을 동원하기 위한 노력을 하는 조직이라고 할 수 있다.

이상의 논의를 토대로 사회적 기업의 개념화는 다음 세 가지 측면에서 접근해볼 수 있다. 먼저 혼성조직이라는 측면에서 사회적 기업의 사회적 가치와 경제적 가치가 어느 선상에 위치하고 있는지에 대해 살펴보고자 한다. 그리고 사회적·경제적 측면에서 사회적 기업이 협동조합과 비영리조직 혹은 제3섹터와의 관계 속에서 어디에 위치하고 있는지 살펴보고, 마지막으로 국가경제, 시장경제, 민간경제와의 관계 속에서 사회적 기업이 어디에 위치하고 있는지 살펴보고자 한다. 중요한 것은 어떤 방법으로 사회적 기업의 개념화를 시도하든지 사회적 기업이라고 불리기 위해서는 노동통합과 훈련 프로그램 제공, 사회 서비스 제공을 통해 지역사회에 기여를 해야 한다는 것이다(양세진, 2011; Defourny & Nyssen, 2008).

먼저 혼성조직이라는 관점에서 보면 사회적 기업의 위치는 다음 <그림 2-1>과 같다.

<table>
<tr><td>전통적인
비영리</td><td>수익을 창출하는
비영리조직</td><td>사회적
기업</td><td>사회적
책임기업</td><td>사회적 책임을
실천하는 기업</td><td>전통적인
영리</td></tr>
</table>

사명동기 •
이해관계자 책임성 •
수입의 프로그램이나 운영비에 재투자 •

◦ 이윤 추구 동기
◦ 소유주 책임성
◦ 소유주에 대한 이윤 재분배

자료: Alter, 2007.

〈그림 2-1〉 혼성 조직 스펙트럼

<그림 2-1>에서 보는 바와 같이 사회적 기업은 사회적 목적과 이윤 추구를 동시에 추구하는 혼성화의 성격을 가진 조직이라고 할 수 있으며, 조직의 목적을 어느 쪽에 중점을 두느냐에 따라 달라질 수 있다. 하지만 사회적 기업은 경제적인 가치 기반 위에 사회적 가치를 창출하는 목적을 추구한다고 볼 수 있다.

다음으로 협동조합, 비영리조직, 사회적 기업과의 관계에 대해서 살펴보면, <그림 2-2>에서 보는 바와 같다.

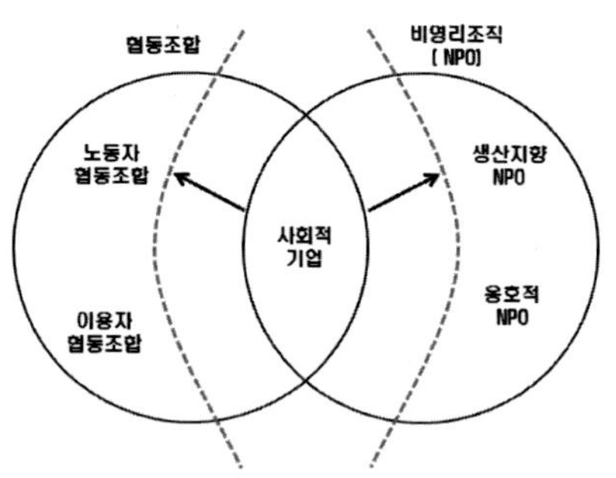

자료: Defourny, 2001: 22.

〈그림 2-2〉 협동조합, 비영리조직과
사회적 기업의 관계도

<그림 2-2>에서 보는 바와 같이 사회적 기업은 협동조합이나 비영리조직에 의해 창출되는 경제적 이익을 대체하거나 이들과 경쟁관계에 있기보다는 이 양자가 생산하는 사회적 경제 영역을 더욱 풍성하게 확대하고 재생산하는 역할을 수행한다고 볼 수 있다(Defourny, 2001).

마지막으로 공공경제와 시장경제, 민간경제와의 관계 속에서 사회적 기업의 위치를 살펴보면, <그림 2-3>과 같다.

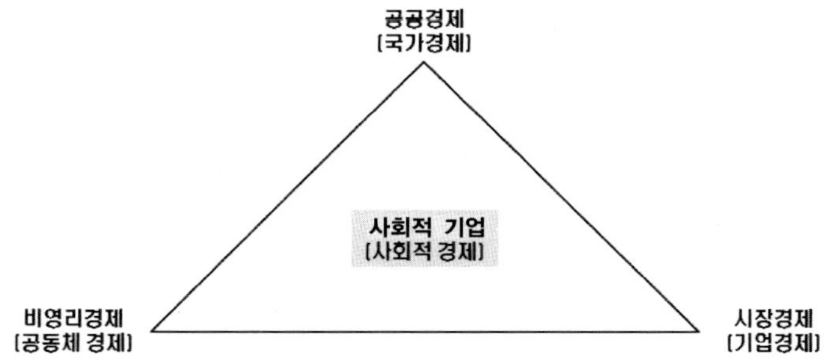

자료: Defourny, 2001.

〈그림 2-3〉 국가-시장-비영리 경제구조 속에서의 사회적 기업의 위치

<그림 2-3>에서 볼 수 있듯이 사회적 가치와 경제적 가치를 동시에 추구하는 사회적 기업의 구조적 특징을 보여주고 있다. 사회적 기업은 다양한 영역에 걸쳐 나타나기 때문에 하나의 기준으로 명확하게 개념화하는 것이 쉽지 않다. 따라서 사회적 기업의 개념은 총체적(constellation) 접근으로 이해하는 것이 가장 적절할 수 있다(Defourny, 2001).

이상의 논의를 통해 알 수 있듯이, 사회적 기업을 하나의 개념으로 설명하는 것이 한계가 있기 때문에 사회적 기업에 대한 문헌이나 현장에서 사용되는 사회적 기업의 의미는 다른 유사한 용어들과 동일선상에서 혼용되고 있으며, 때로는 다른 의미로 때로는 같은 의미로 대체되어 사용되고 있다(Defourny & Nyssens, 2008).

한국에서도 사회적 기업의 특징과 역할에 대해서 다양한 관점들이 공존하고 있다. 첫 번째, 사회적 기업의 지원과 관련된 부분이다. 사회적 기업의 인건비 지원을 통한 사회 취약계층의 일자리 창출을 위한 것이고, 장기적으로 국가경제에 기여할 것이기 때문에 소모적이기보다는 사회투자의 관점으로 보아야 한다는 관점과 현재 지원제도 속에서 사회적 기업은 영세하며, 효율성과 전문성, 생산성이 낮기 때문에 지속가능한 성장과 발전이 어렵다. 그렇기 때문에 사회 전체적으로 비효율성을 초래한다는 관점이 공존하고 있다.

두 번째, 사회적 기업의 역할에 관한 관점이다. 사회적 기업은 사회적 가치를 추구하는 역할을 하기 때문에 일정수준의 적자를 감내할 수 있으며, 적자 부분은 정부의 지원을 통해 보완해주어야 한다는 관점과 사회적 기업도 기업이고 영업이익을 지속적으로 증대해야 한다는 관점이 함께 존재하고 있다. 이렇듯 한국에서도 사회적 기업을 바라보는 관점 역시 외국의 경우 못지않게 다양하게 존재하고 있으며, 어떠한 관점에서 해석하고 있느냐에 따라 상이한 의미로 해석되고 있다.

이러한 특징들을 바탕으로 사회적 기업의 정의를 최광의, 광의, 협의로 살펴보고, 이 책에서의 사회적 기업 개념을 정의하고자 한다. 첫째, 사회적 기업의 최광의 개념을 정의하면, 사회적 기업은 사회문제, 공공문제를 기업적인 방식으로 접근하고 해결하려는 기업으로 볼 수 있다. 주로 미국의 사회적 기업 접근방법으로 볼 수 있다. 예를 들어, 중세수도원에서 추진했던 바자회가 일종의 사회적 기업의 역사적 효시라 할 수 있다. 바자회는 수도원의 경제적 문제를 해결하기 위한 시도였으며, 수익금은 다시 사회적 가치와 종교지도자들의 삶을 위해 사용되었다. 바자회를 통한 수익은 중세 서민들의 삶에 영향을 미치는 것이었기 때문에 사회적 목적을 갖고 있다고 볼 수 있다. 최광의 개념의 사회적 기업에는 노동부 인증 사회적 기업, 기업의 사회적 책임(Corporate Social Responsibility; CSR), 시민사회단체의 수익사업,[4] 종교기관의 수익사업[5] 등이 포함될 수 있다.

둘째, 사회적 기업을 광의의 개념으로 정의하면, 사회적 기업은 사회적 가치를 우선적으로 추구하면서 그 한계 내에서 경제적 이익을 추구하는 조직들이다. 영국의 사회적 기업 접근으로 이해할 수 있다. 영국은 사회적 경제라는 개념보다는 자원봉사(voluntary sector)라는 개념을 보편적으로 사용한다. 자원봉사 영역은 사회적 경제를 포괄하는 조직뿐만 아니라 자선단체와 자조 조직을 포함하는 보다 넓은 개념으로 이해할 수 있다(양세진, 2011). 따라서 광의의 의미에서는 우리나라에서 아직 사회적 기업으로 인증을 못한 한살림과 같은 생활협동조합, 지역형 예비 사회적 기업, 마을기업, 커뮤니티 비즈니스 등이 포함될 수 있다. 이러한 개념정의는 사회적 기업을 생산된 결과물인 제품으로만 판단하는 것은 곤란하며, 기업의 형성동기, 생산과정 그리고 결과물에 대한 전체적인 내용을 포함하는 전체적인 그림(holistic picture)을 그릴 수 있는 관점에서 사회적 기업에 접근하고 있다.

셋째, 협의 개념의 사회적 기업은 우리나라 고용노동부에서 정의하고 있는 사회적 기업이라고 볼 수 있다. 고용노동부는 사회 취약계층을 고용하거나 취약계층을 대상으로 사회 서비스를 제공하는 기업을 사회적 기업으로 정의하고 있다. 이러한 관점은 사회적 기업에 대한 역할과 기준이 제한되어 있기 때문에 사회적 기업의 역할적인 측면보다는 제도적 합치 측면을 강조하고 있다.

이러한 사회적 기업의 다양한 개념 정의와 특징, 관점을 토대로 이 책에서는 '사회적 기업은 재화·서비스 제공 등의 경제적 수익활동과 다양한 이해관계자들과의 사회적 관계 형성을 통해 사회적 가치를 지

---

4) YMCA의 아기스포츠단 등 체계적, 지속적인 수익구조를 갖고 수익활동을 하는 비영리사업들이 포함될 수 있다.

5) 종교단체에서 특정 제품을 만들어 판매하는 활동들이 포함되며, 보금자리라는 잼을 만들어 판매하는 수녀회가 있다.

속적으로 실현하기 위해 자발적으로 결성된 조직 혹은 집단'으로 정의
하고자 한다. 사회적 기업의 범위는 고용노동부의 인증 사회적 기업뿐
만 아니라 지역형 예비 사회적 기업, 생활협동조합, 협동조합, 마을기
업 등을 포함하는 광의의 사회적 기업 개념으로 사용하고자 한다.

사회적 기업은 사회적 목적 실현을 위해 지역사회의 다양한 이해관
계자들과 사회적인 관계를 형성하고 사회 문제해결을 주된 목표로 한
다. 사회적 문제는 빈곤, 실업, 고용 등과 같은 문제가 될 수 있다. 그
러나 이 책에서는 사회적 문제를 전통적으로 국가가 해결해야 할 문제
로 인식되었던 빈곤, 실업, 고용, 사회복지의 문제들뿐만 아니라 교육
과 간병, 가사지원, 보육, 환경, 문화·예술·관광, 양극화, 지역통합
등 현대 사회가 경험하고 있는 다양한 사회적 문제들을 포함하는 것으
로 보고자 한다. 또한 사회적 문제는 정책 환경이 변화함에 따라 전통
적으로 국가의 힘만으로는 해결할 수 없는 문제들을 민간부문과 연계
혹은 협력해 나가야 하는 문제들이라고 개념화하고자 한다.

3. 사회적 기업의 특징

1) 혼성 조직

사회적 기업은 사회적 가치창출을 중심으로 하는 전통적 비영리조직
과 경제적 가치창출을 중심으로 하는 비즈니스 조직 사이의 교차점에
위치하면서 이들의 특징을 둘 다 가지고 있다. 이러한 혼합적인 특징
은 사회적 가치와 경제적 가치를 생산하며 조직의 목적과 책임성, 수익
의 사용과 관련된 활동 정도에 따라 달라질 수 있다. 이러한 혼합적 특
성을 가지는 조직들의 특성은 다음 <표 2-3>과 같이 정리할 수 있다.

〈표 2-3〉 혼성 조직의 특징

구분	순수한 자선	혼성 조직	순수한 영리
동기	온정, 선의에 호소	혼합된 동기	자신의 이익에 호소
방법	사명지향적	사명과 시장과의 조화	시장지향적
목표	사회적 가치 창출	사회적, 경제적 가치 창출	경제적 가치 창출
수익 이윤의 용도	비영리조직의 사명 활동들을 지향 (법과 조직의 방침에 요구됨)	미션활동들과 운영비에 재투자되거나 기업의 성장과 발전을 위해 유보됨	주주와 소유주에게 분배

자료: Dees, 1998: 3-5.

혼성 조직으로서의 사회적 기업은 사회변화를 위한 해결방안을 사회적 기업가정신에서 얻고자 하며, 조직의 지속가능성을 위하여 재화와 서비스를 통한 수익창출을 위해 다양한 자원의 흐름을 유도하려고 한다(정무성 외, 2011).

사회적 목표는 매우 다양하고 폭넓은 조직사명과 분야에서 사명의 성취와 관련된 부분이라고 할 수 있다. 예를 들면, 가난한 사람들을 위한 경제적 기회의 제공, 장애인들을 위한 고용, 문맹자들을 위한 교육 및 인간권리의 보호, 시민사회의 역량강화 등이 사회적 사명 성취와 관련된 부분이다. 특히 최근 우선적으로 고려되는 사회적 문제는 사회 취약계층의 일자리 및 서비스 제공을 통한 사회통합이라고 할 수 있다. 재정적 목표는 다양한 투자와 기업의 수익모델에 따른 재원조달과 관련된 부분이라고 할 수 있다. 재무적 평가는 기업부문과 비영리부문 모두로부터 요구되는 부분이다. 예를 들어, 사회 서비스의 비용회수, 자기금융 프로그램 또는 조직의 운영비를 보조하기 위한 이익을 창출하는 활동 등이 있다. 실제로 사회적 기업은 사회적·경제적·환경적인 부분을 포함하는 다양한 가치를 생산하고 있다. 다만, 우선적으로 고려되고, 조직의 사명과 중요하게 연계된 가치의 생산에 집중함으로써 그 외에 생산되는 가치들은 두드러지지 않을 수 있다.

2) 사회적 목적달성을 위한 시장지향성

전통적 비영리조직이 사회복지, 보건, 교육과 같은 공공서비스를 무료나 저비용으로 제공하는 것과 달리 사회적 기업은 재화와 사회 서비스의 판매를 통한 수익활동을 한다는 점에서 차이가 있다. 이러한 수익활동은 조직의 재정적 안정성을 갖추게 하고, 사회적 목적과 가치를 창출하기 위한 토대를 형성한다는 측면에서 그 의의가 있다. 이러한 수익활동은 지속적인 영업활동이나 위험을 감수하는 활동, 유급 노동을 통한 경영 효율성 추구 등으로 대표될 수 있으며, 이는 EMES(European Research Network, 2008)에서 내린 정의6)와 그 맥을 같이한다고 볼 수 있다.

시장지향성은 사회적 목적을 달성하는 데 자원의 효과성과 효율성 측면에서 긍정적인 영향을 미칠 수 있으나 기업의 존립을 지나치게 강조하여 자칫 수익활동에 큰 비중을 두어 조직의 사명을 잃고 정체성을 상실할 수 있다(Austin, 2006). 때문에 사회적 목적과 시장지향성(경제적 가치)의 관계와 관련된 논점이 존재한다. 즉, 경제적 가치가 사회적 목적을 위해, 사회적 목적의 범위 내에서 수행되는 것인지 아니면 사회적 목적과 경제적 가치를 동시에 추구해야 하는지와 관련된 논점이 존재한다. 이와 관련하여 본 논문에서는 사회적 기업의 생산적·본질적 속성이 사회적 목적과 결합되어야 하는 것으로 보고자 하며, 사회적 기업의 경제적 목적은 사회적 목적에 통합되어야 정당성 확보가 가능하다고 본다.

---

6) EMES는 '사회적 기업은 공동체(지역사회)의 이익을 위한 분명한 목적에 직접적으로 관련된 재화나 서비스를 제공하는 비영리 민간 조직'이라고 정의를 하고 있다(EMES, 2008).

3) 자원의 혼합

사회적 기업이 자신의 사명을 지속적으로 유지하는 데 필요한 자원을 동원하는 것은 매우 중요한 부분이다. 미국 내 비영리기업의 수입 중 절반은 관련 사업에서 벌어들인 각종 수입이며, 기부금이 20% 정도를 차지하고, 나머지 자금은 정부로부터 지원을 받는다(Brooks, 2009).[7] Gardin(2006)에 의하면, 서유럽 11개국 160개의 노동통합사회적 기업을 대상으로 한 연구 결과 자원혼합의 특성이 발견되었는데, 시장자원이 55.7%, 공공자원 36.9%, 호혜적 자원이 7.4%로 구성되어 있다고 설명하고 있다(Gardin, 2006). 고용노동부(2010)에 의하면 한국의 사회적 기업도 시장자원 69.2%, 공공자원 24.7% 호혜적 자원 6.1%의 수준이다.

〈표 2-4〉 서유럽과 한국 사회적 기업의 자원혼합의 양상

구분	시장자원	공공자원	호혜적 자원
Gardin(2006)[1]	55.7%	36.9%	7.4%
고용노동부(2010)[2]	69.2%	24.7%	6.1%

자료: Gardin, 2006: 123 재구성. 고용노동부, 2010.
주: 1) EMES의 서유럽 11개국, 160개 노동통합사회적 기업을 대상으로 한 PERSE 프로젝트에서 자원혼합의 특성이 확인되었고, Gardin(2006)은 사회적 기업의 자원은 시장자원, 공공자원, 호혜적 자원으로 구성되어 있다고 하였음.
　　2) 2009년 12월 말 인증 사회적 기업을 대상으로 한 성과평가 결과를 활용하였음.

이와 같이 사회적 기업의 자원은 시장을 통해서만 확보되는 것이 아니라 정부보조금과 같은 공공영역의 자원과 기부금, 회비 등과 같은 시민사회로부터의 자원들이 동원되고 있다. 이러한 사회적 기업의 자원혼합은 시장수입을 통해 적정 수준의 자원을 확보하지 못하고 공공정책과 다양한 지역사회 및 공동체의 자원 동원 전략의 차원에서 자원

---

7) 미국 내 비영리기업의 유형에 따라 상당하게 차이가 있으며, 사회복지단체들은 전체 자금 중 평균 52%를 정부로부터 받으며, 사업으로 벌어들이는 수입은 30% 이하이다(Brooks, 2009).

혼합이 이루어질 가능성이 크다. 예를 들어 의료생활협동조합의 경우, 자원의 주요 출처는 조합원이며, 신규 투자나 자금 확보를 위해서 출자와 증자를 통한 자원 동원 전략을 구축하고 있다. 따라서 사회적 기업의 자원 동원은 그 조직이 갖고 있는 자원 동원 능력과 조직구성원들의 참여, 지역사회와의 관계 등을 고려하여 가장 적합한 자원 동원 방법을 모색한다고 할 수 있다. Laville & Nyssen(2001)에 의하면 사회적 기업의 자원혼합은 시장자원과 공공자원, 호혜자원 등을 복합적으로 동원하고 있고, 이때 제 영역의 자원은 일정 비율에 의한 균등한 혼합이 아니라 복합적이고 다중적인 혼합의 형태를 형성한다는 것이다. 특히 사회적 기업은 기본적으로 공동체의 이익을 추구하는 조직이고, 이를 위하여 다양한 자원을 동원하는 측면은 Polany가 주장하는 실체적 경제(substantive economy)[8]와 유사한 성격을 갖는다고 할 수 있다. 이러한 실체적 경제는 호혜적 관계에 기초하고 있고, 하나의 영역을 중심으로 다양한 영역으로의 확장과 연결을 이끌어낸다는 특징을 가지고 있다. 결과적으로 사회적 기업의 다양한 자원 동원과 혼합은 경제적 기반의 형성뿐만 아니라 사회적 자본을 형성하는 기회를 제공한다고 볼 수 있다. 실제 사회적 기업은 다양한 영역에서의 자원들이 동원

---

8) Polany에 의하면, 인간의 경제행위와 제도를 올바로 이해하기 위해서는 경제적(economic)이라는 개념이 갖는 이중적 의미를 구분할 필요가 있다고 주장한다. Polany는 경제적이라는 개념을 실체적(substantive) 의미와 형식적(formal) 의미로 구분한다. 실체적 의미의 경제란 인간의 삶이 자연과 자신의 동료들에게 의존하는 상황에서 인간의 경제적 행위는 물질적 욕구를 충족하기 위해 이들과 벌이는 상호작용으로 이해된다. Polany는 인간의 삶에 대한 연구는 이러한 실체적 의미의 경제에 대한 연구이어야 한다고 강조한다. 이에 반해 경제의 형식적 의미는 목적과 수단의 논리적 관계와 관련된다. 즉 어떤 목적을 달성하기 위하여 제한 수단을 합리적으로 사용하는 선택 상황을 의미하는 것으로 효율적인(economical) 또는 효율을 높이는 (economizing) 것을 의미한다. 그러한 수단의 선택을 지배하는 법칙을 합리적 행위 논리라고 할 수 있는데, 그것은 형식적 경제학의 관심 대상이다. 경제적 합리성이나 효율성은 희소한 수단들의 대안적 용도들 사이의 선택을 가리키는 반면, 실체적 의미의 경제는 선택이나 희소성을 내포하지 않는다(Pearson, 1977: 19-20; 김영진, 2005: 42-46 재인용). 실체적 경제는 사용을 위한 생산이 이루어지는 경제이며, 인간의 물질적 요구를 충족시키는 상호작용의 제도화된 과정을 의미한다고 할 수 있다. 그리고 이러한 상호작용은 모든 인간의 공동체의 중요한 일부라고 할 수 있다(김영진, 2006).

되고 혼합되는 형태를 띠고 있다. 그러나 이러한 자원혼합의 정도를 판단하는 데 있어 각 영역에서의 비율만으로 판단하는 것은 성급한 오류를 범할 수 있기 때문에 해당 사회적 기업의 총체적인 매출규모 및 수입구조의 측면과 함께 자원혼합의 정도를 살펴보는 것이 필요하다.

4) 민주적인 조직 운영

사회적 기업은 일반기업과 유사한 성격을 가지고 있지만, 자본을 투자한 소유주가 결정하고 운영하는 것이 아니라 민주적인 참여와 관리에 기초하여 운영된다는 차이점이 있다. 이는 유럽의 사회적 기업이 협동조합에서 근원한다는 데서 나타나듯이 조합원이 중요한 이해관계자(노동자, 서비스 이용자, 생산물 소비자, 자원봉사자 등)로 구성되어 있어야 한다는 것이다. 이러한 조직을 복합 이해당사자 조직이라고 하는데, 이 조직이 사회적 목적을 추구한다는 것은 한 번에 모든 것을 결정하는 것이 아니라 다양한 이해 사이에서 투명한 조정과정에 의해 결정되는 특징을 가지고 있다(정무성 외, 2011). 이러한 관점에서 보면, 사회적 기업은 이해관계자들을 참여시키고 정보를 공유하는 것은 소비자와 생산자의 신뢰관계를 구축하는 데 도움을 줄 수 있다. 그리고 이러한 복합조직에서는 직접적인 통제는 간접적인 통제로 더욱 강화될 수 있는데, 소비자나 대표자, 지역의 이해관계자들이 조직의 구성원이 되고 그 운영과정에 참여한다는 사실을 보증하는 것이다. 사회적 기업의 복잡한 지배구조는 조직에 대한 중층적인 책임성을 반영하고 기업의 성공에 대한 적절한 위치에서의 헌신성을 요구하는 것이기도 하다. 다양한 이해관계자들의 참여를 통한 의사결정과정이 생산성을 저해하거나 비효율성을 초래할 수 있으나, 참여의 가치를 지향하고 공통의 의견을 이끌어내고 동등한 책임성을 부여한다는 측면에서는 중요한 의미를 갖는다고 할 수 있다.

5) 지역사회 통합

지역사회에서의 사회적 기업은 지역사회 구성원이자 사회 서비스의 수요자인 지역의 주민 및 이해관계자들의 욕구에 기초한 사회 서비스를 제공할 수 있다. 또한, 사회적 기업은 일반 노동시장에 진입하기 어려운 취약계층을 고용하여 일자리를 제공함으로써 경제활동의 기회를 제공할 수 있다. 이러한 일련의 사회적 기업 활동은 일자리 제공을 통한 사회통합을 이루기도 하고, 지역사회를 변화, 발전시키기도 한다. 사회통합(social inclusion)은 사회적 배제가 완화되거나 극복되는 과정으로 빈곤과 실업을 포함한 사회적 위험으로부터의 보호를 의미한다(노대명, 2009). 이러한 포괄적 개념은 사회적 기업이 갖고 있는 다양한 사회통합의 역할을 고려할 수 있도록 한다. 예를 들어, 함께 일하는 세상은 취약계층을 고용하여 고용창출의 기회를 제공하고 있고, 핸인핸은 장애인들을 고용하여 노동통합에 기여하고 있다. 또한 다솜이는 취약계층의 간병 서비스라는 새로운 사회 서비스를 개발하여 제공하고 있다.

결국 사회적 기업은 노동시장에서 배제되기 쉬운 계층들에게 일자리를 제공함으로써 고용통합, 필요한 사회 서비스의 제공을 통한 서비스통합 등을 통해 사회적 배제나 사회적 위험을 극복하여 지역사회에서 취약계층들이 인격적인 개인으로서 참여할 수 있는 기회를 제공한다고 볼 수 있다.

4. 사회적 기업의 운영과 사회적 기업가정신

1) 사회적 기업의 운영

운영(運營)은 영리의 추구 여부를 떠나 조직을 대상으로 하는 활동 행위를 의미한다. 조직이란 공동의 목표를 가진 2명 이상의 사람들로 구성된 조직체를 말하며, 운영이란 이러한 조직이 지향하는 목표를 효과적이고, 효율적으로 달성하기 위한 일련의 과정이라고 할 수 있다. 그리고 각 조직이 속한 영역(비영리 또는 영리)에 따라, 분야(환경 또는 복지)에 따라, 각 조직 고유의 정체성 및 특성에 따라 각 활동이 다양해지고, 그에 따라 필요한 조직운영의 방법들이 달라진다(김정린, 2005).

사회적 기업은 사회적 가치를 지향하는 조직이고, 이를 실현하기 위하여 시장에 기반을 두는 비즈니스 기법을 활용하는 조직이다. 사회 취약계층에게 사회 서비스 또는 일자리를 제공함으로써 사회통합과 국민의 삶의 질 향상에 기여하는 것을 목적으로 하고 있다. 사회적 기업 운영의 성과로 일자리 창출, 삶의 질 향상, 민주주의의 실현, 확장된 이해관계자 참여, 사회적 목적에 대한 재투자 등을 들 수 있다.

사회적 기업이 가지고 있는 특성과 변화무쌍한 시장의 욕구, 이해관계자들의 기대를 조화롭게 충족시키기 위해서 조직의 자원을 어떻게 동원하고 활용할 것인가와 관련된 문제는 사회적 기업의 운영이라는 측면에서 중요하게 고려되어야 할 부분이다. 이러한 운영을 보다 효율적이고 체계적으로 실현하기 위하여 운영 전략이라는 것이 필요하며, 이러한 운영 전략은 환경에 적응하고 구체적으로 가치창출의 방안을 디자인하고 실행함으로써 경쟁에서 비교우위를 점할 수 있는 기회를 제공한다. 이러한 운영전략이 체계적으로 수립되어 진행되면 조직의 목표달성과 성장을 보장해주기도 하고, 이윤을 창출해주기도 한다. 장기적으로 보면 이러한 운영전략이 사회적 기업의 목적과 효과적으로 연계되면 사회적 목적 달성과 경제적 기반을 보증할 수 있으며, 이러한 형태가 장기적으로 지속될 경우 지속가능성을 확보할 수 있다 (Austin, 2006).

2) 사회적 기업의 운영과 사회적 기업가정신

　사회적 기업의 운영과 사회적 기업가정신의 관계를 살펴보는 것은 어떠한 측면에서 보면 사회적 기업의 운영을 효과적으로 하기 위한 운영 전략과 관계가 있다고 할 수 있다. 사회적 기업은 사회적 미션을 수행하는 과정에서 가장 효과적인 방법과 안정적인 수익구조를 모색하게 되는데 이 과정에서 사회적 기업가정신은 새로운 방법, 전략 등을 제시하는 역할을 하고 수익활동을 하는 데 있어 기본적인 원칙으로 작동할 수 있다. 그리고 이러한 사회적 기업가정신은 사회적 기업의 전반적인 운영과정에 배태되어 다양한 형태 혹은 현상으로 나타날 수 있다.

　조직의 성장은 학자마다 3단계, 4단계, 5단계, 심지어는 6단계에서 10단계로 다양하게 나누어 분석하고 있지만, 4단계나 5단계로 구분하여 살펴보는 경우가 가장 보편적이다(임창희, 2010). 일반적으로 4단계의 조직성장 단계를 그림으로 표현하면 다음의 <그림 2-4>와 같다.

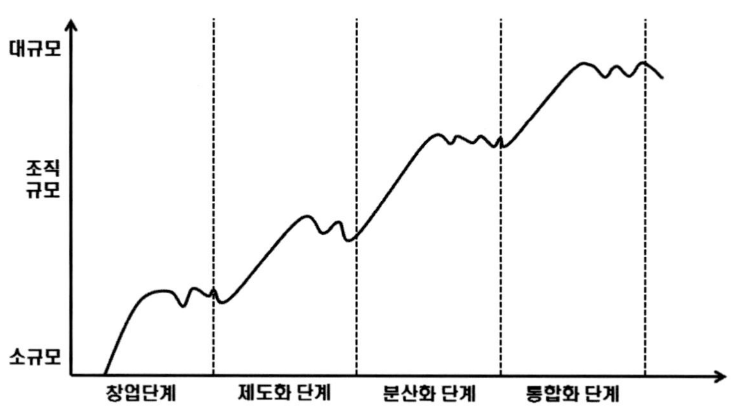

자료: 임창희(2010: 331)를 토대로 저자가 내용에 맞게 수정.
〈그림 2-4〉 조직의 성장단계

이러한 조직성장 단계와 사회적 기업가정신을 연결하여 살펴보면 다음 <표 2-5>와 같이 정리할 수 있다. 각 단계에서 사회적 기업은 사회적, 경제적, 환경의 문제를 확인하며, 이를 해결하기 위한 방안들을 모색해 나간다.

첫째, 창업단계에서의 사회적 기업은 사회적 활동무대 또는 사업현장에서 겪은 다양한 경험과 함께한 개인들에 의해서 시작된다. 초기 발전은 지역적 환경과 다른 사회적 행동가들과 함께하는 상호작용이 중요한 역할을 한다. 이러한 상호작용을 통한 사회적 네트워크는 정보, 자원, 네트워크의 확장 측면에서 기회를 제공한다. 이 단계에서 사회적 기업가정신인 사회적 가치 지향성, 창의성, 진취성의 성향이 나타날 수 있다. 사회적 가치 지향성은 사회적 문제를 인지하고 이를 해결하고자 하는 의지를 형성하고, 창의성은 실제로 이러한 사회적 문제를 해결하기 위한 방안들을 모색하고, 위험감수성은 이를 실현하는 과정에서 실패라는 위험을 인지하고도 과감하게 실현하는 과정에서 나타난다.

둘째, 사회적 기업의 제도화 단계에서는 사회적 기업이 일반적인 기능과 전략을 실행할 수 있도록 조직화하는 과정이라고 할 수 있다. 조직화는 사회적 목적의 관점에서 필수적인 조직 구조를 개발하고, 효과적이고 효율적으로 운영될 수 있는 토대를 형성하는 단계라고 할 수 있다. 이 단계에서는 사회적 기업과 관련된 다양한 이해관계자들이 사회적 기업의 미션과 가치를 공유할 수 있는 기회를 제공하는 역할을 하며, 내부적으로는 조직구성원들의 동기부여와 명확한 목표의식을 공유하는 과정이라고 할 수 있다.

셋째, 분산화 단계에서는 사회적 기업의 활동영역을 넓히는 것과 관련이 있으며, 사업 및 활동영역의 확장, 실질적인 이해관계자들의 내부 참여, 운영전략의 실행을 통해 구성원들이 상호 유기적으로 활동할 수 있는 기반을 형성하는 과정이라고 할 수 있다. 이 과정에서 수반되는 것은 내부 조직의 역량 강화와 관련된 부분이 뒷받침되어야 한다. 이러한 과정에서 혁신성과 진취성이 요구되며, 구체적인 운영전략들이 실행됨으로써 사회적 기업가정신이 발현된다고 할 수 있다.

넷째, 통합화 단계는 지역, 상품 또는 서비스와 관련하여 사회적 기업의 다양성을 확장시키고 재조직화의 필요에 의해서 야기되는 단계라고 할 수 있다. 즉, 현재의 단계에 머무를 것인지, 아니면 영역 확대와 재조직화를 통해 또 다른 사회적 목적을 실현할 것인지를 고려하는 단계라고 할 수 있다. 이 과정에서는 새로운 대안의 모색이라는 과정과 재조직화의 과정에서 발생 가능한 위험을 감수하려는 성향이 나타난다고 할 수 있다.

〈표 2-5〉 사회적 기업의 경영에서 사회적 기업가정신

단계	창업 단계	제도화 단계	분산화 단계	통합화 단계
역할	조직의 목표와 비전제시 조직화 자원 동원 환경분석	조직구조의 체계화 경제적 기반 구축 이해관계자들과 미션과 가치 공유 운영전략의 수립	사업 및 활동영역 확장 이해관계자들의 참여 운영전략의 실행	재조직화 고려 운영전략의 조정 및 수정
목표	생존	성장	안정	성숙, 쇠퇴
주요 요인	사회적 가치 지향성 혁신성 위험감수성	사회적 가치 지향성 진취성	혁신성 진취성	사회적 가치 지향성 혁신성 위험감수성

제2절 사회적 기업가정신에 관한 이론적 고찰

1. 사회적 기업가정신의 개념 및 특징

사회적 기업가정신에 대한 관심은 정부의 비영리부문에 대한 기금 지원이 최근 몇십 년 동안 지속적으로 감소하면서 사회적 프로그램에 대한 안정적인 자금을 제공하기 위해 수익 창출에 대한 관심이 높아지면서부터 시작되었다(Dees, 2001; Prabhu, 1999; Shipp, 1996). 미국과 같은 선진국에서는 사회적 기업가정신에 관한 많은 연구가 중요한 주제로 다루어지고 있으나, 사회적 기업가정신에 대한 개념에 대한 합의는 도출하지 못하고 있다(Alter & Dawans, 2008; Barendsen & Gardner, 2005; Dees, 1998; Mair & Marti, 2006; Williams, 2008). 특히 국내에서 사회적 기업가정신과 관련된 연구는 이용탁(2009)과 배귀희(2011)의 연구가 유일할 정도로 사회적 기업가정신의 중요성에 대해서는 강조하고 있으나 관련 연구는 매우 미흡하다.

사회적 기업가정신에 대해서는 다양한 학자들이 다양한 영역에서 개념을 정의하고 있다. 현재까지 많은 주도적인 이론가들이 이 주제에 관한 다양한 시도를 하였으나 주로 슘페터의 정의에 근거하여 해석하고 개념을 정의하고 있다. 사회적 기업가정신의 다양한 정의에도 불구하고 공통적으로 담겨져 있는 핵심 내용은 '사회적(social)'과 '기업가정신(entrepreneurship)'이다(Mair & Marti, 2006; Nicholls, 2006; Peredo & McLean, 2006; Mort et al., 2003). 이 중에서도 사회적 기업가정신의 가장 핵심적인 요인은 '사회적'과 관련된 요소이다(Brinckerhoff, 2000; Tan et al., 2005; Ulhoi, 2005). 이러한 사회적인 의미에는 사회적인 가치, 사회적인 변화, 사회적 문제 해결 등과 같은 이타주의(altruism)의 개념이 담겨져 있다. 특히 사회적 미션과 관련된 사회적 가치 지향성은 사회적 기업가정신과 경제적(일반) 기업가정신이 구별되는 특징이라고 할 수 있다. 사회적 기업가정신의 사회적 범주에 해당되는 특징은 사회적 가치 창출, 긍정적인 사회적 변화, 시장 실패의 해결 등의 특징을 포함하고 있다. Peredo & McLean(2006)은 다양한 이해관계자들의 이해를 고려하면서 자신의 사회적인 목적달성이라는 비전에 대한 균형감각의 중요성을 강조하고 있다. 즉, 사회적 가치 지향성은 사회적 기업가들에게 있어서 배타적이고 가장 중요한 가치라고 할 수 있다. 이러한 사회적인 의미를 강조하고 있는 사회적 기업가정신의 정의에 대해 살펴보면 다음 <표 2-6>과 같다.

<표 2-6> 사회적 범주에서의 사회적 기업가정신의 정의

연구자(연도)	사회적 기업가정신의 정의
Mort et al.(2003)	사회적 목적을 달성하기 위하여 사회적 가치 창출, 혁신적 성향, 진취성, 위험감수성 등의 특성을 가지고 있음
Haugh(2005)	사회적 기업을 통해 가치를 창출하기 위한 과정임
Austin et al.(2006)	비영리영역, 민간영역, 공공영역 내에서 혁신적, 사회적 가치 추구활동을 하는 것
GEM(2006)	새로운 사회적 기업의 활동 혹은 새로운 사회적 가치 창출 활동을 하는 것
Leadbeater(2006)	더 나은 사회적 목적 실현을 위하여 행위자들에게 동기부여와 사회적 가치 창출 활동을 하는 것
Peredo & McLean (2006)	사회적 가치 창출, 가치 창출을 위한 기회의 모색, 사회적 가치 실현을 위한 혁신적 방안의 모색, 일정 수준의 위험 감수, 자원 부족에 구애받지 않고 과감하게 실천 등의 개인이나 그룹에 의한 일련의 활동
Weerawardena & Mort (2006)	혁신적, 진취성, 위험 감수적인 행위를 바탕으로 사회적 가치 창출을 실현하는 것
Haugh(2007)	기업을 통해 경제적, 사회적, 환경적 목적을 추구하기 위한 성향
Wei-Skillern et al. (2007)	비영리 영역, 민간영역, 공공영역에서 이루어지는 사회적 가치창출과 혁신 추구 활동

출처: Brouard & Larivet, 2010: 44-50.

사회적 기업가정신을 구성하는 또 다른 핵심은 기업가정신이다. 기업가정신의 의미에는 목적을 실현하기 위한 새로운 방법의 모색, 활동 영역에서 비교우위를 점하기 위한 기회 모색, 필요한 자원의 동원 등과 같은 조직의 운영 및 성장과 관련된 개념이 담겨져 있다. 이러한 기업가정신은 사회적 가치 창출을 지속할 수 있는 경제적 구조 및 전략의 수립, 사회적 수요를 충족하기 위한 자원 동원의 혁신적 방안 모색, 제품과 사회 서비스 제공과 관련하여 새로운 모델의 제시 등과 같은 일반 기업과 유사한 비즈니스적인 기법을 도입하는 등의 특징을 가지고 있다(Mair & Marti, 2006). 사회적 기업가정신 중 사회적 가치 지향성이 본질적인 목적을 추구하는 성향이 강하다면, 기업가적인 측면은 사회적 가치를 실현하기 위한 수단적 측면 혹은 도구적 측면의 성향이 강하게 작용한다. 사회적 목적을 실현하기 위한 도구적인 측면을 강조하고 있는 사회적 기업정신의 정의에 대해 살펴보면 다음 <표 2-7>과 같이 정리할 수 있다.

<표 2-7> 기업가적 범주에서의 사회적 기업가정신의 정의

연구자(연도)	사회적 기업가정신의 정의
Folwer(2000)	사회적 이익이 지속할 수 있는 경제적 구조, 관계, 제도, 기관 및 전략을 만드는 것
Dees et al.(2002)	사회적 가치 창출을 위해 더 나은 방법을 모색하는 것
Hibbert et al.(2002)	사회 취약계층을 위해 사회적 목적을 수행하기 위한 기업가적인 행태
Thompson(2002)	사회적 가치 추구를 위해 수익 활동을 모색하려는 과정
Lasprogata & Cotton (2003)	비영리조직의 지속가능성을 유지하기 위하여 기업가적 전략을 적용하는 것
Mair & Noboa(2003)	사회적 이익을 유지하기 위하여 자원 혼합, 조직 형성, 실천 전략 등을 통한 혁신적 방안의 모색
Pomerantz(2003)	사회적 기업, 비영리조직 등이 수익활동을 하기 위한 혁신의 개발, 미션 수행을 위한 수익 활동, 일자리 창출 등의 활동을 모색하는 것
Mair & Marti(2004)	사회적 수요를 충족시키기 위하여 자원 동원을 위한 혁신적 방안을 모색하고 기회를 확충하는 것
Tommasini(2004)	사회적 시장 실패와 기회 모색을 위한 시스템의 변화를 모색하기 위하여 전문적, 혁신적, 지속적인 접근 전략

Roberts & Woods(2005)	사회변화를 위한 혁신과 기회를 추구하는 것
Seelos & Mair(2005)	인간의 기본적인 요구를 충족시키기 위한 제품과 서비스 제공의 새로운 모델을 모색하는 것
Mair & Marti(2006)	새로운 자원의 획득을 통해 사회적 가치를 창출하는 과정과 이러한 자원 혼합을 통해 사회적 수요에 부응하는 재화와 서비스를 생산하기 위한 새로운 조직을 형성하는 일련의 과정
Nicholls(2006)	사회적 기업가정신은 사회적 가치 추구를 위한 새로운 기회의 모색과 시장 실패를 해결하기 위한 혁신적이고 효과적인 행위의 총칭
Perrini(2006)	사회의 긍정적인 변화를 위하여 혁신적인 방안을 모색하는 것
Cochran(2007)	사회적 문제를 해결하기 위하여 기업가정신과 비즈니스적인 방법을 통해 해결하는 과정
Martin & Osberg (2007)	사회의 변혁적 이익을 추구하고, 이를 해결하기 위한 기회를 모색하며, 새로운 방안을 모색하는 과정
Brock(2008)	사회변화를 위한 혁신적 방법 혹은 사회 문제를 해결하기 위한 비즈니스적인 방법을 활용하는 것
CASE(2008)	사회적 문제 해결을 위한 혁신적이고 진취적인 방법
Zhara et al.(2009)	사회적 가치를 강화하기 위하여 기회를 모색하거나 이를 해결하는 과정 및 활동

출처: Brouard & Larivet, 2010: 44-50.

사회적 기업가정신은 일반 기업가들에게 요구되는 기업의 기회와 충족되지 못한 욕구를 발견하는 능력과 혁신을 향한 강한 힘을 가지고 있다. 그렇지만 사회적 기업가정신은 사회적 미션 혹은 사회적 가치에 더 큰 방점을 찍고 있으며, 이러한 사회적 미션과 가치를 창출하기 위한 기업가적인 방법을 활용한다. 이러한 사회적인 가치를 실현하려는 성향이 다른 기업가정신과 구별되는 특징이라고 할 수 있다. 즉, 일반 기업가정신이 경제적인 부의 창출에 초점이 맞추어져 있다면, 사회적 기업가정신은 더 나은 사회를 위한 변화와 사회적 자본의 형성에 더 많은 관심을 갖고 있다. 이러한 측면에서 사회적 기업가정신은 사회적 도전이 있는 영역에서 장기적으로 긍정적인 사회변화를 도출하고 현실화하기 위한 대안 모색을 추구한다(Henton et al., 1997; Thalhuber, 1998). 사회적 기업가정신과 일반 기업가정신을 비교하여 정리하면 <표 2-8>과 같이 정리할 수 있다.

〈표 2-8〉 기업가정신과 사회적 기업가정신의 비교

기업가정신(For Profit Entrepreneurship)	사회적 기업가정신(Social Entrepreneurship)
개인적 지식과 기술의 강화	집합적 지혜를 통해 얻어짐
단기적 재정적 수익에 초점	장기적 역량 향상에 초점
아이디어 범위에 제한이 없음	사회적 기업가정신의 목적은 사회에 긍정적인 영향력을 행사하는 데 초점을 둠
이익(수익)창출이 목적	이익(수익) 창출이 수단
이익이 미래의 수익창출을 위한 재투자	이익이 사람들을 돕고 섬기는 데 사용됨

자료: Thalhuber. 1998.

이상의 논의에서 살펴보았듯이 사회적 기업가정신은 진취적이고 혁신적인 방법을 통하여 사회적 가치를 창출하고 유지하는 성향이라고 할 수 있다. 이러한 사회적 기업가정신은 개인에게 한정되어 나타나는 것일까? 실제로 집합적 공동체 구성원의 참여에 의해 조직적 차원에서 사회적 기업가정신이 발현되는 경우가 있다. 대표적인 사례가 생활협동조합이라고 할 수 있다. 생활협동조합의 경우 친환경 농산물을 통해 안전한 먹거리와 국내 농업의 육성이라는 이해를 갖는 시민들이 참여하여 그 가치를 발현하고 있다. 그리고 최근 일반기업에서도 급격한 환경변화와 새로운 기업 역할 정립의 과정에서 조직 차원의 혁신성, 진취성이 요구·강조되고 있다. 이러한 관점에서 보면 기업가정신은 개인의 특성에 기인한 전유물이 아니라 조직적 차원에서의 접근도 가능할 것이다. 따라서 이 책에서는 조직적 차원에서의 사회적 기업가정신을 중심으로 살펴보고자 하며, 사회적 기업가정신은 사회적인 가치 창출을 위하여 새로운 방법들을 모색하고 이를 적용 및 실행하려는 성향으로 정의하고자 한다. 사회적 기업가정신은 사회적 기업의 목적과 비전을 제시할 수 있으며, 기존 조직과는 다른 새로운 조직운영 방식을 적용·활용함으로써 내외부의 이해관계자들과 관계 및 자원교류의 기회를 제공할 수 있다.

2. 사회적 기업가정신의 구성 요소

사회적 기업가정신의 개념을 보다 구체화하기 위해서는 하위 구성요인을 살펴보는 것이 필요하다. 기존의 많은 학자들이 사회적 기업가정신의 구성요인으로 혁신성(innovativeness), 진취성(proactiveness), 위험감수성(risk-taking)을 들고 있다(이용탁, 2009; Lumpkin & Dees, 1996; Phabhu, 1998; Mort et al., 2003; Voss et al., 2005; Weerawardena & Mort, 2006). 그리고 이상의 3가지 측정변수를 통하여 사회적 기업가정신을 측정하려고 하였다. 기존의 사회적 기업가정신과 관련된 대부분의 연구들은 사회적 기업가들의 특성을 행태적 관점에서 살피려는 연구가 대부분이었다(이용탁, 2009). 이러한 관점에서 사회적 기업가정신을 이해하는 학자들은 혁신성, 위험감수성, 진취성 이상의 세 요인을 강조하고 있다. 그러나 사회적 기업이 자신들이 속한 공동체에서 직면하고 있는 다양한 사회적 문제를 해결하고 사회 변화를 이끌어내려고 노력하는 사회적 가치 지향적인 특성을 가지고 있다는 부분에 주목할 필요가 있다. 특히 사회적 기업의 설립의 토대가 사회적 기업가정신이라면, 사회적 기업이 수행하는 역할을 통해 추구하는 목적이 경제적인 가치보다는 사회적인 가치를 더 우선적으로 고려하고 있다는 측면을 고려할 때, 사회적 기업가정신의 구성 요인을 살펴보는 데 있어 혁신성, 진취성, 위험감수성보다 우선적으로 사회적 가치 지향성이라는 측면을 고려해야 한다. 이러한 측면에서 사회적 기업가정신을 구성하는 핵심 요인은 사회적 가치 지향성이고, 이를 중심으로 혁신성, 진취성, 위험감수성이 상호 유기적으로 연결되어 작동하는 것이다.

1) 사회적 가치 지향성

Dees(1998)와 Mort et al.(2003)은 사회적 기업에 있어서 가장 중요한 것은 사회적 가치를 지향하는 것이고, 이러한 사회적 가치 지향성(orientation to social values)은 다른 조직과 구별할 수 있는 특징이라고 하였다. Dees(1998)에 의하면 일반 기업이 이해관계자들의 경제적 가치를 주된 목적으로 하는 것과 마찬가지로 사회적 기업은 고객에 대한 우수한 사회적 가치 실현을 주된 목적으로 하고 있다(Dees, 1998). 이러한 사회적 가치를 지향하려는 성향은 지역사회의 문제를 인지하고 그것의 해결과 개선을 위한 노력에서 출발한다. 그리고 사회적 기업은 이러한 사회문제를 해결하기 위하여 자원, 기회요소, 새로운 방법 등을 결합하고, 이러한 과정을 통해 발생하는 이익은 개인이 아닌 공동체 혹은 지역사회의 이익으로 귀속될 수 있도록 노력한다. 사회적 기업이 추구하고자 하는 사회적 가치는 활동 영역, 목적, 업종에 따라 다양할 수 있지만 공통적인 부분은 지역사회 혹은 공동체에 대한 기여와 관련이 있다(Defourny, 2001). 이러한 사회적 가치 지향적인 특성은 지역의 요구에 의해 수행되는 것이 아니라 지역 수준이나 사회적 책임감을 스스로 원해서 발휘되는 것이다.

이러한 측면에서 보면, 사회적 가치 성향은 개인이 아니라 공동체, 사회적 연대를 지향하고, 공공의 이익을 실천하려는 성향이라고 할 수 있다. 그리고 이러한 사회적 가치에는 공동체에서 바람직하다고 생각하고, 문제 해결을 위해 비이성적이고 감성적인 부분도 포함되어 있다. 예를 들어, 히말라야 여행 과정 중 아이들이 책 한 권 없이 학교에서 공부하는 것을 보고, 마이크로소프트사를 떠나 'Room to Read'를 설립하여 지구촌 빈곤 지역에 도서관을 지어주고 책을 전해주는 일을 하게 된 John Wood나 변호사의 길을 포기하고 BELL(Building Educated Leaders for Life)을 설립하여 Boston 지역의 빈민가의 아이들을 위한 과외학습 활동을 시작한 Earl Martin Phalen이 각 분야에서 활동을 할 수 있었던 것은 개인보다는 사회를 위한 가치 있는 일을 하려는 성향이 있었기 때문에 시작할 수 있었다고 볼 수 있다. 이러한 사회적 가치 지향성은 다른 기업가정신과 구별 짓게 하는 가장 큰 특징이라고 할 수 있으며, 사회 문제를 혁신적으로 해결할 수 있는 방안을 모색하고, 일정수준의 위험을 무릅쓰며 적극적으로 행동하게 하는 밑바탕에는 사회적 가치 지향성이 존재하고 있다. 이러한 사회적 가치 지향성은 사회적 기업의 목적과 활동에 영향을 미치며, 사회적 기업의 사회 문제 해결과 변화에 대한 강한 신념으로 작용한다.

2) 혁신성

Schumpeter(1942)가 제시한 혁신(innovation)은 기업가정신을 구성하는 핵심 개념 중 하나로 여러 연구자들이 기업의 환경 내에서 혁신의 중요성을 규명해왔다(Lumpkin & Dess, 2001; Zahra, 1993). 이러한 혁신은 기업 성장과 전략적 위치를 강화하기 위한 중요한 수단으로 제품생산의 새로운 기술혁신과 새로운 방안을 적극적으로 도입하는 경영관리측면에서의 혁신의 내용을 포함하고 있다. 즉, 혁신은 새로운 아이디어와 방법을 통해 제품과 서비스 그리고 프로세스 개발을 목표로 한 다양한 실험과 창조적 프로세스를 통해 새로운 것을 기꺼이 도입하고 그것을 적용하려는 성향을 의미한다(Lumpkin & Dess, 1996). 이러한 측면에서 보면, 새로운 방법과 기술을 만들어내는 것뿐만 아니라 받아들이려는 성향까지 포함하는 혁신성(innovativeness)의 의미가 더 적합하다 볼 수 있다.

사회적 기업의 혁신성은 제품의 생산 방식, 사회 서비스 제공방식, 공정 혁신 등을 통한 기존 제도의 한계와 문제점을 극복하기 위한 창조적 혁신과 기존의 기업, 조직 운영 방식 및 의사결정 방식, 자원 동원의 측면에서 새로운 기회와 해결책을 찾으려는 점증적 혁신 등 다양하게 고려될 수 있다. 이 중에서도 사회적 기업의 혁신성은 다양한 목적을 수행하면서 이에 부합하는 자원을 동원하며, 다양한 이해관계자들이 참여할 수 있는 조직 구조를 창출하는 역동적인 성격의 측면에 관한 것이다(Defourny, 2001; Evers & Laville, 2004; Laville & Nyssen, 2001; Defourny & Nyssen, 2006).

사회적 기업의 혁신성은 새로운 기회와 방안을 모색하려는 노력으로, 사회적 목적을 실현하기 위한 적합한 방안을 모색하려는 성향으로 나타난다. 이러한 혁신성에는 기꺼이 혁신을 하고자 하는 자발성(spontaneousness)과 혁신을 하고자 하는 기업의 의지(willingness)가 반영되어 있다고 할 수 있다. 사회적 기업의 혁신성은 크게 조직운영방식과 자원 동원의 측면에서 나타난다. 조직운영의 측면에서는 크게 이해관계자들이 참여할 수 있는 조직운영방식과 의사결정 방식의 측면에서 기존 조직과 다른 형태로 운영되는 과정에서 혁신성이 나타날 수 있다. 예를 들어 실질적인 법적인 형태는 주식회사의 형태이지만 내부적으로 조직운영방식, 의사결정 방식의 측면에서 사회적 기업에 적합한 새로운 방식으로 운영되는 것은 그 바탕에 혁신성이 작동하고 있기 때문이라고 할 수 있다. 그리고 자원 동원의 측면에서 보면, 사회적 기업은 특정 영역에서 제한된 자원을 동원하는 비영리조직이나 기업과 달리 시장영역뿐만 아니라 공공영역, 시민사회 영역에서의 다양한 이해관계자들과의 사회적 관계 형성을 통해 자원을 동원하여 자원 혼합의 실현을 통해 사회적 목적을 달성하고 있다.

3) 진취성

진취성(proactiveness)은 새로운 기회를 포착하기 위한 기업의 노력이라고 할 수 있고, 이러한 진취성으로 조직의 활동지향성을 설명할 수 있다. 진취성은 변화의 인식과 자발적인 경쟁에 대한 통찰력을 제공하고 기업 환경변화 창출과 미래 수요의 예상 및 경쟁에서 새로운 제품과 서비스를 도입하려는 성향이라고 할 수 있다(Li et al., 2007). 진취성은 상당한 인내와 적응 및 실패에 대한 책임을 기꺼이 떠맡는 것을 감수하고 변화의 관찰과 현재 고객의 욕구를 규명하고 수요에 대한 변화와 새로운 기회가 초래할 수 있는 문제를 예측하려는 활동으로 나타난다. 이러한 진취성에는 시장 변화에 대한 대응(Evans & Wurster, 2000), 관련 기술의 개발 및 적용, 전문성 확보 등과 같은 조직 역량 강화의 의미도 포함하고 있다(Lieberman & Montgomery, 1988).

사회적 기업의 진취성은 크게 두 가지 측면에서 나타날 수 있다. 첫 번째는 시장 변화에 대한 대응과 전략을 수립하는 과정에서 나타날 수 있다. 사회적 기업 역시 일반기업과 마찬가지로 수익활동을 하는 조직이기 때문에 시장 변화에 민감할 수밖에 없고, 이에 대한 적절한 대응 마련을 필요로 한다. 이러한 과정에서 새로운 시장의 진입 가능성과 수요자의 특성 변화 탐색 등을 통해 시장에 적극적으로 적응하려는 과정에서 발현될 수 있다. 두 번째는 사회적 기업이 호혜적 조직이 아닌 생산적 조직이라는 측면과 관련이 있다. 사회적 기업이 시장영역에서 활동하는 데 있어 호혜적인 특성을 강조하고 판매하는 재화의 품질, 성능이 보장되지 않으면 지속적인 활동을 할 수 없다. 그래서 상품의 질을 보장할 수 있는 조직의 역량을 갖추는 것이 필요하다. 사회적 기업이 이러한 조직 역량을 갖추는 것이 진취성의 발현이라고 할 수 있다.

4) 위험감수성

위험감수성(risk-taking)은 새로운 시장 영역의 진출이나 제도의 도입으로 성공의 확신이 없을지라도 과감하게 행동해서 기꺼이 새로운 사업기회를 포착하는 능력을 의미한다(Dess & Lumpkin, 2005). 이러한 위험감수성은 강력한 동기의식이나 기대되는 가치가 높을 때 발휘된다(Kuratko & Hodgetts, 2004). 그리고 위험감수성은 중요한 성과의 차이와 합리적 생산 감소 가능성이 있는 기회를 추구하는 성향으로 합리적인 위험의 인식과 관리하는 시도로서 극단적이고 통제 불가능한 위험이 아닌 적합하고 계산된 위험(calculated risk)을 의미한다(Morris et al., 2008). 이러한 위험감수성은 내적·외적 운영의 과정에서 나타날 수 있으며, 인지된 위험인지 아니면 인지되지 않은 위험인지에 따라 그 대응의 정도는 다를 수 있다. 즉, 사회적 기업의 조직운영 방식, 조직의 지배구조(의사결정방식), 자원 동원 방식, 사업의 확장 등과 같이 기존 조직과 다른 새로운 방식의 도입은 긍정적인 측면만큼 부정적인 측면도 존재할 수 있다. 위험감수성은 이러한 부정적인 측면을 인지하였음에도 불구하고 과감하게 실행을 하느냐와 관련이 있다. 그리고 수익적인 측면에서는 일반 벤처기업과는 다르게 낮은 위험의 사업을 선호하는 성향으로 적극적으로 기회를 모색하고 추구하고자 하는 활동으로 발현될 수 있다. 사업이나 운영의 과정에서 위험적인 부분을 인지하지 못한 상태에서의 성공을 기대한다는 것은 어렵다. 물론 성공할 가능성도 충분히 존재하지만 이런 경우에는 운영의 효과, 새로운 제도 도입의 효과라기보다는 '운' 혹은 '우연'으로 인한 결과라고 할 수 있다.

이상의 논의를 정리하면, 사회적 가치지향성은 사회적 기업가정신을 구성하는 핵심이라고 할 수 있다. 일반 기업가정신과 구별할 수 있는 핵심적인 요인일 뿐만 아니라 사회적 기업이 사회적 문제 해결과 변화에 대한 강한 신념과 원칙으로 작동하게 된다. 혁신성은 새로운 방법을 모색하거나 조직 변화를 촉진하는 역할을 한다. 사회적 기업은 이러한 혁신성을 통해 적합한 조직운영방법을 모색하여 적용하고 효율적으로 필요한 자원을 동원한다. 진취성은 새로운 영역을 개척하고 시도하기 위하여 가능성을 탐색하고 조직의 역량을 강화하는 과정에서 나타난다. 위험감수성은 새로운 방법과 영역의 진출로 인하여 조직이 당면할 수 있는 위험을 분석하는 것이다. 그리고 새로운 아이디어나 창의적인 대안 등을 만들어 내거나 실행하는 과정에서 가치, 자원 등의 기준에 의한 인지된 위험을 기꺼이 받아들이려는 것과 관련이 있다. 그리고 이러한 사회적 기업가정신은 이론적인 논의보다 실무적인 관점에서 발견된다는 사실을 인지할 필요가 있다. 그리고 실무적인 차원에서의 사회적 기업가정신은 사회적 기업의 내외부의 환경 변화에 능동적으로 대응하기 위한 경영활동의 전략으로 활용된다. 사회적 기업가정신은 일반 기업가정신과 유사한 구성요인을 가지고 있지만 사회적 가치 지향성이라는 중요한 구성요인을 중심으로 각각의 요인들이 유기적으로 결합된 관계를 형성하고 있다. 결론적으로 사회적 기업가정신은 다양한 자원들을 창조적으로 조합하거나 결합시키는 활동을 통해 사회적으로 의미 있는 가치의 생산과 경제적 가치를 생산하여 사회적 기업이 지속가능할 수 있도록 하는 역할을 하는 것으로 이해할 수 있다. 그리고 이러한 사회적 기업가정신은 모든 사회적 기업에 있어서 동일하게 나타나기보다는 구성요인의 결합 정도에 따라 다양한 형태의 사회적 기업가정신으로 발현될 수 있다. 그리고 발현되는 사회적 기업정신의 형태에 따라 사회적 기업의 활동과 성과도 다르게 나타날 수 있다.

제3절 사회적 기업 지속가능성의 이론적 고찰

1. 사회적 기업 지속가능성의 개념

지속가능성이라는 용어는 사회에서 빈번하게 사용되고 있음에도 불구하고 어떤 영역 혹은 학문과 결합되느냐에 따라 그 의미가 다양하게 해석될 수 있다. 예를 들어 개발 혹은 발전과 관련된 지속가능성은 경제·사회·환경적인 자원을 이용하여 여건을 저하시키지 않고 서로 조화와 균형을 이루어 발전할 수 있도록 하는 것으로 보고 있는 반면, 조직적인 측면에서의 지속가능성은 조직의 목적과 활동이 지속되는 상태를 유지하는 것뿐만 아니라 더 나은 상태를 위하여 장기적으로 성장해가는 것으로 보고 있다(Bebington & Gray, 2000: 584). 기업의 측면에서 지속가능성은 경제적 수익증대뿐만 아니라 사회·환경과 같은 윤리적인 부분까지 고려하여 사회의 구성원으로서의 책임을 다하는 것으로 해석할 수 있다. 이와 같이 지속가능성의 개념은 어떤 영역에서 무엇을 추구하느냐에 따라 다양하게 해석이 될 수 있다. 특히 다양한 분야에 걸쳐 설립된 사회적 기업의 경우 관심 분야와 추구하고자 하는 목적이 다르기 때문에 일정한 기준을 갖고 있더라도 그 정도를 파악하는 방법이 다를 수 있다(Holdren et al., 1995). 이 책에서 지속가능성의 개념은 조직의 목적과 활동을 안정적이고 지속적으로 실현하기 위하여 장기적으로 역량을 갖추어 가는 것으로 보고자 한다. 즉, 조직의 역량을 갖춘다는 것은 안정적인 상태의 유지와 더불어 지속적으로 성장을 한다는 의미를 포함한다. 이러한 측면에서 보면, 사회적 기업의 지속가능성은 사회적 목적을 안정적이고 지속적으로 달성하기 위하여 장기적으로 역량을 갖추어 가는 것이라고 할 수 있다.

　사회적 기업의 지속가능성과 관련된 관점은 사회적 가치 창출과 경제적 기반과의 관계에 따라 <표 2-9>와 같이 크게 네 가지로 구분하여 접근할 수 있다. 첫 번째 유형(Min-Min)은 사회적 목적 실현도 낮고, 경제적 기반 형성도 낮은 형태로 현실적으로 사회적 기업으로 지속가능할 수 없는 형태라고 할 수 있다. 두 번째 유형(Min-Max)은 사회적 목적 실현에 더 중점을 두는 형태로서 경제적 기반형성과 관련된 수익활동에는 다소 소극적인 형태라고 할 수 있으며, 이러한 유형은 사회적 목적 실현과 관련하여서는 지속가능성을 획득할 수 있으나 사회적 기업이라는 조직의 운영 차원에서는 경제적인 안정성을 확보하기 어렵다. 이러한 유형은 기존의 비영리부문의 조직 형태에서의 지속가능성과 유사한 형태를 보인다고 할 수 있다. 세 번째 유형(Max-Min)은 경제적 기반형성에 더 중점을 두는 형태로서 사회적 목적 실현에 다소 소극적인 형태라고 할 수 있으며, 이러한 유형은 경제적 기반 형성을 통해 조직의 안정성을 확보할 수 있으나 사회적 목적 실현에는 소극적으로 대처할 가능성이 크다. 즉, 경제적 자급자족의 개념으로 자신의 역량에 맞추어 수익활동을 전개해 나가는 유형으로 일반 기업의 CSR 활동과 유사한 성격을 갖는다고 할 수 있다. 네 번째 유형(Max-Max)은 사회적 목적 실현과 경제적 기반형성의 균형을 유지하는 형태로서 둘의 관계가 독립적이기보다는 상호의존적인 관계로 사회적 목적 실현과 경제적 기반 형성 모두 지속가능성을 담보할 수 있는 유형이다. 즉, 이러한 유형에서의 지속가능성은 사회적 목적 실현을 핵심적 가치로 두고 이러한 목적을 실현하기 위하여 수익활동을 활용하는 유형이다.

<표 2-9> 사회적 목적 실현과 경제적 기반 형성과의 관계

	사회적 목적 실현 (공익적 측면)	
경제적 기반 형성 (수익적 측면)	Max-Min (제3유형)	Max-Max (제4유형)
	Min-Min (제1유형)	Min-Max (제2유형)

이 책에서 사회적 기업의 지속가능성과 관련된 관점은 사회적 목적 실현과 경제적 기반형성이 상호 유기적인 관계에서 균형을 유지하는 형태로서, 사회적 문제 해결과 가치 창출 등의 사회적 목적에 핵심적 가치를 두고 이러한 목적을 실현하기 위하여 수익활동을 활용하는 네 번째 유형(Max-Max)의 관점으로 진행하고자 한다.

사회적 기업의 지속가능성과 관련해서는 선진국에서도 명확하게 그 개념 정의가 이루어지지 않고, 단지 정책적인 측면에서의 접근만이 시도되고 있다(Wallace, 2005). 영국에서 사회적 기업의 지속가능성에 대한 의미는 첫째, 보조금에 의존하지 않으면서 재정으로 지속가능하여야 하고, 둘째, 재정수입은 100% 상거래 활동을 통하여 확보하여야 하고, 마지막으로 재정적 목표와 사회적 목표를 동시에 달성해야 하는 것으로 보고 있다. 영국에서 사회적 기업의 지속가능성에 대한 통념은 위의 세 가지 측면을 통합적으로 고려하고 있지만(Wallace, 2005), 경제적 기반의 중요성을 강조하는 관점이라고 할 수 있다. 즉, 사회적 기업의 지속가능성은 경제적 자립 혹은 비즈니스 모델을 통한 수익활동을 기반으로 사회적 목적을 실현하는 것이라고 보고 있다.

Defourny & Borgaza(2001)에 의하면 사회적 기업은 사회적·경제적 목적을 통합적으로 생산하는 조직이며, 시장과 비시장 영역에서 서로 다른 자원을 동원하는 조직이다. 사회적 기업의 경제활동의 본질적 속성은 사회적 사명과 결합되어야 한다. 이것은 사회적 기업의 상거래활동의 목적과 관련된 특성으로 상품과 서비스의 생산은 사회적 사명을 지원하는 것을 의미한다. 이러한 측면에서 사회적 기업의 지속가능성은 사회적 목적과 경제적 목적을 통합적으로 실현하는 것을 의미한다. 즉, 사회적 사명을 우선적으로 고려하고 경제적 수익활동을 포괄하는 형태라고 할 수 있다.

실제로 사회적 기업의 사회적 목적과 경제적 목적을 달성하는 과정을 살펴보면, 다양한 이해관계자들과 끊임없는 관계를 형성하고 있다. 이러한 관계 형성과정에서 이해관계자들이 실제로 사회적 기업의 활동에 참여하고, 정보제공 및 필요한 유·무형의 다양한 자원들을 지원함으로써 사회적 가치를 확장시키는 역할을 하고 있다. 이와 관련하여 Borgaza & Solari(2001)는 다양한 이해관계자들을 사회적 기업에 참여시킴으로써 특정 이해당사자의 기회주의적 행동을 예방하고, 조직의 균형과 안정을 통해 사회적 가치를 실현할 수 있다고 설명하고 있다. 또한 사회적 기업의 지속가능성을 보장하기 위해서는 다양한 이해관계자들의 참여와 관계 형성이 필요하고, 이를 통해 경영자의 자기이익 추구 행동을 절제하게 하며, 내부 조정에 필요한 비용을 절감시키는 효과를 얻을 수 있다. 이러한 효과는 사회적 기업의 위험을 줄여 지속가능성을 높일 수 있다(Campi et al., 2006). 또한, 이해관계자들과 호혜적 관계를 통해 형성되는 사회적 자본 형성은 사회적 기업 내외부와의 연결을 용이하게 하고, 이러한 연결고리의 형성은 이해관계자들과의 내부적인 상호작용뿐만 아니라 외부적인 환경과의 연대를 증대시킬 수 있다(Hulgard & Spear, 2006). 그리고 사회적 기업과 관련된 제도적 지원은 사회적 기업이 활동할 수 있는 근거와 기반을 제공하여 지속가능할 수 있는 기회를 제공한다는 측면에서 중요한 의미를 갖는다. 이렇듯 사회적 기업은 사회적 목적 달성과 경제적 기반의 형성뿐만 아니라 이해관계자들과의 네트워크, 제도적 지원 등과 같은 환경적인 측면 또한 중요하게 작용할 수 있다.

따라서 이 책에서는 경제적 기반과 환경적 수용성을 토대로 사회적
목적 달성 활동을 장기적으로 유지하는 것을 사회적 기업의 지속가능
성으로 정의하고자 하며, 이러한 사회적 기업의 지속가능성은 지역사
회 구성원으로서의 책임과 역할을 원활하게 수행하기 위한 최소한의
자격을 갖추는 것이라고 할 수 있다.

2. 사회적 기업 지속가능성의 구성요소

1) 사회적 목적 달성

사회적 기업은 일반 영리기업과 달리 사회적 목적과 가치를 추구한다.
그렇기 때문에 사회적 기업에 대해서는 일반 기업에는 제공되지 않는 정
부 및 공동체 차원의 지원이 행해지는 것이다. 사회적 목적 달성을 살펴
보기 위해서는 사회적 기업의 기본적 속성으로 언급되는 것을 참조하여 살
펴보는 것이 필요하다(Pearce, 2003; Social Enterprise Coalition, 2003). EMES
는 사회적 목적과 관련하여 지역사회 공헌이라는 명확한 목적, 자본 소
유에 기반을 두지 않는 의사결정, 시민 그룹에 의해 발족된 이니셔티브,
활동에 의해 영향 받는 사람들의 참여, 이윤 분배의 제한 등의 기준을
제시하고 있다(Defourny, 2001).[9] 이러한 사회적 목적의 달성은 사회적
기업의 활동 영역에 따라 다양할 수 있지만, 기본적으로 사회적 목적
달성과 관련해서는 사회적 기업이 사회적 목적을 얼마나 잘 달성하고
있는가? 사회적 소유구조를 구비하고 있는가? 이익을 어떻게 배분하고
있는가? 등과 관련이 있다. 결국 사회적 목적은 사회적 기업에 있어 핵

---

9) 사회적 기업 육성법상의 사회적 기업의 사회적 목적은 취약계층에게 일자리 또는 사회 서비스
   를 제공하거나 지역사회에 공헌함으로써 지역주민의 삶의 질을 높이는 것 등으로 규정하고 있
   다(사회적 기업육성법 제2조 및 제8조).

심적인 개념으로서 주어진 환경에서 변화를 주도하는 주체로서 반드시 고려해야 하는 것이고, 기본적으로 사회적 목적은 공동체 및 지역사회를 위한 공공선 혹은 공동체의 편익이 포함되어 있다(Peredo & McLean, 2006). 사회적 기업의 사회적 목적을 달성하기 위한 일련의 활동은 지역사회에 대한 기여와 더불어 지역사회를 변화·발전시킬 수 있다. 이러한 지역사회의 변화·발전에는 환경과 생태계 보호, 문화유산 보존 및 문화서비스 제공을 통한 사회적 관광, 취약계층의 경제적 자립을 통한 지역경제 활성화, 지역사회의 안정망 강화 등의 내용이 포함될 수 있다. 결국 사회적 목적 달성이 충실하게 이행하고 있는지 여부를 살펴봄으로써 사회적 목적 정도를 판단할 수 있다.

2) 경제적 기반

사회적 기업의 특징에는 일반 기업의 속성도 포함되어 있다. 수익활동을 통해 이윤을 만들어내고, 시장을 지향하며, 정세석인 이익 창출을 통해 경제적 목표 달성과 특정한 재화 및 사회 서비스 제공 등을 통해 경제적 수익 구조를 형성하는 것이 대표적인 예라고 할 수 있다. DTI(Department of Trade and Industry)는 '사회적 기업은 사업을 통한 수익 활동을 해야 한다. 그것은 사회적 기업이 어떤 영역에서 어떤 형태의 거래활동을 하고 있다는 것을 의미하고, 이러한 거래행위는 사회적 목적을 지지하기 위하여 이루어진다'라고 설명하고 있다(DTI, 2002). 즉, 사회적 기업도 수익활동의 중요성을 적극적으로 반영하는 것이 필요하지만, 본연의 목적 범위 내에서 이루어져야 함을 강조하고 있다.

이러한 경제적 기반은 사회적 기업이 사회적 사명을 지속적으로 유지하기 위한 자원을 동원하는 것과 관련이 있으며, 경제적 자립 혹은 재정적 독립의 측면이 중요한 이슈로 제기될 수 있다. 그렇다면 사회적 기업은 시장의 활동을 통해 100% 경제적 자립을 실현해야 하는가?

사회적 기업의 운영에 필요한 자원은 시장으로부터 100% 충당해야 하는가?와 관련된 의문을 제기할 수 있다.

사회적 기업은 시장 경쟁력을 가진 조직이어야 하고 시장에서 생존을 해야 한다. 사회적 기업에 대한 경영컨설팅 지원 정책의 목적은 사회적 기업이 시장에서 자립할 수 있도록 지원하기 위함이다.

-고용노동부(2009)-

이러한 고용노동부의 관점에서 보면 사회적 기업의 경제적 기반은 시장 활동을 통해 100% 조달해야 하는 것이고, 가장 우선적인 목표는 상거래 활동을 통한 경제적 자립을 실천하는 것이라고 할 수 있다. 그러나 현실적으로 사회적 기업이 시장영역에서의 활동만으로 경제적 기반을 형성하는 것은 불가능하다.[10] 실제로 사회적 기업은 시장 활동을 통한 매출뿐만 아니라 정부, 공공시장, 후원금, 회비 등 다양한 형태로 자원 동원을 하고 있다(<표 2-4> 참조). 이렇듯 사회적 기업의 경제적 기반은 시장영역에서의 활동을 통해 경제적 자립을 추구하는 것이 아니라 지속적으로 사회적 목적을 달성·실현할 수 있는 안정적인 자원 동원과 기반을 형성하는 것과 더 관련이 있다. 때문에 사회적 기업의 경제적 기반은 시장 활동을 통한 매출액의 규모로 판단할 것이 아니라 지속적으로 동원가능한 자원의 규모, 자원의 성격, 자원의 안정성 여부의 측면을 종합적으로 고려하여 살펴보는 것이 필요하다. 특히, 사회적 기업이 다양한 영역에서 자원을 동원하는 것은 안정과 성장을 위한 최적의 자원을 동원하기 위한 자원 동원 전략과 관련이 있으며, 이

---

10) 한국의 사회적 기업은 취약계층의 일자리 제공을 강조하고 있고, 인증 사회적 기업의 대부분이 이러한 목적을 수행하고 있다. 이러한 목적을 수행하기 때문에 노동 능력이 취약하고, 노동시장에 진입하기 어려운 장애인, 고령자 등을 고용하고 있다. 노동통합장애인 사회적 기업의 대표적인 사례인 위캔의 경우, 직업재활시설로 정부 지원을 공식적으로 받았고, 인증을 받은 사회적 기업이다. 이렇게 노동 능력이 극히 취약한 장애인을 고용하고 있는 사회적 기업이 시장에서 과연 자립 가능할지에 대해서 상식적으로 생각해볼 필요가 있다.

는 일반 기업과는 다른 자원 동원 방식의 형태를 취한다고 볼 수 있다.

3) 환경적 수용성

사회적 기업이 지속가능하기 위해서는 사회적 목적 달성, 경제적 기반을 형성하는 것 못지않게 환경적인 측면도 중요하다. 그것은 사회적 기업의 사업 영역이나 구성원 등이 사회 취약계층으로 일반인에 비하여 생산성이나 경쟁력에서 현저한 차이가 있고, 공익적 목적이라는 특성상 사회적 관심이나 외부의 지원 없이 독자적으로 활동하기란 현실적으로 불가능하다. 이러한 환경적 수용성은 지역사회에서 사회적 기업이 활동할 수 있는 최소한의 환경이 조성되어 있는가와 관련이 있다. 환경적 수용성에는 크게 세 가지 측면에서의 접근이 가능한데, 첫 번째는 지역사회의 제도적 지원의 측면이다. 사회적 기업은 중앙정부 및 지방정부의 지원 없이는 설립이 매우 어려운 상황으로 정부의 제도적인 측면에서의 지원은 매우 중요할 수 있다. 실제로 사회적 기업 육성법 및 사회적 기업 지원 조례 등은 사회적 기업이 활동할 수 있는 토대를 마련했다는 측면에서 의미가 있다(장원봉, 2006; Johnson & Spear, 2006). 두 번째는 지역사회의 공감과 관련된 측면이다. 사회적 기업에 대한 지역사회의 호응이 긍정적이고 활발할수록 사회적 기업이 더 활용되고, 다양한 역할을 할 수 있을 것이다. 마지막으로 네트워크의 형성이다. Moshe & Lerner(2006)의 연구에서 사회적 기업은 열악한 사업환경의 극복을 위해 사회인식의 확대와 사업 추진에 협력적 관계형성을 위해 다양한 이해관계자들과 네트워크를 형성하고 있다고 설명하고 있다.

이러한 환경적 수용성은 사회적 기업이 지속가능하기 위한 하나의 중요 요인으로 작동할 수 있을 뿐만 아니라 이를 통해 사회적 기업에 대한 인식의 변화와 새로운 시장을 형성할 수 있는 기회 또한 제공할 수 있다.

이상의 논의를 통해 사회적 기업의 지속가능성을 구성하는 세 가지 특성과 관련된 쟁점을 제시하면 다음의 <표 2-10>과 같이 정리할 수 있다.

〈표 2-10〉사회적 기업의 지속가능성의 특성과 쟁점

구분	개념적 의미	쟁점
사회적 목적 달성	사회적 기업이 달성하고자 하는 사회적 목적의 달성 정도	설정된 사회적 목표 달성 및 실현
경제적 기반 형성	사회적 기업의 사명을 지속할 수준의 다양한 자원의 동원	자원의 다양성 자원의 안정성
환경적 수용성	사회적 기업이 활동할 수 있는 최소한의 환경적 여건의 형성	제도적 환경의 형성 정도 지역사회의 공감 네트워크 형성

첫째, 사회적 기업의 사회적 목적 달성은 추구하고자 하는 사회적 목적과 관련이 있으며, 이러한 사회적 목적은 단순히 사회적 기업의 목표를 달성한다는 의미의 수준에서 그치는 것이 아니라 지역사회 및 공동체에 기여할 수 있는 편익을 생산한다는 측면에서 그 의미가 있다. 예를 들어, 사회적 기업의 사명이 사회 취약계층을 위한 일자리 창출이라면 경제적인 활동 그 자체로 노동통합의 목적을 실현하는 것이며, 지역에서는 취약계층의 고용문제를 해결하는 효과를 얻을 수 있다. 또한, 사회적 기업의 사명이 사회 서비스를 지원하는 것이라면 경제활동의 목적은 서비스 제공을 통한 이윤 창출이 목적이 아니라 서비스를 필요로 하는 사람에게 제공함으로써 지역사회의 사회 서비스와 관련된 문제 해결을 기대할 수 있다. 이러한 측면에서는 결국, "사회적 목적을 얼마나 잘 실현하고 있는가?"와 관련된 측면을 통해 사회적 목적 실현의 충분성을 살펴볼 수 있다.

둘째, 경제적 기반의 형성은 사회적 기업의 사명을 지속할 수 있도록 필요한 자원을 동원하는 데 있어, 단일 영역에서 자원을 동원할 것인지, 아니면 다양한 영역에서 자원을 동원할 것인지와 관련이 있다. 일반적으로 사회적 기업은 일반 기업과 마찬가지로 수익활동을 하는 조직이라고 할 수 있다(Defourny, 2001). 이러한 측면에서 보면, 사회적 기업은 시장영역에서 필요한 자원을 동원해야 하지만, 현실적으로 그렇지 못하다. 때문에 사회적 기업의 사명을 유지하기 위해 획득하는 자원은 시장영역에만 국한되지 않으며, 다양한 영역에서 다양한 형태의 자원들을 동원할 수 있다. 다만, 동원되는 자원들이 안정적인지, 그리고 각 영역에서 동원되는 자원들이 특정 영역에 편중되지 않고 균형을 유지하는지에 대해서는 살펴볼 필요가 있다.

셋째, 사회적 기업이 지속가능하기 위해서는 사회적 목적의 달성, 경제적 기반의 형성만큼 사회적 기업을 둘러싸고 있는 환경적인 측면 또한 중요하다. 특히, 사회적 기업이 활동할 수 있는 최소한의 환경 혹은 여건이 갖추어져 있느냐와 관련이 있다. 사회적 기업을 둘러싼 환경은 사회적 기업의 특성이 사회 취약계층을 중심으로 한 공익적 목적이란 특성상 지역사회의 공감이나 정부의 지원, 지역사회 내에서의 네트워크 등을 고려할 수 있다.

이상에서 논의한 세 가지 구성요인들은 사회적 기업의 지속가능성을 구성하는 중요한 요소이며, 각각은 상호 밀접한 관련성이 있다. 예를 들어, 사회적 기업이 사회 취약계층과 관련된 사회적 목적 달성을 소홀하게 할 경우, 지역사회의 공감을 얻기 어려우며, 이는 이해관계자들과의 네트워크 형성은 물론 경제적 기반에서의 균형성 및 안정성을 확보하기 어렵거나 특정 영역에서의 자원 동원으로 편중될 수 있다. 사회적 기업이 장기적으로 사회적 목적을 달성하기 위하여 경제적 기반은 물론 환경적인 부분까지 적극적인 수용을 통해 역량을 갖출 수 있다는 측면에서 보면, 사회적 목적 달성, 경제적 기반 형성, 환경적 수용성 이 세 가지 구성요소들 간의 균형을 유지하는 것이 가장 이상적인 형태라고 할 수 있을 것이다. 이상의 논의를 중심으로 사회적 기업의 지속가능성 구성요인에 대해 정리하면 다음의 <그림 2-5>와 같다.

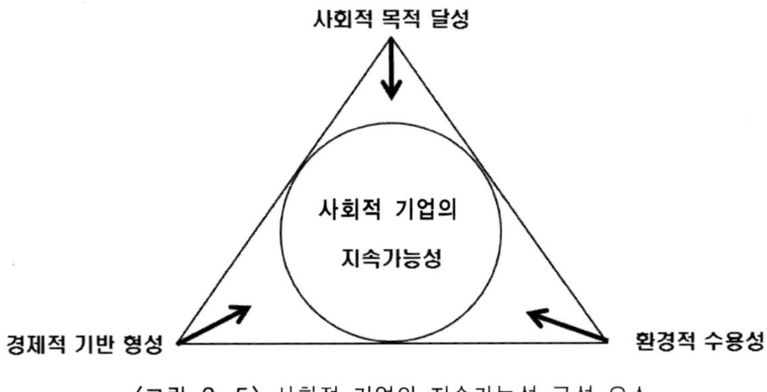

〈그림 2-5〉 사회적 기업의 지속가능성 구성 요소

3. 사회적 기업 지속가능성에 미치는 영향 요인

사회적 기업의 지속가능성에 영향을 미칠 수 있는 요인들은 다양하게 존재할 수 있다. 기존의 연구들을 살펴보면, 성공한 사회적 기업의 사례를 중심으로 사회적 기업의 지속가능성에 영향을 미치는 요인들을 찾아내거나, 제도 및 운영의 측면에서 한계를 개선할 수 있는 요인들을 중심으로 기술하고 있다. 사회적 기업의 지속가능성에 영향을 미치는 요인으로는 연구자에 따라 다양한 관점과 의견들을 통해 제시되고 있다. 노동부(2008)는 사회적 기업 육성방안을 제시하면서 이러한 한계를 극복하기 위하여 재정지원사업 등 사회적 기업을 단계적으로 발전시킬 수 있는 방안, 예비 사회적 기업을 육성할 수 있는 방안 등을 제시하고 있다. 이를 위해서 성장 단계별 정부지원의 원칙과 지원제도 간 연계 시스템을 구축하여 자율과 분권에 기초한 육성·관리 시스템을 도입하겠다고 밝히고 있다. 조영복(2007)은 사회적 기업의 부가가치와 영향에 대한 증거가 부족하다고 주장하고 있다. 다시 말해서 사회적 기업의 사회적·환경적·재무적 공헌에 대한 통계가 부족하다는 것이며, 이는 사회적 기업 협의체 구성을 통한 데이터베이스 구축을 통해 해결할 수 있다고 설명하고 있다. 사회적 기업의 인증제와 관련해서 이인재(2006)는 인증제로 인하여 사회적 기업에 대한 개념을 협소화시켜 장기적으로 사회적 기업의 발전에 악영향을 줄 수 있다고 지적하면서 사회적 기업의 활성화와 지속가능성을 위한 유연한 제도적 뒷받침의 필요성을 제기하고 있다. 이용탁(2008)은 내외부 이해관계자 문제를 고객(이해관계자)관점과 내부 프로세스 과정으로 구분하여 대안을 제시하는데, 내부 프로세스에 있어서 조직 문화, 조직관리, 의사소통, 정보 공유와 같은 조직 내부적 요소가 사회적 기업의 활성화와 질적 향상을 위한 핵심적 역량이라고 설명하고 있다. 또한, 재무조달의 안정성, 예산·지출관리의 효율성, 이해관계자들의 재정지원정도, 거래 수입을 통한 수익창출 등을 언급하면서 재무적 측면의 중요성도 강조하고 있다. 김태영(2009)은 지방정부와의 협력이 부족함을 지적하고, 중앙정부가 사회적 기업을 육성하기 위해 지방정부에 대한 재정 지원 방안 혹은 인센티브 지급 방안의 필요성을 제기하고 있다.

기존의 연구에서 볼 수 있듯이 사회적 기업의 지속가능에 영향을 미치는 요인들은 다양하다. 이상에서 논의된 학자들이 제시하고 있는 영향요인들은 성공사례 혹은 제도적 검토를 통해 도출되었기 때문에 사회적 기업의 지속가능에 영향을 미치는 요인들이라고 할 수 있다. 그러나 이러한 요인들은 다음과 같은 한계를 보이고 있다.

첫째, 사회적 기업의 지속가능성 영향 요인을 사회적 기업의 외부에서 찾고 있다. 기존의 사회적 기업의 토대를 형성하고 사회경제적인 환경을 조성하기 위한 법·제도적 측면에서의 요인들과 주요 이해관계자인 중앙 및 지방정부와의 파트너십 협력과 관련된 요인들을 강조하고 있다. 결국 기존의 연구에서는 사회적 기업의 지속가능성과 관련해서는 경영 능력 및 기업가적인 요소와 같은 내부적인 요인을 일부 연구에서 제안하고 있지만, 실제로 외부 환경에 대응하고 적응할 수 있는 내부적인 요인들이 충분하게 고려되지 못하고 있다. 둘째, 사회적 기업의 성장을 지속적으로 이끌어갈 수 있는 원동력의 부재이다. 사회적 기업을 둘러싼 환경적인 요인들이 중요한 만큼 이에 대응하고 활용할 수 있는 내부적인 원동력이 필요한데, 이러한 역할을 수행할 수 있는 요인을 제시하지 못하고 있다.

사회적 기업이 지속가능하기 위해서는 기존의 연구에서 제시하고 있는 요인들이 유기적으로 연결되어 작동하고, 이것이 내부적인 원동력과 결합되는 것이 필요한데, 이러한 역할을 사회적 기업가정신이 수행할 수 있을 것이다. 사회적 기업가정신은 사회적 가치를 지향하면서 이를 실현하기 위한 다양한 방법들의 모색을 가능하게 한다. 이러한 과정에서 기존의 파편화된 요인들과의 결합을 통해 더 효율적이고 효과적으로 작동하게 함으로써 지속가능할 수 있는 기반의 형성이 가능할 것이다. 따라서 이 책에서는 사회적 기업이 지속가능하기 위한 주요 요인으로 사회적 기업가정신을 중심으로 살펴보고자 한다.

4. 한국의 사회적 기업 현황과 지속가능성 문제

1) 한국의 사회적 기업의 현황

한국의 사회적 기업은 사회적 목적 측면에서 살펴보면, 취약계층을 위한 일자리 제공이나 사회 서비스 공급 등의 역할을 수행하고 있다. 이러한 목적과 생산 활동을 결합시키는 이니셔티브(initiatives)는 다양한 기원과 형태로 존재하고 있다. 사회적 기업은 정부 인증 사회적 기업이 대표적(예비 사회적 기업 포함)이지만, 실현하고자 하는 사회적 목적에 비추어 보면 자활공동체, 장애인직업재활시설, 사회적 일자리사업단 등도 사회적 기업의 범주에 포함될 수 있다. 그러나 넓은 의미의 사회적 기업의 실태와 특성을 제시한 체계적인 자료는 부족한 상황이다. 사회적 기업의 실태와 관련된 연구로 곽선화(2009), 장원봉(2008)의 연구가 있지만 그 범위가 인증 사회적 기업으로 한정되어 있다. 그럼에도 불구하고 인증 사회적 기업의 규모, 현황, 특성 등을 살펴봄으로써 현재 사회적 기업의 현실을 살펴볼 수 있다는 데 그 의미를 부여할 수 있다. 따라서 본 연구에서도 인증 사회적 기업을 중심으로 규모, 현황, 특성 등을 살펴보고자 하며, 이를 통해 사회적 기업의 지속가능성에 관한 현실과 문제점을 파악하고자 한다. 2011년 8월 말 기준으로 사회적 기업에 고용된 유급근로자는 총 13,380명으로 사회적 기업당 평균 고용인원은 24.1명이다.[11]

〈표 2-11〉 한국 인증 사회적 기업의 현황

(2011년 8월 말 기준)

구분	세부 특성	빈도(비율)
총계	−	555(100%)
지역 분포	수도권(서울·경기·인천)	257(46.3%)
	지방	298(53.7%)
사업 목적별	일자리 창출형	330(59.5%)
	사회 서비스 제공형	46(8.3%)
	혼합형	95(17.1%)
	기타형	84(15.1%)
조직 형태별	상법상 회사	224(40.4%)
	비영리 조직	107(19.3%)
	민법상 법인	142(25.6%)
	사회복지법인	66(11.9%)
	생활협동조합	12(2.2%)
	영농조합	4(0.7%)

자료: 한국사회적 기업 진흥원 홈페이지(2011년 8월 25일 검색).
　　　한국경제 신문기사(2011년 8월 29일자 기사).

---

11) 고용노동부(2010)에서 발간한 「사회적 기업 3주년 성과분석」 보고서를 보면, 2009년 12월 말까지 인증을 받은 사회적 기업의 수는 289개이며, 고용된 유급근로자는 총 11,150명, 사회적 기업당 평균 고용인원은 38.9명으로 나타났다. 그리고 사회적 기업의 총매출액은 2,354억으로 사회적 기업당 평균 매출액은 8.2억 정도인 것으로 나타났다.

　<표 2-11>에서 볼 수 있듯이 사회적 기업은 지역 분포, 사업 목적, 조직 형태의 측면에서 다양한 특징을 가지고 있다. 우선 지역별로는 서울·경기·인천 등의 수도권 지역에 전체 사회적 기업의 절반에 가까운 수가 설립되어 있다. 사회적 기업이 수도권에 집중된 것은 인구가 집중되어 있는 지역인 만큼 다양한 문제와 욕구들이 존재하고 있다는 부분과 사회적 기업이 생산하는 재화와 서비스가 소비될 수 있는 가능성이 지방보다는 더 열려 있기 때문이라고 보인다. 사회적 목적 실현에 있어서는 다른 형태보다 일자리 창출과 관련된 사회적 기업이 월등하게 많은 것으로 나타나고 있으며, 이러한 배경에는 사회 전체적으로 일자리와 관련된 특히, 취약계층의 일자리 제공과 관련된 문제가 심각하게 나타나고 있고, 정부 정책의 방향도 일자리 제공에 맞추어져 있기 때문에 그로 인한 영향력이 작용한 것으로 볼 수 있다. 사회적 기업의 조직 형태는 주로 상법상 회사를 중심으로 민법상 법인, 비영리 조직 등의 법적 지위를 갖고 있다. 한국의 경우 외국과 달리 상법상 회사의 형태가 사회적 기업의 범주에 포함되고 있다. 미국이나 유럽과 달리 상법상 회사의 조직형태를 사회적 기업의 조직유형의 범위에 포함시킴으로써 사회적 기업의 활동영역을 민간영역으로까지 확장하고 있다는 데 의의가 있다. 그러나 실질적인 사회적 기업의 조직 운영은 복합적으로 운영되고 있다. 예를 들면, 주식회사(상법상 회사)의 법적인 지위를 갖고 있더라도 조직의 운영원리는 협동조합 방식을 따르는 경우가 있다(김성기, 2010).

　한국의 사회적 기업은 고용창출이나 경제활동 규모 면에서 그리 큰 편은 아니며, 시민사회의 여러 영역에서 조금씩 성장하고 있는 과정에 있다. 고용 효과의 측면에서 비교하여 보면, 영국의 경우는 전체 임금 노동자의 7%에 해당되는 171만 명을 사회적 기업에서 고용하고 있고, 프랑스는 198만 명, 이탈리아는 133만 명을 고용하고 있다. 한국의 사

회적 기업은 2007년 제도화 이후 급격하게 성장하고 있고, 각 분야에서 성공적인 사례들이 점차 나타나고 있다. 그리고 사회적 기업은 고용창출, 사회 서비스 제공, 지역사회 재생 등의 역할을 수행하고 있고, 이것은 경제적 기여뿐만 아니라 복지국가의 한계를 보완하고 사회복지의 발전에도 영향을 미친다는 것을 의미한다. 특히, 사회 양극화와 사회적 배제의 문제가 심각해지고 있는 현 상황에서 사회적 기업의 역할은 더욱 중요한 의미를 갖는다고 할 수 있다. 그러나 사회적 기업의 규모는 여전히 영세성을 벗어나지 못하고 있고, 정부의 재정지원에 의존하면서 경영되고 있다는 점이다. 특히 정부의 사회적 일자리 지원정책은 3년 혹은 5년 동안 지원되는 한시적인 지원으로 지원이 중단될 경우 사회적 기업은 심각한 위기를 맞이할 수밖에 없다.

2) 한국의 사회적 기업 지원 정책

(1) 사회적 기업의 지원정책

2007년 사회적 기업육성법 제정 이후 사회적 기업은 인증절차를 거쳐 인증 사회적 기업으로 지정되면 중앙정부로부터 각종 지원을 받을 수 있다. 사회적 기업이 인증 후 받을 수 있는 지원은 경영지원, 교육훈련지원, 시설비 등의 지원, 공공기관의 우선구매, 조세감면 및 사회보험료 지원, 사회 서비스 제공 사회적 기업에 대한 재정 지원, 연계기업 등에 대한 조세 감면 등의 내용을 포함하고 있다(사회적 기업육성법 제10조, 제10조의 2, 제11조, 제12조, 제13조, 제14조, 제16조). 사회적 기업은 중앙정부뿐만 아니라 지방정부에서도 지원조례를 마련하여 운영 중이다. 사회적 기업지원 조례 제정을 광역자치단체를 중심으로 살펴보면, 경기도와 강원도가 2008년도에 제정한 것을 시작으로 2009년 이후 광역자치단체가 사회적 기업 지원 조례가 제정되어 시행 중에 있다. 16개 광역자치단체의 사회적 기업 지원조례 내용들을 다음 <표 2-12>에서 살펴보면, 가장 많은 지역에서 포함하고 있는 내용은 경영지원, 우선구매지원, 민간기업 등의 참여확충이다. 그 밖에 재정지원, 시설비 지원, 홍보비 지원 등과 관련해서 각 자치단체의 필요성에 따라 지원을 규정하고 있다. 광역자치단체에 따라 특정한 지원내용을 담고 있는 경우도 있는데, 대전시의 경우에는 후견인제도를 지원내용으로 포함하고 있다.

〈표 2-12〉 광역자치단체 사회적 기업 지원 내용

구분	경영지원	사업비지원	시설비지원	재정지원	우선구매	시세감면	참여확충	참여장려	후견인제도	보조금부담	홍보
서울	○		○	○	○	○	○				○
부산	○	○		○	○		○				○
인천	○		○	○	○		○				○
대구	○		○	○	○		○			○	○
광주	○		○	○	○	○	○	○			○
대전	○		○	○	○		○	○	○		○
울산	○	○			○	○	○				○
경기	○		○	○	○		○	○			○
강원	○		○	○	○		○			○	○
충북	○		○	○	○		○	○			○
충남	○		○	○	○	○	○	○			○
전북	○		○	○	○	○	○				
전남	○		○	○	○		○	○			○
경북	○		○	○	○		○	○			○
경남	○		○	○	○		○	○			○
제주	○			○	○		○	○			○

자료: 김학실, 2011: 169.

3) 사회적 기업 지원정책에 대한 논의

사회적 기업 지원은 사회적 기업이 일반기업과는 다른 특성과 환경적 조건에서 운영되고 있다는 점 때문에 그 필요성이 인정되는 부분이 있다. 특히, 한국의 사회적 기업이 처한 환경을 고려하면 사회적 기업의 지원제도는 더욱 필요하다. 그러나 사회적 기업과 관련된 정부의 지원은 사회적 기업의 특성을 반영하지 못하고 있기 때문에 사회적 기업이 지속가능할 수 있는 환경을 훼손하고 있다(문종찬, 2010). 특히, 정부의 사회적 기업 지원 정책의 방향이 '사회적 기업이 시장에서 수익을 창출하여 자립하는 것'에 초점을 두고 있고, 이러한 정책의 방향 하에서 사회적 기업에 대한 관련 지원이 이루어지고 있기 때문에 자생력을 통한 지속가능성의 획득은 어렵다. 뿐만 아니라 중앙 정부는 사회적 기업에 대한 지원 체계가 확립이 되지 않은 상태에서 사회적 기업 관련 정책의 지방화를 추진하고 있다. 이러한 정책적 환경하에서 사회적 기업의 지속가능성은 보장받기 어렵다.

사회적 기업의 지원과 관련된 쟁점에 대해서 살펴보고, 사회적 기업의 지속가능성과 사회적 기업에 대한 지원과의 문제점에 대해서 살펴보도록 하겠다. 현행 사회적 기업 지원정책은 다음과 같은 문제점들을 안고 있다. 첫째, 현행 지원정책이 직접 인건비 지원 중심으로 구성되어 있다는 것이다. <표 2-13>에서 보는 바와 같이 2010년 사회적 기업 지원예산 중 2/3가 일자리 창출사업의 인건비 지원에 집중되어 있다. 그동안 직접 인건비 지원 방식이 사회적 기업 내 자원배분의 왜곡 및 정부의존성을 심화시켰다는 우려를 재차 확인할 수 있다.

〈표 2-13〉 사회적 기업 지원 예산

(단위: 천 원)

구분	2007년 예산	2008년 예산	2009년 예산	2010년 예산
총계	121,541	139,772	188,463	148,734
일자리 창출 인건비 지원	117,972	125,989	158,748	107,457
예비 사회적 기업	114,463	110,599	109,895	87,916
사회적 기업	3,509	15,390	48,853	19,541
사회적 기업 지원	1,836	12,224	28,036	39,585
네트워크		1,000	1,012	1,012
전문인력 인건비		4,896	13,014	7,200
시설운영비		2,000	3,000	
경영 컨설팅	1,700	3,150	4,999	5,174
사회적 기업가 아카데미		800	800	800
기타	136	378	1,154	1,154
사업개발비			1,501	18,521
사회보험료 지원				4,524
소셜벤처			2,466	1,200
운영비	1,733	1,559	1,679	1,692

자료: 김혜원, 2011: 216 재인용.

둘째, 간접 지원정책이 충분히 발달하지 못했다. 사회적 기업 제품 및 서비스의 판로 지원, 투자를 위한 자금조달 측면의 지원 등이 여전히 부족하다. 그리고 사회적 기업 제품 및 서비스에 대한 우선구매 조항이 사회적 기업 육성법에 명문화되어 있으나 실효성이 떨어진다. 사회적 기업의 자생력을 갖추도록 유도하기 위해서는 직접적인 지원보다는 간접적인 지원, 특히 우선구매를 통해서 생산력과 품질, 경쟁력을 스스로 갖출 수 있도록 하는 제도의 활용이 필요하다. 그러나 현행의 우선구매제도는 형식적으로 마련되어 있을 뿐 실질적으로 활용 측면에서 매우 미흡한 것이 사실이다.

셋째, 사회적 기업 관련 지원이 인증 초기에 집중되어 있고, 이후 지속적 성장을 위한 환경조성과 관련된 지원은 부족하다. 아래의 <표 2-14>

에서 볼 수 있듯이 인증 초기에 지원이 집중되어 있는 데 비해서 인증 4년 후부터는 대부분의 지원이 끊어지게 된다. 인증 초기에 직접적인 지원이 집중되는 것이 초기 시작단계의 기업 발전을 위해 필요한 일이기는 하지만 새로운 도약이 필요한 시점에서 적절한 지원 수단이 강구되지 못하고 있는 것은 사회적 기업의 장기적인 지속가능성장을 불투명하게 만들 수 있다.

<표 2-14> 사회적 기업 지원수단별 활용가능 기간

연차	-2	-1	1	2	3	4	5	6	7	8	9
신규채용 인건비 지원	■	■	■	■							
사회 보험료 지원						■	■	■	■		
전문인력 인건비 지원			■	■	■						
경영컨설팅 지원			■	■							
법인세 감면			■	■	■						

자료: 김혜원, 2011: 217.

사회적 기업의 지원 정책의 문제점들은 결국 초기 인건비지원으로 귀결될 수 있다. 특히 사회적 일자리 사업과 인증 사회적 기업을 모두 합해 최장 5년의 지원이 끝난 시점에서 그동안의 고용규모를 유지할 수 있는 기업은 많지 않을 것이고 결국 사회적 기업의 지속가능성을 기대하기 어렵다(문종찬, 2010).

사회적 기업은 사회적 목적을 수행하기 위해 수익 활동을 하고 있다. 그리고 사회적 기업의 지속가능성의 개념에는 단순히 현재의 상태를 유지하는 수준에 그치는 것이 아니라 현재보다 나은 상태 내지는 성장의 개념을 포함하고 있다. 이러한 측면에서 볼 때, 사회적 기업의 지속가능성의 문제는 정부지원의 문제가 아니라 성장을 위한 사회적 기업 스스로의 노력의 부족이나 성장엔진의 부족과 관련이 있을 수 있다. 즉, 사회적 기업이 활동하는 데 아무런 환경이 갖추어지지 않은 한

국적 상황을 고려할 때, 인건비 지원을 포함한 다양한 정부의 지원책
은 당연한 수순이라고 할 수 있다. 정부의 사회적 기업 지원은 사회적
기업이 설립 및 육성될 수 있는 최소한의 기반을 조성하는 역할을 수
행하고 있으며, 이후의 사회적 기업의 지속가능성과 관련된 부분은 사
회적 기업의 몫이라고 할 수 있다. 즉, 사회적 기업이 본래적으로 추구
하고자 하는 사회적 목적의 실현이나 가치 창출의 원칙을 준수하면서,
이를 실현하기 위한 다양한 자원들을 동원하는 데 다른 요인들보다 사
회적 기업가정신이 중요하게 작용할 수 있을 것이다. 결국, 사회적 기
업이 지속가능하는 데 걸림돌이 되는 것은 정부의 직접적인 지원이 아
니라 사회적 기업 스스로 성장할 수 있는 동력의 부재가 가장 큰 위험
요소라고 할 수 있으며, 이러한 성장 동력의 역할을 사회적 기업가정
신이 할 수 있을 것이다.

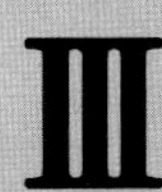

Ⅲ

연구의 분석틀

제1절 분석틀의 도출

이 책의 연구 목적은 사회적 기업가정신이 사회적 기업이 지속가능하는 데 어떻게 영향을 끼치는지 알아보는 것이다. 앞의 이론적 논의에서 살펴보았듯이 사회적 기업은 사회적 목적을 추구하면서도 조직의 운영을 위하여 수익적인 활동을 하기 때문에 이용 가능한 자원이 무엇인지, 어떻게 확보할 것인지 등과 같이 전체적으로 포괄할 수 있는 요인이 필요하다. 즉, 사회적 기업이 지속가능하기 위해서는 사회적 기업의 목적과 운영을 전체적으로 포괄하고 유기적으로 다양한 요인들을 연계할 수 있는 요인이 필요하다. 이러한 역할을 할 수 있는 요인으로 사회적 기업가정신을 들 수 있다. 사회적 기업이 사회적 목적의 실현을 위하여 다변하는 환경에 적응하고, 운영에 필요한 자원들을 동원하기 위하여 스스로의 경제활동을 통해 안정과 성장을 지속해야 한다는 측면에서 보면, 사회적 기업가정신의 중요성은 더욱 커질 수밖에 없다. 그리고 이러한 사회적 기업가정신은 사회적 기업의 운영과정에 배태되어 다양한 형태로 발현될 수 있으며, 이는 궁극적으로 사회적 기업이 지속가능할 수 있는 토대를 형성할 수 있을 것이다.

사회적 기업가정신의 발현으로 인하여 사회적 기업이 창출하고자 하는 성과는 사회적 기업의 본질적 사명인 사회적 목적 달성과 경제적 기반 형성, 환경적 수용성을 포함하는 사회적 기업의 지속가능성이라고 할 수 있다. 이와 관련하여 Dees(1998)와 Weerawardena & Mort(2006)는 사회적 기업가정신의 성과(결과)로 사회적 가치 창출과 조직의 지속가능성을 들고 있는데(Dees, 1998; Weerawardena & Mort, 2006), 사회적 가치 창출은 기본적으로 수행해야 할 사회적 기업의 목적 실현과 관련된 부분이고, 조직의 지속가능성은 경제적인 기반과 환경적 수용성을 토대로 하는 안정적인 조직의 운영과 관련된 부분이라고 할 수 있다. 또한, 사회적 기업가정신의 구성요인은 사회적 기업이 달성하고자 하는 사회적 목적 달성, 경제적 기반, 환경적 수용성 측면에 영향을 미칠 것이다. 즉, 사회적 가치 지향성, 혁신성, 진취성, 위험감수성은 사회적 기업의 핵심적인 동인으로 작용할 수 있고, 사회적 기업이 지속가능하는 데 다양한 관계의 형성을 통해 사회적 기업을 유지해줄 수 있는 강력한 수단이 될 것이다. 사회적 기업가정신의 구성요인과 지속가능성과의 관계에 대해서 살펴보면 다음과 같이 정리할 수 있다.

1. 사회적 가치 지향성과 사회적 기업의 지속가능성과의 관계

사회적 가치 지향성은 개인의 이익이 아닌 지역사회 혹은 공공의 이익을 우선적으로 고려하는 성향이라고 할 수 있다. Room to Read의 John Wood나 BELL의 Earl Martin Phalen, Grameen Bank의 Muhammad Yunus 등은 지역의 문제, 사회의 문제를 해결하기 위하여 그 영역에서 활동하고 있는 사회적 기업을 설립한 사회적 기업가들이다. 즉, 개인의 이익보다는 지역사회의 문제 해결과 공익을 위하여 사회적 기업을 통해 실천하고 있다. 이러한 사회적 가치 지향성의 결과는 광범위하고 보다 포괄적인 수혜범위의 결과로 나타날 수 있지만, 사회 취약계층에 대한 일자리 제공과 사회 서비스 제공, 사회 취약계층의 안정적인 고용유지 등과 같은 구체적인 결과로 나타날 수 있다. 이러한 사회적 가치 지향성은 사회적 기업의 운영과 결합되면서 더 구체화되고, 활동 영역, 대상, 범위, 운영 방식 등과 같은 총체적인 사회적 기업의 운영의 원칙으로 작동하게 된다. 이를 통해 구체적이고 의미 있는 사회적 기업의 활동을 수행하고 다양한 자원봉사자, 관련 이해관계자들이 참여할 수 있는 동기 부여와 비슷한 가치관과 생각을 가진 사람들에게 신뢰를 줌으로써 사회적 기업의 활동에 대한 홍보와 인식의 변화를 꾀하여 사회적 기업이 더 많은 활동을 할 수 있는 기회와 경제적 수익 증가의 기회를 제공할 수 있다. 즉, 사회적 가치 지향성은 사회적 기업의 활동과 사회적 목적 달성에 영향을 미치고, 이는 지역사회의 인식 변화와 경제적 수익의 증대로 이어지는 선순환 체계의 첫 단계라고 할 수 있다. 이러한 사회적 가치 지향성은 사회적 기업이 더 많은 활동과 가치를 공유할 수 있는 기회를 제공할 수 있다.

2. 혁신성과 사회적 기업의 지속가능성과의 관계

사회적 기업의 혁신성은 새로운 기회를 모색하려는 노력과 사회적 목적을 실현하기 위한 적합한 방안을 모색하려는 성향이라고 할 수 있다. 이러한 과정에서 사회적 기업은 다양한 방안들을 모색하고, 적용함으로써 새로운 방법을 찾아낼 수 있다. 실제로 사회적 기업이 사회적 가치를 지향하거나 사회적 목적을 달성하는 과정에서 혁신성이 발휘되기도 한다. 예를 들어 버려지기 쉬운 폐자원들을 활용하여 공연 악기로 활용하거나 인터넷의 악성 댓글 방지를 하나의 사업 아이템으로 하는 것 등은 활동 영역 측면에서의 혁신성과 밀접한 관련이 있다. 뿐만 아니라 기존의 수직적이고 상명하복적인 조직의 운영 방식에서 벗어나 수평적이고 개방적인 조직의 운영방식을 채택하여 이해관계자들의 참여를 지향하고, 이를 통해 신뢰를 형성하는 것 또한 혁신성과 관련이 있다. 사회적 기업은 사회적 목적 달성에 필요한 자원을 시장 영역뿐만 아니라 다양한 이해관계자들과의 관계를 통해 다양한 영역에서 자원을 동원·혼합하고 있으며, 이것은 단순히 자원 동원을 위한 경제

활동의 수준을 넘어 사회적 가치를 창출할 수 있다. 예를 들어 장애인 사회적 기업에서 장애인의 고용은 재화의 생산으로 연결되면서 동시에 그 장애인의 재활을 돕는 재활서비스의 제공이라는 사회적 목적을 실현하고 있는 것이다. 이처럼 혁신성은 사회적 기업의 설립부터 운영에 이르기까지 다양한 형태로 작동하고 발현되고 있다. 특히 사회적 기업에 적합한 조직운영 방식과 자원 동원 방식을 모색하는 과정에서 혁신성이 발휘될 수 있으며, 이러한 혁신성은 사회적 기업이 새로운 기회를 모색하여 지속가능할 수 있는 기회를 제공한다.

3. 진취성과 사회적 기업의 지속가능성과의 관계

사회적 기업의 진취성은 새로운 기회를 포착하기 위한 노력이라고 할 수 있다. 사회적 기업이 설정된 사회적 목적을 달성하기 위해서는 부단한 노력과 필요한 자원의 확보가 중요하다. 특히, 사회적 기업이 가지고 있는 공공성과 호혜성을 통한 자원 동원은 한계가 있기 때문에 일반기업과 같이 생산성을 토대로 자원 확보를 위한 노력이 필요하다. 진취성은 사회적 기업이 일반 시장 변화의 대응과 조직의 역량을 강화하기 위한 노력의 과정에서 발휘된다고 할 수 있다. 사회적 기업의 시장영역 진출은 공공영역에 편중된 자원 동원 구조를 개선시킬 수 있으며, 장기적으로 지속적이고 안정적인 자원의 확보뿐만 아니라 더 많은 자원을 동원할 수 있는 기회를 확보할 수 있다. 물론, 사회적 기업이 시장영역에서 원활하게 활동하기 위해서는 충분한 조직역량이 뒷받침되어야 한다. 즉, 사회적 기업도 일반 시장영역에서 활동하고 경쟁하기 위해서는 제품과 서비스의 품질이 보장되어야 가능할 것이다. 이러한 진취성은 시장변화의 대응과 조직의 역량 강화를 통해 편중된 자원 동원 영역을 확장 혹은 새로운 자원 동원의 영역을 확보하려는 노력으로 볼 수 있다. 예를 들어 지속적인 시장 수요 변화에 대한 가능성 탐색은 시장에 대응할 수 있는 전략과 방안을 마련하며, 동시에 해당 영역에서 요구되는 능력과 전문성을 확보하여 해당 영역의 진출의 실패를 최소화하고, 안정적으로 자원을 동원할 수 있는 기회가 증대된다. 이러한 일련의 과정을 통해 사회적 기업은 다양한 시장 영역에서 자원을 동원할 수 있고, 이를 통해 조직의 경제적 기반을 구축하고 사회적 목적을 달성할 수 있는 기반을 마련할 수 있다. 이러한 과정이 장기적으로 유지가 되면 사회적 기업이 지속가능할 수 있을 것이다.

4. 위험감수성과 사회적 기업의 지속가능성과의 관계

위험감수성은 사회적 기업의 목표 달성의 과정에 불확실성이 수반됨에도 불구하고 과감하게 실행하려는 과정에서 발현된다. 이러한 위험감수성은 사회적 기업이 가지고 있는 특성과 관련이 있다. 사회적 가치는 비가시적인 측면과 장기적인 시간에 걸쳐 실현되는 부분이 많기 때문에 불확실성이 높다. 사회적 기업은 지역사회의 이익과 공공선을 위해 불확실성의 위험에도 과감하게 실천하려고 하는 성향이 강하다. 이러한 위험감수성은 내외적인 운영의 과정에서 나타날 수 있으며, 기존 조직과는 다른 새로운 운영방식 및 자원 동원 방식, 새로운 시장 영역의 진출 측면에서 발생 가능한 위험에 대해 인지하고 분석함으로써 위험의 정도를 감소시킬 수 있다. 이러한 측면에서 보면, 위험감수성은 새로운 방법과 아이디어의 도입 과정에서 발생할 수 있는 불확실성을 감소시키고, 실현가능성을 높이는 역할을 한다. 이러한 일련의 과정을 통해 사회적 기업은 적합한 조직운영방식과 의사결정방식을 정착

시킬 수 있고, 안정적인 자원 동원을 통해 지속가능할 수 있는 기반을
스스로 만들어 나갈 수 있다.

제2절 연구 설계

1. 연구 모형

이 책에서는 사회적 기업가정신이 어떻게 사회적 기업을 지속가능하
게 하는지를 살펴보고, 이 둘의 관계를 규명하는 것이다. 지금까지의
논의를 중심으로 <그림 3-1>과 같은 분석 모형을 설정하였다.

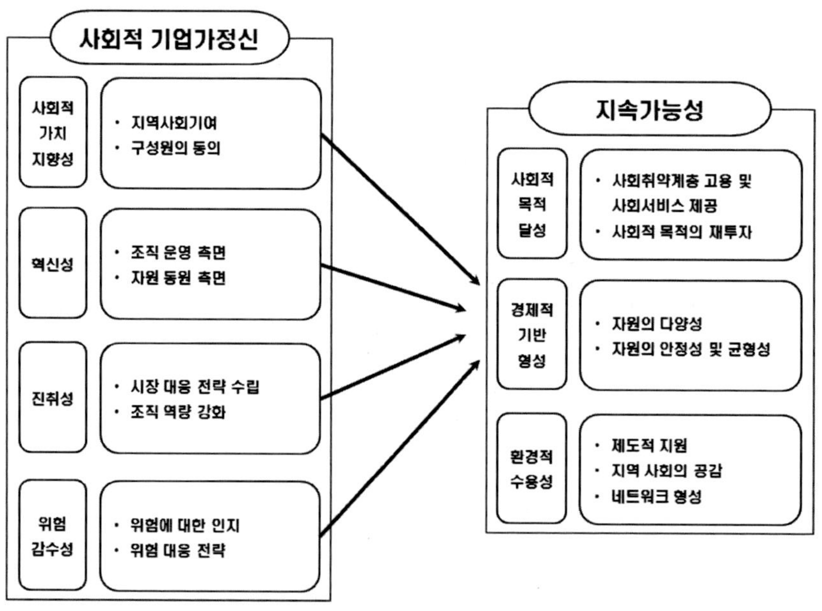

〈그림 3-1〉 연구의 분석 틀

1) 사회적 기업가정신의 측정 지표

(1) 사회적 가치 지향성

사회적 기업은 공동체의 이익에 적극적으로 봉사하고자 한다. 이는 사회적 가치의 지향성과 관련된 부분으로 공동체 이익에 어떠한 부분에 어느 정도를 기여하고 있는지를 통해 살펴볼 수 있을 것이다. 그러나 이 경우의 문제는 지역사회의 이익 혹은 공동체의 이익을 무엇으로 정의하느냐이다. 이러한 지역사회의 기여와 관련해서는 사회적 기업의 설립 목적과 어떤 영역에서의 문제를 해결하기 위하여 노력하고 있고, 어떠한 가치들을 추구하고 있는가를 중심으로 살펴볼 수 있다. 사회적 가치 지향성은 지역사회에 기여를 하고 있는지를 통해 살펴볼 수 있으며, 이것은 정관에 명시된 사회적 기업의 설립 목적을 잘 이행하고 있는지를 살펴봄으로써 평가할 수 있다. 즉, 정관에 명시된 각 사회적 기업의 활동 목적을 잘 실천하고 있는지, 그리고 실제로 이러한 목적들이 결과를 내고 있는지를 살펴봄으로써 지역사회에 대한 기여 여부를 판단할 수 있다. 그리고 이러한 사회적 가치 지향성을 통한 사회적 기업의 구체적인 활동에 대한 의미를 구성원들이 인지를 하게 되면, 적극적인 업무 자세 및 업무 몰입, 자발적 헌신까지 이끌어낼 수 있다(Burns, 2005; Martin & Thompson, 2010). 이러한 측면에 대해서는 사회적 기업의 활동에 대한 구성원들의 적극적인 자세, 자발적 헌신 여부를 통해 사회적 가치 지향성에 대해 살펴볼 수 있다.

(2) 혁신성

혁신성은 새로운 기회와 해결책을 찾기 위한 사회적 기업의 노력이라고 할 수 있으며, 이를 통해 기존 조직과 다른 전략을 선택하고, 조직운영 방식을 채택하려는 성향으로 볼 수 있다. 이러한 혁신성은 기술적인 측면, 전략적인 측면, 조직운영의 측면 등 사회적 기업과 관련된 전반적인 영역에서 나타날 수 있다. 사회적 기업에 대한 이론적 논의에서 언급되는 사회적 기업의 혁신적 성격은 공익적인 목적 그 자체나 경제활동을 수행하는 것이 아니라 사회적 기업들이 사회적·경제적·사회정치적인 다양한 목표를 동시에 추구하면서 이에 부합하는 다양한 자원을 동원하며, 이 과정에서 다양한 이해관계자들이 조직 내부에서 또는 외부에서 결합하는 구조를 창출하는 역동성에 대한 것이다(Defourny, 2001; Laville & Nyssens, 2001; Evers & Laville, 2004; Defourny & Nyssens, 2006). 이러한 측면에서 보면 사회적 기업의 혁신성은 이해관계자들이 참여할 수 있는 조직운영의 측면과 자원 동원의 측면을 중심으로 살펴볼 수 있다.

첫째, 조직의 목적은 이해관계자들을 위한 가치 창출이 우선적으로 고려되어야 하며, 이해관계자들을 운영의 과정에 참여시킴으로써 실질적인 가치창출과 정당성을 확보할 수 있다(Freeman, 1984). 그리고 조직은 이를 가장 효율적으로 실천할 수 있는 가장 적합한 조직구조와 운영방법을 채택하게 된다. 일반기업의 경우 이해관계자들의 참여는 제한적으로 이루어지고 있다. 또한, 대체로 권한이 특정계층에게 집중되어 있는 수직적인 구조를 갖고 있으며, 자본의 소유 정도에 따라 의결권을 행사하기 때문에 대주주의 영향력하에 기업이 작동한다. 사회적 기업은 외부의 이해관계자들이 참여할 수 있는 제도를 구축하고 있으며, 자본의 소유가 아닌 1인 1표의 의사결정권을 갖기 때문에 특정 개인에 의결권한이 집중되지 않는 운영방식을 채택하고 있다. 사회적 기업은 조직운영의 측면에서 기존 조직과 다른 혁신성을 추구하고 있다. 이와 관련해서 이해관계자들이 참여할 수 있는 제도의 구축, 실질적인 참여 정도 및 범위, 민주적인 의사결정 제도의 도입 여부를 평가항목으로 설정할 수 있다.

둘째, 사회적 기업이 자신의 사명을 지속적으로 유지하기 위해서는 최소한의 운영을 위한 자원을 필요로 한다. 일반 기업의 경우에는 이러한 자원을 시장영역에서의 영리활동을 통해 조달하고 있다. 반면에 사회적 기업의 경우에는 일반 시장영역에서 필요한 자원을 동원할 수 있는 능력이 충분하지 않기 때문에 시장이 아닌 다른 영역에서 필요한 자원을 동원하기 위한 전략의 채택을 통해 자원 동원 전략의 혁신성을 추구하고 있다. 사회적 기업의 자원 동원과 관련해서는 시장 영역 이외의 영역에서 동원되는 자원의 종류와 전체 매출액의 영역별 자원의 구성 비율을 통해 살펴볼 수 있다.

(3) 진취성

진취성은 새로운 기회를 포착하기 위한 노력을 의미하고, 이를 통해 미래 수요의 예상을 통한 새로운 시장 활동영역에 대한 적극적인 활동 성향이라고 할 수 있다. 진취성은 시장의 끊임없는 대응 과정에서 나타날 수 있으며, 시장의 수요예측과 관련된 전략을 수립하고 있는가, 전략을 실행할 수 있는 조직 역량 강화를 실천하고 있는가를 중심으로 살펴볼 수 있다. 첫째, 사회적 기업은 시장의 영역에서 활동하는 조직이기 때문에 시장의 변화에 대한 예측과 기회를 포착하는 것이 매우 중요하다. 사회적 기업이 활동영역에서 경쟁우위를 점하기 위해서는 변화에 대한 예측과 기회 포착이 중요하며, 이를 구체적으로 실천할 수 있는 전략을 수립하고 있는가를 통해 살펴볼 수 있다. 둘째, 시장에서의 활동을 원활하게 수행하기 위해서는 조직적인 역량을 갖추는 것이 필요하다. 사회적 기업이 다양한 생산 활동을 하기 위해서는 구성원들의 역량이나 전문성이 뒷받침되지 않으면 제품이나 서비스의 품질을 보장할 수 없다(김순양, 2008). 이와 관련하여 조직의 역량 강화를 위한 프로그램의 구비 여부, 시행 정도 등을 평가항목으로 설정하여 살펴볼 수 있다.

(4) 위험감수성

위험감수성은 새로운 방안이나 아이디어를 실현하는 과정에서 발생 가능한 위험이나 불확실성을 인지하였음에도 불구하고, 과감하게 실행하려는 성향으로, 실현하고자 하는 사회적 목적 혹은 가치에 대한 동기가 강하게 작동할 때 발휘된다고 할 수 있다(Kuratko & Hodgetts, 2004). 이러한 위험감수성은 발생 가능한 위험요인에 대해서 인지를 하였는가, 인지한 위험에 대해 대비를 하였는가를 중심으로 살펴볼 수 있다. 첫째, 조직의 운영, 지배구조, 자원 동원 등과 같이 새로운 방안의 도입 과정에서 발생 가능한 위험을 인지하고 있는가의 여부를 통해 위험감수성을 살펴볼 수 있다. 둘째, 인지된 위험 그리고 발생 가능한 위험에 대해서는 어떻게 대응하고 있는지에 대해 예측하고 이에 대한 방안을 모색함으로써 위험의 정도를 줄일 수 있다. 이와 관련하여 발생 가능한 위험에 대한 대응 여부와 방안, 전략의 수립 등을 통해 평가할 수 있을 것이다.

2) 사회적 기업의 지속가능성 측정 지표

(1) 사회적 목적 달성

사회적 기업의 사회적 목적 달성은 단순히 수치상의 성과를 나타내는 것은 아니다. 이러한 사회적 목적의 달성은 사회적 기업의 운영을 통해 산출되는 결과로 양적인 부분뿐만 아니라 질적인 부분까지 동반하여 나타나는 것이라고 할 수 있다. 이러한 사회적 목적 달성은 사회적 기업의 활동 영역에 따라 다양할 수 있지만, 공통적으로 실현해야 하는 사회적 목적은 사회적 기업의 특징과 밀접한 관계가 있다(김순양, 2008; 이승규·라준영, 2009; Pearce, 2003). 즉, 사회적 기업이 사회적 목적을 얼마나 잘 달성하고 있는가, 사회적 소유구조를 구비하고 있는가, 이익은 어떻게 배분되는가를 통해 사회적 목적의 실현 정도를 살펴볼 수 있다. 우선 사회적 기업의 사회적 목적의 달성 정도와 관련하여 첫째, 사회적 기업이 사회 취약계층의 고용과 사회 서비스를 잘 실현하고 있는지를 통해 살펴볼 수 있다. 취약계층 고용과 관련해서는 전체 근로자 대비 취약계층의 고용비율 30% 이상을 충족하고 있는지, 사회 서비스 제공과 관련해서는 취약계층 대상 서비스 제공비율이 30% 이상을 충족하고 있는지를 통해 살펴볼 수 있다. 그리고 혼합형의 경우에는 일자리 제공과 사회 서비스 제공의 비율이 각각 20% 이상을 충족하고 있는지를 통해 살펴볼 수 있다. 일자리를 제공하는 경우에는 일자리 제공만큼 중요한 것이 고용의 지속성이다. 사회적 기업이 인건비 지원이 중단될 경우 현재 고용된 취약계층을 지속적으로 고용할지에 대한 여부를 통해 고용 지속성의 가능성에 대해서 살펴볼 수 있다. 둘째, 사회적 기업은 이익의 대부분을 사회적 목적에 재투자하거나 공동체의 이익을 위해 사용된다(Pearce, 2003). 실제로 사회적 기업들이 사회적 목적에 대한 재투자를 이행하고 있는지에 대해서는 발생한 수익 중 사회적 목적 재투자 여부와 비중, 형태 등을 통해 살펴볼 수 있다.

(2) 경제적 기반 형성

사회적 기업이 일반적인 비영리기관과는 달리 기업으로서의 지속성을 갖고 사회적 목적을 실현하기 위해서는 안정적인 경제적 기반을 구축하는 것이 필요하다. 사회적 기업은 일반 기업과 마찬가지로 시장활동을 통한 수익을 통해서 조달할 수 있고, 정부, 공공시장, 후원금, 내부 구성원들의 출자금 및 회비 등을 통해 동원할 수 있다. 이렇듯 사회적 기업은 다양한 영역으로부터 자원을 동원하지만, 다양한 영역에서의 자원 동원이 중요한 것이 아니라 동원되는 자원의 규모, 성격 등이 더 중요하다. 이러한 측면에서 보면, 사회적 기업의 경제적 기반은 다양한 영역에서 동원하고 있기 때문에 중요하게 고려되어야 할 부분이 자원의 안정성, 성장성, 균형성 측면을 고려해야 할 필요가 있다. 즉, 사회적 기업은 경제적 기반을 형성하기 위한 자원 동원 역량을 갖추고 있는가, 동원되는 자원들은 안정적이고 균형을 유지하고 있는가를 중심으로 평가항목을 구성할 수 있다. 사회적 기업은 시장 활동뿐만 아니라 공공영역에서의 활동을 통해 자원을 동원하고 있다. 이러한 영역에서 동원되는 자원의 규모와 구성 비율, 정부 지원금에 대한 의존 정도 등을 통해 살펴볼 수 있다. 정부의존도는 사회적 기업이 정부 재정에 의존하는 정도이다. 정부 재정에 대한 의존의 높고 낮음을 판단하기 위하여 본 연구에서는 사회적 기업의 현실적인 부분을 고려하여 사회적 기업의 총수입 대비 공공자원의 비율 평균값을 활용하고자 한다. 둘째, 사회적 기업이 경제적 기반을 형성하기 위해서는 동원되는 자원들이 지속적이고 안정적이어야 한다. 즉, 정부 지원금과 보조금같이 한시적으로 지원되는 경우에는 안정적인 자원의 성격과는 거리가 있다. 이를 위해서 자원의 성격을 통해 자원의 안정성 정도를 살펴보고, 아울러 자원의 구성비를 통해 자원의 균형성 정도를 살펴볼 수 있을 것이다.

(3) 환경적 수용성

환경적 수용성은 사회적 기업이 지속가능할 수 있는 환경이 조성되어 있느냐와 관련이 있다. 사회적 기업이 사회적 목적을 잘 실천하고 있고, 경제적 기반을 형성하고 있다고 하더라도 사회적 기업이 지속적으로 성장할 수 있는 시장, 제도, 환경이 형성되지 않으면 일정 수준에 머무를 수밖에 없다. 사회적 기업을 둘러싸고 있는 환경은 사회적 목적과 경제적 기반이 조화를 이루어 힘을 발휘할 수 있도록 묶어주는 역할을 하며, 재생산을 할 수 있는 기회를 제공한다. 환경적 수용성 측면은 사회적 기업이 활동할 수 있는 제도적 지원이 이루어지고 있는지,

다양한 이해관계자들과 네트워크(협력)를 형성하고 있는지, 지역사회의 공감(인식 및 평판)이 어떠한지를 통해 살펴볼 수 있다. 첫째, 사회적 기업이 활동할 수 있는 제도적인 지원이 이루어지고 있는지에 대해 살펴볼 수 있다. 즉, 사회적 기업의 활동을 위한 제도적 체계가 마련되어 있는지, 지원 제도가 잘 수행되고 있는지 등을 통해 살펴볼 수 있다. 둘째, 사회적 기업의 활동 영역이 지역사회이기 때문에 지역사회에서 어떻게 인식하고 활동에 대해 공감하는지의 여부가 중요할 수 있다. 마지막으로 사회적 기업은 지역사회의 네트워크에 기반을 두고 있다. 이러한 지역사회의 단체 및 이해관계자들과의 네트워크 형성은 일반 기업과는 다른 사회적 기업이 가지고 있는 특징이라고 할 수 있다 (Smock, 2006). 이러한 네트워크는 지역의 이해관계자들과의 호혜적 관계 형성 정도와 실질적인 자원의 교환 정도를 통해서 살펴볼 수 있다.

본 논문은 사회적 기업가정신과 지속가능성의 관계에 대해 심층 인터뷰를 중심으로 하는 사례연구방법을 통해 살펴보는 것을 목적으로 한다. 이를 통해 사회적 기업가정신은 운영과정에서 어떻게 발현되는지, 사회적 기업이 지속가능하는 데 어떻게 관계를 형성하고 영향을 미치는지에 대해서 살펴볼 수 있을 것이다. 이상의 논의를 통해 사회적 기업가정신과 지속가능성과의 관계를 살펴보기 위한 지표를 정리하면 <표 3-1>과 같이 정리할 수 있다.

〈표 3-1〉 사회적 기업가정신과 지속가능성의 측정 지표

변수	평가 항목	평가 기준	평가 지표[3]
사회적 기업가정신	사회적 가치 지향성	지역사회의 기여	설립 목적의 실현 여부 (정관에 명시된 설립 목적)
		구성원 동의	목적 및 활동에 대한 구성원의 동의 정도
	혁신성	조직 운영 측면	이해관계자들의 참여 정도와 범위 민주적인 의사결정제도 도입
		자원 동원 측면	혼합된 자원 동원 방식 채택 여부 전체 매출액의 구성 비율
사회적 기업가정신	진취성	시장 대응 전략 수립	시장의 예측과 기회 탐색 단계별 및 장기계획 수립 여부
		조직 역량 강화	교육훈련 프로그램의 구비 여부
	위험감수성	위험에 대한 인지	위험에 대한 인지 여부
		위험 대응 전략	위험에 대한 대응전략 수립 여부
사회적 기업의 지속가능성	사회적 목적 달성	사회 취약계층 고용 및 사회 서비스 제공	취약계층 고용과 사회 서비스 제공 정도[1] 고용의 지속성 보장(고용의 질)
		사회적 목적의 재투자	사회적 목적 재투자 여부 사회적 목적 재투자 규모
	경제적 기반	자원의 다양성	자산 규모 및 증가율 자원의 종류(자원 혼합)
		자원의 안정성 및 균형성	정부지원금에 대한 의존 정도[2] 자원의 성격[3](한시적 or 안정적 자원)
	환경적 수용성	제도적 지원	제도적 지원체계 마련 지원 제도의 수행 정도
		지역사회의 공감	사회적 기업에 대한 인식 정도 일반 시민과의 관계
		네트워크 형성	호혜적 관계 형성 정도 자원의 교환 정도

주: 1) 평가 기준은 상, 중, 하 3개의 척도로 평가.
　　상: 평가 지표의 항목을 모두 충족
　　중: 평가 지표의 항목을 일부 충족
　　하: 평가 지표의 항목을 모두 불충족
주: 2) 사회적 기업육성법 시행령 제 9조의 조항을 준용하여 판단근거로 활용함. 일자리 제공형의 경우에는 사회취약계층의 비율이 전체 고용자의 30% 이상을 충족해야 하며, 사회서비스 제공형의 경우에는 사회취약계층에 대한 서비스 제공비율이 전체 서비스의 30% 이상을 충족해야 함. 혼합형의 경우에는 일자리 제공과 사회서비스 제공 비율이 각각 20% 이상을 충족해야 함.
　　3) 2010년 고용노동부에서 발간한 사회적 기업 3주년 성과평가 보고서에 의하면, 인증 사회적 기업의 총수입대비 공공자원의 비율 평균값은 30%임(고용노동부, 2010). 정부의존도와 관련하여 이 비율이 사회적 기업의 현실을 가장 잘 대변하고, 신뢰할 수 있는 기관의 결과이기 때문에 본 연구에서도 이 값을 준용함.
　　4) 자원의 성격은 지속적으로 동원이 가능한지와 관련된 성격이며, 공공자원의 경우 한시적 정부 지원사업(예: 노동부 사회적일자리 사업)인지, 안정적 정부 지원사업(예:장애인 직업재활시설지원 사업)인지 자원의 성격을 분석함.

2. 자료수집과 분석방법

1) 자료수집

이 책에서는 사회적 기업가정신과 사회적 기업의 지속가능성과의 관계와 작동원리를 살펴보는 것을 주요 목적으로 한다. 이러한 연구 목적을 수행하기 위한 연구 자료는 크게 문헌 자료, 인터뷰 자료, 설문 자료로 구분된다. 첫째, 문헌 자료는 고용노동부와 한국사회적 기업진흥원에서 발간된 각종 사회적 기업 현황 개요집과 법률 자료, 각 사회적 기업의 내부 회의자료 및 성과보고서 등을 참조하였다. 문헌조사를 통해 사회적 기업의 정의, 현황 및 제도적 특징과 문제점, 각 사례 기업의 운영현황 및 특징 등을 검토함으로써 본 연구를 수행하기 위한 사전연구를 진행하였다.

인터뷰 자료는 문헌 자료에서 정확히 확인할 수 없는 내용들을 중심으로 작성하였다. 특히 사회적 기업의 운영 및 지속가능성 획득과정에서 사회적 기업가정신이 어떠한 경로로 어떻게 작용하고 있는지를 살펴보기 위하여 실제 사회적 기업을 운영하고 있는 사회적 기업가 및 관리자들을 대상으로 심층인터뷰를 실시하여 질적 자료를 수집하였다. 인터뷰의 주요 구성 내용은 사회적 기업가정신과 각 구성요인 관련 내용, 사회적 기업 지속가능성의 내용 및 각 구성요인의 내용을 중심으로 7명의 사회적 기업가를 대상으로 2011년 9월 20일부터 10월 20일까지 약 4주간 실시하였다. 인터뷰 시간은 사회적 기업가 1인당 약 2시간에서 2시간 30분 정도 소요되었고, 인터뷰의 내용과 목적에 대하여 명확하게 설명한 후 인터뷰 대상자의 동의를 얻어 녹취를 하였다.

사회적 기업가 탐색은 눈덩이 표집(snowball sampling)을 사용하였다. 이는 사전 정보가 없는 대상을 탐색 조사할 때 유용한 방법이다. 구체

적으로 사회적 기업의 활동 영역은 재활용·환경, 복지서비스, 주거·
건축 등으로 분류하였다. 많은 사회적 기업 중에 이 영역에 속하는 사
례들을 표집한 이유는 기존 문헌 자료를 검토하였을 때, 틈새영역 혹
은 특수한 상황이 아니더라도 운영상에서 사회적 기업가정신이 발현될
수 있는 영역이라고 판단했기 때문이다. 그리고 대상 사회적 기업을
영역별, 산업별로 분산하여 표집하였다. 그리고 이러한 질적 자료뿐만
아니라 현황분석을 위하여 사회적 기업의 운영 및 창립 총회 자료, 재
무제표 및 손익계산서, 사회적 기업 지도 점검표, 지역사회단체와의 협
약서 등의 자료를 수집하여 질적인 자료를 보완하고자 노력하였다.

설문조사는 각 사례의 사회적 기업가들을 대상으로, 사회적 기업가
정신의 구성 요인에 대한 자기 평가와 이유, 사회적 기업의 지속가능
성 구성 요인에 대한 자기 평가와 이유에 대해서 설문지를 통해 자료
를 수집하였다.

이 책에서는 사회적 기업과 관련된 문헌 자료, 심층 인터뷰 자료, 자
기평가 설문조사 자료를 종합적으로 검토하여 사회적 기업가정신과 지
속가능성과의 관계를 살펴보고자 한다.

2) 분석방법

이 책에서의 연구 방법은 양적 방법이 아닌 사회적 기업의 다양하고
복잡한 작동원리를 개방적인 상태에서 이해하고자 하는 사례연구방법
을 채택하였다. 연구 문제가 실제 현상을 설명하기 위해 설정된 경우,
'어떻게' 또는 '왜' 특정 사회 현상이 일어나는가와 관련된 연구 문제
를 해결하기 위해서는 사례연구방법을 수행하는 것이 적절하다. 또한
이러한 사례연구방법은 연구 문제가 특정 사회현상을 광범위하고 깊이
있게 기술해야 하는 경우에 효과적인 연구방법이다(Yin, 2009: 4). 이
러한 연구 방법은 사회적 기업이 지속가능하는데 사회적 기업가정신이

어떻게 작동하는지에 대해 구체적으로 살펴보는데 유용할 수 있다. 특히, 사회적 기업가정신과 사회적 기업의 지속가능성과 관련하여 새로운 분야이고, 많이 알려지지 않은 상황일 뿐만 아니라 종속변수에 대한 명확한 구분이 없으므로 무엇이 중요한지에 대해서 살펴보기 위해서는 사례연구방법이 가장 적절할 수 있을 것이다. 이를 위하여 사회적 기업가를 인터뷰함으로써 사회적 기업가정신은 어떻게 사회적 기업이 지속가능하게 하는지, 각 구성요인들 간의 관계는 어떻게 형성되는지, 그리고 사회적 기업가정신은 어떠한 경로를 통해 사회적 기업을 지속가능하게 하는지에 대해 질문하였다.

이 책에서는 연구 분석방법으로서 패턴 매칭(pattern matching)기법을 활용하고자 한다. 패턴매칭은 사례연구 분석을 하는 데 있어 가장 바람직한 분석기법으로써 경험적으로 관찰한 패턴과 미리 예측했던 패턴을 비교함으로써 분석하는 기법이다(Trochim, 1989; Yin, 2007). 그리고 관찰된 패턴이 예측한 패턴과 서로 일치하면 사례연구의 내적 타당성을 더 확보할 수 있다는 장점을 가지고 있다. 그리고 도출된 의미나 해석이 적절한지에 대해서 삼각측정법(trangulation)을 활용하여 해석의 신뢰성을 높일 수 있다(고미영, 2009).

이 책에서는 사회적 기업가정신과 사회적 기업 지속가능성의 관계를 종합적으로 살펴보기 위하여 계층적으로 구성하였다. 먼저 인터뷰 결과 분석과 관련하여서는 각 평가기준에 대한 점수는 상, 중, 하 3단계로 구분하였으며, 평가지표에 해당하는 사항을 모두 충족하는 경우에는 '상', 한 가지 지표만 충족하는 경우에는 '중', 해당 사항이 전혀 없는 경우에는 '하'로 판단을 하였다. 사회적 기업가를 대상으로 한 자기평가 점수는 총 10점 만점에 최저 1점부터 최대 10점까지 자기가 평가할 수 있도록 설문을 구성하였으며, 해당 점수를 부여한 이유에 대해서 간략하게 기입할 수 있도록 하였다. 평가자 점수와 자기 평가 점수를 종합적으로 고려한 이유는 연구의 객관성 확보와 사회적 기업의 현실적인 부분이 배제될 수 있는 부분을 사회적 기업가들의 자기 평가를 통해 보완할 수 있기 때문이다. 1단계에서는 사회적 기업가들을 대상으로 실시한 심층면접조사 결과를 토대로 각 항목의 평가를 실시하였고, 자기평가 설문조사의 기준 점수(10점 만점)와 동일하게 하기 위하여 환산 비율을 적용하여 점수화하였다. 2단계에서는 설문조사를 통해 도출된 사회적 기업가들의 자기 평가 점수(10점 만점)와 합산하여 최종적인 점수를 도출하였다.

사회적 기업가정신과 지속가능성의 최종 점수 산출 공식은 다음 <표 3-2>와 같다.

〈표 3-2〉 사회적 기업가정신과 지속가능성의 최종 점수 산출 공식

구분	평가 항목	산출 공식
사회적 기업가정신	사회적 가치지향성 (총 20점)	사회적 기업가 자기 평가점수+[(평가자 평가 등급×가중치[1])×10점 환산비율]=최종 점수
	혁신성 (총 20점)	사회적 기업가 자기 평가점수+[(평가자 평가 등급×가중치)×10점 환산비율]=최종 점수
	진취성 (총 20점)	사회적 기업가 자기 평가점수+[(평가자 평가 등급×가중치)×10점 환산비율]=최종 점수
	위험감수성 (총 20점)	사회적 기업가 자기 평가점수+[(평가자 평가 등급×가중치)×10점 환산비율]=최종 점수
사회적 기업의 지속가능성	사회적 목적 달성 (총 20점)	사회적 기업가 자기 평가점수+[(평가자 평가 등급×가중치)×10점 환산비율]=최종 점수
	경제적 기반 (총 20점)	사회적 기업가 자기 평가점수+[(평가자 평가 등급×가중치)×10점 환산비율]=최종 점수
	환경적 수용성 (총 20점)	사회적 기업가 자기 평가점수+[(평가자 평가 등급×가중치)×10점 환산비율]=최종 점수

주: 1) 평가자 평가등급의 가중치는 '상'의 경우에는 3점, '중'의 경우에는 2점, '하'의 경우에는 1점을 부여하였음. 예를 들어 지표가 2개일 경우 평가자 평가 등급이 上, 上일 경우 평가자 평가 점수는 [(3+3)×10]/6(해당지표의 최고 점수―지표가 2개일 때는 6점, 3개일 때는 9점임)=10점. 이렇게 산출된 점수를 평가 점수로 활용함. 지표가 3개일 경우 평가자 평가 등급이 上, 中, 下일 경우 평가자 평가 점수는[(3+2+1)×10]/9=6.67인데, 본 연구에서는 보수적인 평가를 위해 소수점 이하의 자릿수는 절사하고 6점을 평가자 점수로 활용함.

IV

사회적 기업의 사례 분석

제1절 조사대상 사회적 기업의 현황

1. 조사대상 사회적 기업의 개요

1) 연구 사례 사회적 기업의 선정 기준

연구 사례를 선정하기 위해 대표 업종과 조직의 기원 및 형태, 지역적인 평판 등을 고려하였다. 1단계에서는 고용노동부에서 발간한 사회적 기업 개요집을 중심으로 가장 많이 분포되어 있는 사회복지서비스 분야, 환경 분야, 간병·가사 지원 분야, 기타 등의 분야에서 최종적으로 사회복지서비스 분야, 환경 분야를 선정하였다. 2단계에서는 업종 대표성에서 제외되었으나, 사회적 기업의 특성상 지역성을 잘 반영할 수 있는 조직의 형태인 영농조합형태의 사회적 기업을 추가로 선정하였다. 이러한 과정을 통해 본 연구를 위하여 7개의 사회적 기업의 관계자들을 인터뷰하였다. 인터뷰 대상 기업은 고용노동부로부터 인증을 받은 사회적 기업과 지역형 사회적 기업을 중심으로 실시하였고, 인터뷰 대상자는 가장 그 기업에 대해서 잘 알고 있고, 상세하게 설명할 수 있는 대표, 경영진 위주로 선정하였다. 사회적 기업 내에서 중요한 위치와 역할을 하는 사람을 선정함으로써 사회적 기업이 어떻게 운영되고, 사회적 기업가정신의 발현과 사회적 기업이 지속가능하는 데 어떠한 영향을 미치는지에 대해서 상세히 알아보고자 하였다.

2) 조사 대상 사회적 기업의 개요

(1) D 사회적 기업

D 사회적 기업은 재활용 가전제품 및 폐기물 등을 수거·판매하는 비즈니스 특성을 가진 사회적 기업이다. 2008년 지역환경운동 시민단체에서 시작하여, 2008년 12월 노동부(현 고용노동부)에서 지원하는 사회적 기업에 지원하여 협약을 맺으면서 사회적 기업으로 발걸음을 떼기 시작했다. D 사회적 기업은 지역 내 자원재활용을 통한 지역사회의 환경문제 개선과 올바른 재활용 선별을 통한 자원재활용 체계 정착이라는 목적을 가지고 있다. 현재 D 사회적 기업은 지역에서 운영하는 재활용 위탁사업소를 위탁받아 운영하면서 폐기물 및 자원 재활용 체계 개선을 위한 실천을 하고 있으며, 지역 내 네트워크 구축과 재활용 관련 환경 개선, 지역 내 사회 취약계층의 고용을 통한 지역통합을 실천해가고 있다.

(2) M 사회적 기업

M 사회적 기업은 학교, 어린이집, 구내식당 등에 친환경 먹을거리를 공급하는 한편 결식아동에게 급식을 지원하는 등 지역사회에 안전한 먹을거리를 제공하는 일을 하고 있다. 지난 2005년 시민사회단체들을 중심으로 지역사회에서 생산되는 친환경농산물을 학교 급식에 우선 사용하자는 학교급식조례를 주민발의로 통과시켰던 것이 시발점이 됐다. 하지만 조례가 제정되고, 지역 내 친환경급식예산을 확보해 기대를 모았으나 친환경 농산물이 아닌 우수농산물을 지원하는 것에 그치는 어려움을 겪어야 했다. 이에 지역 내 시민사회단체 네트워크의 단체들을 중심으로 친환경농산물을 직접 공급하고 공공조달시스템을 구축하기로 하는 등 정책제안을 할 사회적 기업을 만들기로 하면서 본격화되었다.

(3) N 사회적 기업

N 사회적 기업은 '집 장만이란 보통의 사람들, 경제적 여유가 많지 않은 사람들에게 일생일대 목표일 것'이란 생각에서 시작됐다. 지난 2000년대 초 현재의 관리자는 지역 내 종교 단체 지도자들과 머리를 맞대고 여러 사람이 모여 품앗이 형태로 직접 집을 짓는다면 돈이 넉넉하지 않은 사람들도 적은 비용으로 집을 짓는 것이 가능할 것이라는 생각에 사회적 기업을 만들게 되었다. 최근 일반주택뿐만 아니라 친환경주택, 에너지 효율성이 높은 탄소배출 저감형 주택을 건설함으로써 환경 보전에도 기여하고 있다. N 사회적 기업은 사회투자지원재단으로부터 예비 사회적 기업가 양성프로그램에 선정되면서 지금과 같이 활동할 수 있는 발판을 만들기 시작했고, 2009년 사회적 일자리 창출사업 선정과 함께 정식으로 N 사회적 기업이라는 이름으로 본격적인 사업을 하게 되었다. 2010년 고용노동부로부터 사회적 기업 인증을 받은 후 사회 취약계층 고용은 물론 지역 내 저소득층 주거환경개선 및 집수리 사업을 전개하며 사회적 가치를 실현하고 있다.

(4) Y 사회적 기업

Y 사회적 기업은 지역의 활성화, 마을의 활성화를 위하여 농촌체험 프로그램과 농산물 판매를 하는 사회적 기업이다. Y 사회적 기업은 과거 예술 활동을 하던 사람들이 현재 활동하고 있는 지역으로 이주를 하게 되면서 시골의 전통문화의 계승은 물론 마을주민들이 고민하는 문제를 함께 해결하기 위한 아이디어 모색 결과 탄생하게 되었다. 이러한 노력들이 조금씩 자리를 잡아가면서 현재는 마을 전통체험 프로그램과 친환경 농산물 판매사업 등을 체계적으로 운영하게 되면서 이를 중심으로 수익을 내면서 운영하고 있다.

(5) G 사회적 기업

G 사회적 기업은 지역 내 자활근로사업의 일환으로 2005년 결식아동 도시락 제공사업을 위탁받아 운영하던 것이 계기가 되어 사회적 기업으로 설립된 사례이다. 사회적 기업으로 출발한 초창기에는 주변 동사무소 몇십 개로 시작했던 것이 지금은 지역 내 전체 1,600명 아이들의 주말 및 공휴일 도시락을 책임지고 있다. G 사회적 기업이 추구하는 사회적 가치는 이익의 사회 환원과 로컬푸드 운동으로 대변된다. G 사회적 기업은 음식을 다루는 사업인 만큼 로컬푸드에 방점이 찍혀 있어 지역에서 생산되는 식자재를 사용하려고 한다. 가장 많이 사용되는 김치와 쌀뿐 아니라 지역농가와 연계해 달걀도 단가가 더 높은 무항생제 유정란을 고집한다. 추후에는 천안에서 생산되는 친환경농법 재배 쌀을 사용할 계획도 갖고 있다.

(6) C 사회적 기업

C 사회적 기업은 정이 있는 화목한 마을이라는 슬로건을 가지고 마을 노인분들에게 경제활동의 기회를 제공하고, 도시와 농촌의 교류 사업을 활발하게 전개하던 마을 공동체이다. 이 지역은 모시 옷감을 생산하던 지역이었으나 중국 모시에 밀려 섬유로서 모시의 메리트가 사라지자 새로운 활로를 개척하기 위해 고민해왔다. 그 결과 모시를 가공한 송편, 막걸리 등과 같은 식품을 개발해 C 사회적 기업의 주력 상품으로 판매를 하고 있다. 마을 전체가 조합원으로 모시 상품 생산과 판매에 참여하고 있으며, 향후 판매 경로를 더 개척하여 지역주민들의 경제적 활동의 기회와 소득 향상은 물론 이를 통해 정이 있는 화목한 마을을 만들려고 노력하는 예비 사회적 기업이다.

(7) S 사회적 기업

S 사회적 기업은 예비 귀농·귀촌인을 대상으로 정주에 필요한 정보를 제공하고 지역에 잘 적응하고 정착할 수 있도록 지원하기 위한 목적으로 설립된 사회적 기업이다. 상호 간의 친목도모, 정보교류, 지역사회 봉사를 통해 지역민으로서의 빠른 정착과 지역주민과의 융화를 위해 설립되었으며, 귀농인과 지역민, 도시민이 함께하는 농산품 직거래 시스템 구축, 도농교류를 통해 지역사회 활성화와 살기 좋은 지역 만들기를 목표로 하고 있다.

S 사회적 기업은 지역 내 작은 귀농인 모임(20명)에서 출발하여 2009년 해당 광역시 비영리민간단체 등록 후 귀농인 및 지역민 250명, 예비 귀농인 회원 1,350명을 대상으로 다양한 귀농·귀촌과 관련된 교육 및 체험 프로그램을 운영하고 있으며, 이를 통해 사회적 기업에 필요한 운영자금을 충당하고 있다.

2. 조사대상 사회적 기업의 주요 특성

연구를 위하여 위와 같이 7개의 사회적 기업 관계자들을 인터뷰하였다. 다음의 표는 인터뷰 대상의 현황을 정리한 것이다. 인터뷰 기업은 살펴본 바와 같이 고용노동부와 광역자치단체로부터 인증된 재활용·환경, 복지(도시락), 건축(주거복지), 지역개발 등의 영역에 있다. 인터뷰 대상자는 그 기업에 대해서 가장 잘 알고, 상세하게 설명할 수 있는 대표, 경영진 위주로 선정하였다. 이러한 선정을 통해 사회적 기업의 설립배경과 목적, 비전, 향후 계획 등에 대해 알 수 있었다. 그리고 사회적 기업 내에서 중요한 위치와 역할을 하는 사람들을 선정함으로써 사회적 기업이 어떻게 운영되는지, 지역 내 연결망은 어떻게 이루어지느지 등에 대해 상세하게 알 수 있었다.

<표 4-1> 본 연구 사례의 특성

구분	사회적 기업의 종류	
재활용·환경	**D 사회적 기업**	
설립연도	2007년	
인증시기	2008년	
인증 여부	사회적 기업	—
조직유형	상법상 회사	
조직의 기원	시민단체	
사회적 목적 유형	일자리 제공형	
인터뷰 대상자	운영자	
대인서비스(도시락, 친환경)	**M 사회적 기업**	**G 사회적 기업**
설립연도	2008년	2008년
인증시기	2010년	2010년
인증 여부	인증	예비 사회적 기업
조직유형	상법상 회사	상법상 회사
조직의 기원	시민단체	자활센터
사회적 목적 유형	일자리 제공+사회 서비스	일자리 제공+사회 서비스
인터뷰 대상자	대표	대표
주거복지·건축	**N 사회적 기업**	**S 사회적 기업**
설립연도	2008년	2008년
인증시기	2008년	2010년
인증 여부	인증	예비 사회적 기업
조직유형	상법상 회사	상법상 회사
조직의 기원	시민단체	비영리단체
사회적 목적 유형	일자리 제공+사회 서비스	일자리 제공+사회 서비스
인터뷰 대상자	대표	대표
농촌형 사회적 기업	**Y 사회적 기업**	**C 사회적 기업**
설립연도	2007년	2005년
인증시기	2010년	2011년
인증 여부	인증	예비 사회적 기업
조직유형	영농조합	영농조합
조직의 기원	예술단체	영농조합(마을기업)
사회적 목적 유형	일자리 제공형	일자리 제공형
인터뷰 대상자	대표	대표

<표 4-2>는 조사 대상 사회적 기업의 주 고용계층과 서비스 대상을 정리한 것이다. 아래의 <표 4-2>에서 살펴볼 수 있듯이 조사된 사회적 기업의 대부분은 사회적 기업의 사회적 목적에 맞게 주 고용계층의 청소년, 청년, 장애인, 고령자, 경력단절 여성 등 사회 취약계층이 대부분이었다. 사례로 지정된 사회적 기업들의 역할을 살펴본 결과, 지역 내 사회 취약계층의 일자리 제공과 사회 서비스 제공이 주로 이루어짐을 알 수 있었다. 특히, 사회적 기업이 지역사회의 문제 해결을 위한 사회적 목적을 달성하기 위하여 운영되고 있음을 알 수 있다.

<표 4-2> 조사 대상 사업의 유형 및 주 고용계층과 서비스 대상

구분	주 고용 계층	서비스 대상
D 사회적 기업	고령자 계층	지역 주민, 학교 학생
M 사회적 기업	경력단절 여성	저소득층 결식아동, 학교 학생
N 사회적 기업	장애인, 고령자, 장기미취업자	독거노인 및 저소득층
Y 사회적 기업	지역 주민	지역 주민
G 사회적 기업	경력단절 여성	저소득층 결식아동, 독거노인
C 사회적 기업	지역 주민	지역 주민
S 사회적 기업	지역 주민	지역 주민, 예비 귀농인

제2절 사회적 기업가정신의 특성

이 절에서는 인터뷰 내용을 중심으로 사회적 기업가정신이 사회적 기업이 지속가능하는 데 어떻게 영향을 미치는지에 대해서 살펴본다. 사례의 분석을 통하여 한국사회에서 사회적 기업의 운영과정에서 사회적 기업가정신이 어떻게 작동되고 있는지, 그리고 어떻게 결합되는지에 대해서 검토할 수 있을 것이다. 특히, 사회적 기업가정신의 주요 구성

요인인 사회적 목적, 혁신성, 진취성, 위험 감수의 요인들이 사회적 기업
의 지속가능성 요인들과 어떻게 결합되는지에 대해서 살펴보고자 한다.

1. 사회적 가치 지향성

사회적 기업에 있어 사회적 기업가정신은 매우 중요한 역할을 한다.
그리고 사회적 기업에 적합한 사회적 기업가정신이 발휘될 때, 일반기
업과는 다른 가치를 만들어낼 수 있다. 이러한 역할 수행이 가능한 것
은 사회적 기업가정신 중 사회적 가치를 지향하려는 성향과 관련이 있
다(Dees, 1998). 이러한 사회적 가치 지향성은 사회 문제를 인지하고
그것을 해결하고 개선하기 위한 노력에서 출발한다. 그리고 이것을 해
결하기 위한 창의성과 아이디어의 결과가 사회적 기업의 설립으로 이
어졌다(김종수, 2009). 사회문제에 대해 현실적인 해결책을 찾아내어,
혁신, 자원, 기회 요소 등을 결합하여 해결할 수 있는 것은 그 배경에 개
인의 이익보다는 공동체 혹은 사회의 이익을 우선적으로 고려하는 성
향 때문이라고 할 수 있다(Elkington, 2008; 강성구, 2008). Defourny(2001)에
의하면, 사회적 기업은 활동 영역에 따라 다양한 가치를 지향하지만 공
통적인 부분은 지역사회 혹은 사회에 대한 기여와 관련이 있다
(Defourny, 2001: 16-18). 이러한 사회적 가치 지향적인 성향은 어떻게 발
현되는지에 대해서 살펴보면 다음 <표 4-3>과 같이 정리할 수 있다.

<표 4-3> 사회적 가치 지향성과 관련된 인터뷰 질문

구분	질문
지역사회의 기여	사회적 기업의 설립의 배경은 무엇입니까? 정관에 명시된 목적들을 잘 실현하고 있습니까?
구성원의 동의	사회적 기업의 활동에 대한 구성원들의 동의를 얻고 있습니까?

첫째, 사회적 가치 지향성은 사회적 기업의 설립 배경과 목적에 반영되어 나타나고 있었다. 이러한 사회적 가치 지향성은 지역의 문제를 해결하고 지역의 이익을 실현하려는 일련의 노력을 통해 사회적 기업이 탄생하게 된 배경이 되고 있었다. 실제 면접 조사를 통해 만난 사회적 기업가(대표 및 운영자)들은 사회적 현실을 해결하려는 성향이 사회적 기업 설립의 단초가 되었으며, 활동 영역에 따라 추구하는 목표는 상이하지만 그 바탕에는 지역사회, 공동체의 이익을 우선적으로 고려하는 사회적 가치 지향성이 내포되어 있는 것으로 나타났다.

> "저희 지역이 인구대비 재활용 처리 업체 수가 많음에도 불구하고, 재활용 선별률이 낮고 제대로 운영하지 못해왔습니다. 그로 인해서 매립장 수명은 줄어들고, 새로운 매립 장소를 모색하게 되고, 이러한 과정이 반복이 되다 보면 결국은 환경 파괴, 환경 문제를 야기할 수밖에 없습니다. 그래서 우리가 이런 재활용 관련 문제를 해결해서 환경 파괴를 줄여보자 해서 시작하게 되었고, 마침 사회적 기업이라는 제도가 저희가 생각하는 바와 비슷해서 설립하게 되었습니다."
>
> —D 사회적 기업 관리자 인터뷰 2011년 9월 28일—

> "질이 낮고, 유통기한이 지난 식자재의 사용으로 인해서 학교 급식 문제가 발생하고, 지역의 먹거리 복지에 대한 미흡한 점을 인지하게 되었습니다. 이러한 지역의 먹거리 복지를 해결하기 위해서는 지역에서 생산되는 식자재 체계를 구축하면 최소한 지역 내에서 안전하고 건강한 먹거리를 제공할 수 있지 않을까라는 공감대가 형성되면서 시작을 하게 되었고, 마침 사회적 기업 정책과 연결되면서 사회적 기업을 시작하게 되었습니다."
>
> —M 사회적 기업 대표 인터뷰 2011년 9월 28일—

> "취약계층의 주거환경을 개선하고, 겨울철 난방비 부분을 조금이나마 줄일 수 있을까 하는 고민을 해왔었고, 이러한 부분을 에너지 저감형 주택의 공급, 시설의 설치를 통해서 가능하다는 결론을 얻었지요. 그리고 이러한 부분에 대해서 지역사회에서의 필요성과 요구가 있었고, 마침 사회투자지원재단에서의 사회적 기업가 육성 과정을 밟으면서 사회적 기업으로 실천이

가능하겠다는 생각이 들어서 시작하게 되었습니다."

-N 사회적 기업 관리자 인터뷰 2011년 10월 6일-

"지역을 어떻게 활성화시킬 것인가에 대한 고민을 갖고 있었고, 우리가 가장 잘할 수 있는 부분은 문화·예술활동이고, 가장 잘할 수 있는 부분도 살리고, 지역의 문제를 해결할 수 없을까 고민하던 때에 자바르떼에서 주관한 사회적 기업 관련 교육을 듣고 문화·예술 활동을 하는 사회적 기업을 통해서 지역의 활성화를 시도해보자 해서 시작하게 되었습니다."

-Y 사회적 기업 대표 인터뷰 2011년 10월 6일-

"결식아동에 대한 건빵 도시락 파동 이후에 결식아동이나 독거노인과 같은 사회 취약계층에 대한 최소한의 먹거리 권리가 보장되어야 할 필요성을 느끼게 되면서 이러한 부분을 해결할 수 없을까? 이런 부분을 내가 해보면 어떨까? 하는 때에 자활에서 근무하시던 분들이 함께 해보자는 제안이 있었고, 시작을 하게 되었습니다."

-G 사회적 기업 대표 인터뷰 2011년 10월 19일-

"농촌지역은 고령자들이 많이 거주하고 있지만 예전처럼 정을 찾아보기가 힘들어요. 그래서 마을의 정을 회복하고 행복하고 즐거운 마을을 만들어보자는 생각에서 출발을 했고, 마을 생일잔치를 열어서 마을의 공동체를 회복하려고 노력해왔고, 지금은 마을 단위에서 할 수 있는 사업을 만들어서 마을 사람들이 참여하면서 마을 활성화를 실천하려고 하고 있습니다. 이 과정에서 사회적 기업이라는 것을 알게 되면서 시작을 하게 되었지요."

-C 사회적 기업 대표 인터뷰 2011년 10월 19일-

"출발은 귀농인들 간의 정보를 교환하기 위한 목적으로 온라인으로 활동을 하다가, 실질적으로 오프라인에서도 귀농인들이 지역에 잘 정착하고 지역의 활성화에 이바지할 수 있도록 하기 위해서 교육과 지원 프로그램을 운영하기 위한 지금의 협의회를 만들었습니다. 실제로 협의회가 지원 프로그램과 교육을 실시한 후 재이농 현상이 줄어들었고, 귀농인들이 안정적으로 정착하고 있습니다."

-S 사회적 기업 대표 인터뷰 2011년 10월 19일-

각 사례에서 볼 수 있듯이 문제의식이 어떠한 분야 혹은 영역에서 출발하였는가에 따라 사회적 기업의 활동 영역이 결정되었다. <D 사회적 기업>의 경우에는 환경, 재활용 영역에서 지역의 문제를 해결하려고 노력하고 있고, <M 사회적 기업>과 <G 사회적 기업>은 지역의 결식아동 급식문제를 해결하기 위하여 설립되어 활동하고 있다. <N 사회적 기업>의 경우에는 저소득층의 주거환경 및 주거복지와 관련된 문제를 해결하기 위하여 활동하고 있고, <Y 사회적 기업>, <S 사회적 기업>, <C 사회적 기업>은 침체된 지역의 활성화를 위해 설립·활동하고 있다. 이러한 사회적 기업의 설립 배경에는 개인이 아닌 지역의 이익을 우선적으로 고려하는 사회적 가치 지향성과 사회적 기업가의 자발적 헌신이 있었기 때문에 실현된 것이라고 할 수 있다. 사회적 기업의 활동 영역은 <Y 사회적 기업>, <S 사회적 기업>, <C 사회적 기업>과 같이 틈새시장의 성격이 강한 지역사회에 한정되는 경우도 있지만, <D 사회적 기업>, <M 사회적 기업>, <N 사회적 기업>, <G 사회적 기업>의 경우에는 일반 시장의 영역에서 활동하면서 지역사회에 기여하는 사례라고 할 수 있다.

사회적 가치 지향성은 각 사회적 기업의 정관에 명시된 사명으로 사회적 기업의 활동을 통해 구체적으로 실현될 수 있다. 그리고 실질적으로 지역사회에 기여를 하고 있고, 장기적으로 지속되고 구체화될수록 지역사회의 신뢰와 지지를 얻을 수 있다.

> "재활용을 통해서 환경오염을 줄이고, 재활용 선별의 과정에서 사회 취약 계층을 고용해서 작은 부분이지만 지역의 일자리를 제공한다는 측면, 저희의 재활용 선별 활동을 통해 실제로 쓰레기 출하량이 감소하는 것 등과 같이 가시적으로 보이는 부분을 통해 저희의 역할을 지역에서 인정해주시는 것 같아요. 이를 통해서 학교에서 간이 선별장이나 환경오염 관련 교육을 요청하는 경우도 많아지고 있습니다."
> —D 사회적 기업 관리자 인터뷰 2011년 9월 28일—

"지역생산 농산물 식량체계를 구축하기 위해서 친환경 농산물로 학교 급
식을 실시하고 있고, 결식아동, 독거노인 반찬서비스 사업에도 친환경 농
산물로 제공하고 있는 과정에서 기존의 예산에서 책정되어 있던 단가의
범위 내에서도 질 좋은 도시락을 제공하고 있는 부분을 통해서 인정을 받
는 것 같습니다. 이러한 활동들을 통해서 로컬푸드와 친환경 급식체계 구
축을 실현해가고 있습니다."

-M 사회적 기업 대표 인터뷰 2011년 9월 28일-

"저소득층의 쾌적한 주거복지를 실현하기 위하여 주거 환경 개선과 에너
지 사용의 부담을 덜어드리는 사업을 하고 있습니다. 그리고 많지는 않지
만 저희가 무료로 저소득층의 집수리 사업도 하는 형태로 지역사회에 기
여를 하고 있다고 봅니다. 저희가 하는 사업의 의미와 신뢰가 쌓이다 보니
까 지역기금으로 저소득층 지원 사업을 할 경우 저희를 먼저 찾습니다. 그
리고 취약계층의 고용으로 일자리 창출과 경제적인 기여를 하고 있습니다.
장기적으로는 사회적 자산을 형성하여 궁극적으로 지역경제 활성화에 기
여를 하고 있다고 생각됩니다."

-N 사회적 기업 관리자 인터뷰 2011년 10월 6일-

"지역의 활성화를 위해서 문화 체험 프로그램도 운영하고, 친환경 농작물
판매사업을 통해서 1차적으로 경제적 소득을 향상시키고 있고, 농촌 마을
에서 요구되어지는 대안적 삶을 실천하고 있다는 측면에서 지역에 기여하
고 있다고 봅니다. 경제적으로는 아직도 저희가 노력해야 할 부분도 많고,
노력하고 있는 부분도 있고."

-Y 사회적 기업 대표 인터뷰 2011년 10월 6일-

"지역의 먹거리 복지를 실현하기 위한 것이 목적인데, 현재는 결식아동과
독거노인을 위해서 최소한 안정적이고 질이 보장된 먹거리를 제공하고 있
다는 측면에서 단기적인 목표는 실현하고 있는 것 같습니다. 똑같은 단가
로 과거에 비해 더 좋은 질의 도시락을 제공하고 있으니까 일단은 인정을
해주시죠. G 사회적 기업이라는 업체에 대한 신뢰도 쌓여가고. 많지는 않
지만 조금씩 저희를 찾아주시는 분들이 많이 생기고 있습니다. 그리고 수
평적이고 개방적인 조직 문화와 민주적 의사결정 구조를 통해 평등과 민
주성을 실현하고 있다고 봅니다."

-G 사회적 기업 대표 인터뷰 2011년 10월 19일-

"마을 공동사업을 하면서 일단 마을이 활기차졌고, 경제적으로도 조금씩 용돈벌이를 할 수 있다는 측면에서는 어느 정도 공동체 발전에 기여를 하고 있다고 봅니다. 이를 통해 궁극적으로는 행복한 마을을 만들어서 농촌 공동체 활성화에 기여할 수 있다고 봅니다."
-C 사회적 기업 대표 인터뷰 2011년 10월 19일-

"저희의 설립배경이 곧 지역에 기여하는 것과 그 맥을 같이 한다고 볼 수 있는데요. 일농 귀농인들이 재이농을 하지 않도록 정착을 돕는 것. 그로 인해서 서천군의 인구 유입과 지역의 활성화에 미약하지만 기여를 하고 있다고 봅니다. 2010년에 34가구가 안정적으로 정착하는 데 저희가 지원을 했고. 약 2천여 명을 대상으로 귀농인 교육을 실시하고 있고."
-S 사회적 기업 대표 인터뷰 2011년 10월 19일-

<D 사회적 기업>의 경우에는 지역 내 재활용 선별장 위탁사업을 하면서 기존업체에 비해 10% 이상의 높은 선별률을 보여주고 있으며, <M 사회적 기업>의 경우에는 2008년 60명의 결식아동급식지원 대상이 2011년에는 670명으로 증가하였으며, 지역생산 농산물에 대해서는 약 60%의 자급률을 실천하고 있다. <G 사회적 기업> 역시 2008년 400명의 결식아동급식지원 대상이 2011년에는 1,560명을 대상으로 사업을 시행하고 있다. <N 사회적 기업>의 경우에는 2008년부터 매년 100가구의 저소득층을 대상으로 주거환경개선사업과 에너지 저감장치 설치 사업을 수행하고 있다. <S 사회적 기업>의 경우에는 2010년 34가구 83명을 지역에 정착하는 데 기여를 하는 등 실질적으로 지역사회에 기여하고 있다. 각 사례의 사회적 기업들은 활동 영역, 문제 해결의 영역이 다르지만 그 영역에서 나름의 방식으로 지역사회에 기여를 하고 있는 것으로 나타났다.

반면, <Y 사회적 기업>, <C 사회적 기업>의 경우에는 지역의 활성화를 위하여 특산품 판매, 친환경 농산물 판매, 농촌체험 프로그램 등 다양한 활동들의 전개를 통해 구체적이고 가시적인 목표를 달성해

가는 과정에서 지역의 이해관계자 및 주민들로부터 사회적 기업의 활동에 대해 인지할 수 있는 기회를 얻고 있었다. 그러나 이러한 활동을 통해 지역주민들에게 일정한 혜택을 주고 있지만 그것이 가시적으로 확연한 실적을 보여주지 못하는 한계를 보이고 있다.

<표 4-4> 사례 기업의 주요 실적

구분	주요 실적
D 사회적 기업	기존 선별장 업체 대비 선별률 10% 증가(2011)
M 사회적 기업	결식아동급식 지원 대상 60명(2008)→670명(2011) 지역생산 농산물 자급률 40%(2009)→50%(2011)
N 사회적 기업	매년 100가구의 주거환경사업 및 에너지 저감장치 사업
G 사회적 기업	결식아동급식 지원 대상 400명(2008)→1,560명(2011)
S 사회적 기업	34가구 83명 귀농인 정착 지원(2010)

둘째, 지역사회에 기여하기 위한 일련의 활동들은 사회적 기업의 구성원들에게는 자부심과 동기부여, 결속감을 불러일으키고 있었다. 특히, 구성원들이 사회적 기업의 활동에 구체적으로 어떠한 의미와 역할을 하는지에 대해서 인지를 하게 되면 더 적극적인 업무 자세와 만족 정도가 증가하고 있는 것으로 나타났다. 이러한 구성원들의 적극적인 업무 자세와 만족도는 사회적 기업이 달성하고자 하는 목표 달성이 수월해지고, 사회적 가치의 전파도 용이해질 수 있다.

"지금 저희가 하는 재활용 선별은 단순히 재활용품을 걸러내는 것이 아니라 지역의 환경오염을 줄이는 가치 있는 일이라고 강조를 합니다. 처음에는 정말 그럴까? 의아해하시던 분들도 실제 한 학교에서 선별률이 높아지면서 쓰레기 차량의 출하량이 줄어드는 것을 직접 보시고는 '진짜 우리가 환경오염을 줄이는 일을 하는구나'라고 인식이 많이 바뀌시고, 더 적극적으로 하시고, 보람도 느끼시고 그래요."

-D 사회적 기업 관리자 인터뷰 2011년 9월 28일-

"처음 오시는 분들은 일반 식당과 같은 줄 알고 오셨다가 일을 하시면서 인식이 조금씩 바뀌시는 경우가 있습니다. 결식아동 도시락, 급식 사업에서 일을 하실 때 처음에는 이게 왜 중요한지 모르시다가, 이러한 일들이 어떠한 의미가 있고, 아이들에게 먹거리라는 것이 어떠한 의미가 있고, 그러한 과정에서 우리의 활동이 의미가 있는지에 대해서 알게 되시면 보람도 느끼시고, 더 열심히 하시고 그러시죠."

-M 사회적 기업 대표 인터뷰 2011년 9월 28일-

"집수리 사업을 하러 가면, 본인들보다 못한 분들의 집을 수리하고, 집안 살림 꺼내서 정리하고 그러고 옵니다. 집수리가 다 되고 나면, 크게 한 것은 없지만 작은 부분에 수리를 하고 당사자분들은 만족을 하고 고맙다고 하고. 이런 과정에서 일을 하시는 분들이 '나도 사람을 도울 수 있구나. 내가 하는 일이 그냥 집수리만 하는 것이 아니구나'라고 많이 느끼시는 것 같아요. 그래서 더 열심히 하려고 하고, 적극적으로 하려고 하고. 일반 주택 현장보다 더 열심히 해요."

-N 사회적 기업 관리자 인터뷰 2011년 10월 6일-

"도시락 조리를 하시던 분들이 순환적으로 배달을 나가시는 경우가 있습니다. 배달 일을 다녀오시면 많이들 바뀌시죠. 단순히 도시락을 만드는 것이 아니라 사회 취약계층에게 제공되니까 그분들에게 도시락이 어떤 의미인지를 아시게 되는 거죠. 그러면서 저희가 실현하고자 하는 목적과 비전을 이해하시면서 더 열심히들 하시죠. 내가 좋은 일을 하는구나에 대한 보람도 느끼시고."

-G 사회적 기업 대표 인터뷰 2011년 10월 19일-

실제로 <D 사회적 기업>, <N 사회적 기업>, <M 사회적 기업>, <G 사회적 기업>의 경우 구성원들이 직접 사회적 기업의 활동에 참여하면서 업무에 대한 인식 변화와 강한 동기를 불러일으키고 있는 것으로 나타났다. 이를 통해서 일부 사회적 기업에서는 개인의 이익과 조직의 이익이 충돌하는 경우에 개인들이 자발적으로 일정부분 헌신하고, 조직의 입장을 먼저 고려하는 결과를 낳기도 한다. 개인들의 자발적 헌신은 사회적 기업이 지속가능할 수 있는 토대를 만들 수 있다. 특히 조직이 지향하는 가치의 조직구성원들과의 공유는 조직에 대한 신뢰를 높이고, 구성원들을 하나로 묶을 수 있는 구심점 역할을 함으로써 조직의 목표달성과 몰입에 긍정적인 영향을 미친다. 이러한 측면에서 보면, <D 사회적 기업>, <G 사회적 기업>의 경우에는 구성원들이 동일한 사회적 가치를 가지게 함으로써 목표 달성을 위해 서로 협력적인 관계를 형성하고, 자발적으로 헌신하고 있는 것으로 나타났다.

"저희가 처음 일을 시작했을 때, 이 분야에 대해서 네트워크가 충분하지 않았기 때문에 안정적으로 운영할 수 있는 충분한 일감을 확보하지 못했습니다. 수당도 제대로 지급이 안 되는 상황이었고, 임금도 추가적으로 지급이 안 되는 상황이었고. 그런데도 회사가 우선이라면서 스스로 일정부분을 희생을 하신 거죠. 그리고 경제적인 부분보다는 회사가 올바른 일을 하면서 조금씩 커가는 것을 보면서 더 만족을 하시고 적극적으로 일해주시고."
-D 사회적 기업 관리자 인터뷰 2011년 9월 28일-

"연말이나 연휴 중에도 저희는 독거노인이나 결식아동을 지원해야 하는 상황이 발생하거든요. 경제적인 부분으로 보상을 해드린다고 해도 나올 수밖에 없거든요. 처음에는 저희 사업의 의미를 충분히 이해를 못하셨지만, 지금은 본인이 경험하고 그 의미를 이해하신 뒤로는 자발적으로 나오시고, 그 부분을 즐기세요."
-G 사회적 기업 대표 인터뷰 2011년 10월 19일-

사회적 가치 지향성과 관련된 이상의 논의들을 정리하면 <표 4-5>와 같이 정리할 수 있다.

〈표 4-5〉 사례 기업의 사회적 가치 지향성 특성

구분	D 사회적 기업	M 사회적 기업	N 사회적 기업	Y 사회적 기업	G 사회적 기업	C 사회적 기업	S 사회적 기업
지역사회 기여	㊤	㊤	㊤	㊥	㊤	㊥	㊥
구성원의 동의	㊤	㊤	㊤	㊥	㊤	㊥	㊥
평가자 점수(10점 만점)	10	10	10	6	10	6	6
자기 평가 점수(10점 만점)	7	10	8	9	8	6	7
최종 점수(20점 만점)	17	20	18	15	18	12	13

주: ㊤: 해당 평가지표 항목을 모두 충족.
　　㊥: 해당 평가지표 항목을 일부 충족.
　　㊦: 해당 평가지표 항목을 모두 불충족.

<표 4-5>에서 보는 바와 같이 전체적으로 사회적 가치 지향성은 다소 높은 것으로 나타났다. 특히 <D 사회적 기업>, <M 사회적 기업>, <N 사회적 기업>, <G 사회적 기업>의 경우에는 사회적 가치 지향성이 높은 것으로 나타났는데, 이러한 이유는 설립 배경에서 찾아볼 수 있다. 위의 사례기업들은 지역의 문제를 해결하기 위하여 지역의 시민단체들과 지역사회의 네트워크에서 공감대가 형성되어 오랫동안 해당분야에서의 해결방안 모색 결과 사회적 기업이 설립되었다는 공통점을 가지고 있다. 즉, 지역사회의 문제, 문제해결을 위한 충분한 공감대와 논의의 결과가 사회적 기업의 설립으로 이어졌기 때문에 사회적 가치를 지향하는 성향이 높은 것으로 볼 수 있다. 이러한 측면에서 보면, 사회적 기업이 지역사회의 문제 인식 및 해결 방안 모색의 혁신적인 수단으로 설립되었다는 기존의 연구 결과를 그대로 반영하고 있다고 볼 수 있다.

Tasi & Ghoshal(1998), Burns(2005), Martin & Thompson(2010)에 의하면, 사회적 기업의 구체적인 활동의 구체적인 의미와 지향하는 사회적 가치에 대해서 인지를 하게 되면, 직무 몰입 및 직무 만족, 조직에 대한 신뢰, 자발적 헌신까지 기대할 수 있다고 기존의 연구를 통해 설

명하고 있다. 실제로 사례기업들을 살펴본 결과 각 사회적 기업이 추구하는 사회적 가치에 대한 인식과 이에 대한 동의는 구성원들에게 강한 동기부여와 자부심, 적극적인 업무 태도와 직무 만족, 그리고 공동체의 이익을 위한 자발적 헌신을 이끌어내는 가치판단의 기준으로 작용하고 있는 것으로 나타났다. 결과적으로 사회적 가치 지향성은 조직 내외부적으로 사회적 기업의 목표와 활동에 대한 동의와 지지의 근거로 활용되고 있는 것으로 나타났으며, 사회적 기업이 추구하고자 하는 다양한 사회적 가치들은 다양한 이해관계자들과의 소통을 통해 전달되고, 확장되고 있다고 보인다. 사회적 가치 지향성은 사회적 기업이 추구하고자 하는 사회적 목적 달성을 용이하게 하는 것으로 보인다.

2. 혁신성

혁신성은 사회적 기업의 운영 과정에서 새로운 방법의 적용을 통해 나타날 수 있으며, 특히 사회적 기업 혁신성의 성격은 다양한 목표를 추구하는 과정에서의 자원 동원 방식과 이해관계자들과 결합되는 조직의 운영구조를 창출하는 역동성과 관련이 있다. 이러한 혁신성은 사회적 가치 지향성을 실천하기 위한 전략으로 활용되며, 기존 조직과는 다른 조직 운영방식, 자원 동원 방법의 측면에서 발현될 수 있다.

<표 4-6> 혁신성과 관련된 인터뷰 질문

구분	질문
조직 운영 방식	이해관계자들이 참여할 수 있는 제도가 마련되어 있습니까? 이해관계자들이 참여하는 범위와 어떤 형태로 이루어지고 있습니까? 민주적인 의사결정제도를 도입·실현하고 있습니까?
자원 동원	사회적 기업의 운영을 위한 자원들이 다양한 영역으로부터 혼합된 형태를 띠고 있습니까? 전체 매출액 중 자원은 어떻게 구성되어 있습니까?

첫째, 사회적 기업은 조직 운영방식의 측면에서 혁신을 추구하고 있었다. 일반 기업이 수익활동을 하는 데 적합한 조직 유형을 채택·보완하는 과정을 수행하는 것과 같이 사회적 기업도 사회적 목적을 효율적이고 효과적으로 달성하기 위한 최적의 조직 운영방식의 채택과정을 거치게 된다. 혁신성은 사회적 기업에 적합한 조직의 운영 방식을 모색하는 과정에서 발현되고 있었다. 조직의 우선적인 목적이 이해관계자들을 위한 가치를 창출하는 것이라는 측면에서 보면, 일반기업은 주주들의 이익을 위해 활동을 하지만 이해관계자들은 외부 주체로 국한시키고 있다. 하지만 사회적 기업은 이해관계자들의 가치 실현을 위한 활동뿐만 아니라 운영과정에 참여시키고 있다. 이러한 이해관계자들의 참여를 사회적 가치 창출과 목적 실현의 주요한 수단으로 활용함으로써 내부 주체로 고려되어 이해관계자들의 참여 그 자체를 통해 사회적 기업의 목적을 실현하고 있는 것으로 나타났다. 사례 사회적 기업의 경우 공통적으로 이해관계자들이 참여할 수 있는 방안은 마련되어 있지만, 그것이 원활하게 작동하느냐 혹은 의사결정권한까지 행사할 수 있느냐에 따라 차이가 있는 것으로 나타났다. <D 사회적 기업>, <M 사회적 기업>, <N 사회적 기업>, <G 사회적 기업>의 경우에는 이해관계자들이 참여할 수 있을 뿐만 아니라 운영과정에 직접 참여하여 의사결정권한까지 행사함으로써 이해관계자들의 내부화 현상이 나타나고 있었다.

"지역의 단체, 모법인 등의 이해관계자들이 저희의 운영에 참여할 수 있는 기본적인 제도는 마련되어 있습니다. 현재는 지방정부의 경우에는 참여를 하지 않고 있습니다만, 요청이 있으면 참여가 가능하죠. 현재 참여하고 있는 이해관계자분들이 중요 안건에 대해서 의견을 제시하고, 의결권한도 가지고 있죠."
　　　　　　　　　　　　-D 사회적 기업 관리자 인터뷰 2011년 9월 28일-

"일단 외부의 이해관계자들이 참여할 수 있는 제도는 마련이 되어 있고,

주로 운영위원회를 통해서 참여를 하고 있습니다. 생산자 단체, 소비자 단체가 주로 참여를 하고 있습니다. 실제로 차기 연도 계획 승인이나 주요 안건에 대해서 의결권도 행사를 합니다.”
—M 사회적 기업 대표 인터뷰 2011년 9월 28일—

“외부의 이해관계자들이 참여를 하고 있습니다. 실제로 그러한 이해관계자들이 운영에 관여를 하고 있고, 건설업체, 시민단체, 회계사들이 참여하고 있고, 시의원분들도 관심은 있지만 직접적으로 참여는 하지 않고 있고. 외부에서 참여하는 이해관계자들의 경우 중요 안건이나 차기 연도 사업계획에 대해서 의결권을 가지고 직접적으로 그 부분을 행사합니다.”
—N 사회적 기업 관리자 인터뷰 2011년 10월 6일—

“일단 외부의 이해관계자들이 참여는 하고 있고, 운영위원회라는 자리를 빌려서 중요 안건에 대해서 의결을 합니다. 일단 저희의 입장에서는 무엇을 하고 있는지 잘하고 있는지에 대해서 알릴 수 있는 통로로 활용할 수 있고, 지역의 요구 사항을 수집할 수 있는 통로로 활용하기도 합니다.”
—G 사회적 기업 대표 인터뷰 2011년 10월 19일—

반면에 <Y 사회석 기업>, <C 사회직 기업>, <S 사회적 기업>이 경우에는 이해관계자들이 운영과정에 참여할 수 있는 제도적 장치를 마련하고 있으며, 이러한 참여를 통해 전문지식과 정보의 제공자 역할을 수행하는 수준에 그치고 있는 것으로 나타났다. 즉, 사회적 기업의 운영과 관련된 의사결정권한까지는 부여하지 않고 있었다.

“기본적으로 외부의 이해관계자들이 참여할 수 있는 제도는 마련되어 있습니다. 실제로 농업 관련 전문 인력, 경제 관련 전문 인력 등이 참여를 하고 있습니다만 실질적으로 운영위원회에 참여해서 의결권을 행사하고 있지는 않습니다. 저희가 하는 사업에 대해 조언을 하는 형태로 참여하고 있습니다.”
—Y 사회적 기업 대표 인터뷰 2011년 10월 6일—

“이해관계자들이 참여는 할 수 있으나, 자문이나 정보제공의 형태로 참여하는 형태고, 주요 안건에 대한 의결은 총회를 통해서 결정되고, 운영과 관련된 사항은 운영위원회에서 처리를 하고 있습니다."
-S 사회적 기업 대표 인터뷰 2011년 10월 19일-

"일단은 다양한 이해관계자들이 참여를 하고 있습니다. 지역 주민, 지역 단체, 지역 외 단체들이 참여를 하는데, 사업에 대한 자문, 운영에 대한 자문과 의견교류의 수준에 그치고 있지 의결과 관련된 사항은 조합원인 마을주민들까지 한정하고 있습니다."
-C 사회적 기업 대표 인터뷰 2011년 10월 19일-

조직운영 측면에서의 혁신성은 의사결정방식에서도 나타났다. 일반 기업의 경우에는 중요한 안건에 대해 의사결정을 해야 하는 경우, 자본의 소유 정도에 따라 의사결정권한을 다르게 적용하는 반면, 사회적 기업은 자본 소유에 기반을 두지 않는 공정하고 민주적인 의사결정방식을 채택하고 있다. 즉, 특정 혹은 소수의 리더십에 초점을 둔 일반기업과 달리 사회적 기업은 사회적 소유, 협동경영, 민주적 참여를 통해 의사결정을 하는 방식을 채택하고 있는 것으로 나타났다.

"기본적인 의견수렴의 방식은 일반 기업처럼 상명하복이 아니라 구성원들의 의견을 받아 실현가능한 계획을 수립하고 다시 구성원들에게 의견을 묻는 방식을 채택하고 있습니다. 그리고 구성원들과 운영자들은 수평적인 관계에서 허심탄회하게 얘기를 하는 편입니다. 통상 업무와 관련된 의결은 팀장급이 모여서 결정을 하고, 중요한 안건에 대해서는 운영위원회에서 결정을 하는 형식인데요. 동등하게 1인 1표제를 채택해서 안건을 결정하고 있습니다."
-D 사회적 기업 관리자 인터뷰 2011년 9월 28일-

"구성원들의 의견 수렴을 많이 하려고 노력하고, 그것이 실제로 반영이 되고 있는 부분도 있습니다. 간단한 운영과 관련된 사항은 팀장급 이상의 회의를 통해 결정을 하고, 중요 안건은 운영위원회에서 결정을 하는 방식입니다. 기본적으로 의결권 행사는 1인 1표를 채택하고 있는데, 운영방식은 협동조합에 가깝게 운영되고 있습니다."
-M 사회적 기업 대표 인터뷰 2011년 9월 28일-

"구성원들의 의견을 수시로 혹은 주간회의를 통해 수렴하고 있고, 그것이 반영되는 경우도 있습니다. 그것이 활발하다는 부분은 아니고 필요한 부분에 한해서 이루어지고 있습니다. 업무상 사안에 대해서는 의견수렴을 해서 관리자 직권으로 결정을 하고, 중요 안건은 운영위원회에서 1인 1표제를 통해 결정을 하고 있습니다."

-N 사회적 기업 관리자 인터뷰 2011년 10월 6일-

"구성원들이 이런 저런 의견을 많이 주고, 그것에 대해서 회의시간에 구성원들끼리 의견에 대해서 토론을 하는 편입니다. 운영과 관련된 중요한 안건이나 사업계획과 관련해서는 총회에서 결정을 하는 형태입니다. 의결방법은 1인 1표제를 채택하여 의결합니다."

-Y 사회적 기업 대표 인터뷰 2011년 10월 6일-

"구성원들에게 의견을 많이 구하는 편인데, 주로 근로환경이나 시설과 관련된 부분에 대해서 의견을 많이 주세요. 실제로 그러한 부분이 필요하다고 판단이 되면, 팀장급 회의, 운영위원회를 통해 결정을 해서 실행을 합니다. 일상적인 업무에 대해서는 구성원들이 다 참여할 수 없기 때문에 팀장급 이상의 간부회의에서 결정을 하고 있습니다. 그리고 중요 안건에 대해서는 운영위원회와 총회를 통해 결정을 하는데, 구성원 모두가 주주의 자격을 갖고 1인 1표를 행사하여 결정을 하고 있습니다."

-G 사회적 기업 인터뷰 2011년 10월 19일-

"운영과 관련된 사항 외에 중요한 안건에 대해서는 총회에서 결정을 하고, 1인 1표의 권한을 행사할 수 있도록 하고 있습니다."

-S 사회적 기업 대표 인터뷰 2011년 10월 19일-

"중요 사항에 대해서는 마을 사람들이 다 참여해서 1인당 1표씩 행사하도록 하고 있습니다. 그 전에 어떤 안건에 대한 총회에서의 의결 여부에 대해서는 운영위원회에서 1차적인 결정을 하고 총회에서는 최종적인 결정과 의견조율을 하는 형태를 취하고 있지요."

-C 사회적 기업 대표 인터뷰 2011년 10월 19일-

실제 사례 기업들은 이해관계자 참여의 보장과 1인 1표에 근거한 민주적인 의사결정 구조를 채택하여 실현하고 있는 것으로 나타났다. Spear et al.(2006)이 주장한 바와 같이 지역사회의 다양한 이해관계자들의 참여는 사회적 목적의 실현에 적합한 사업의 설정 및 이행을 결정하는 의사결정자로서, 사회적 기업의 활동에 필요한 정보의 제공자로서, 그리고 사회적 목적의 이탈을 감시하는 견제자로서의 역할을 수행하고 있는 것으로 나타났다. 그러나 사회적 기업의 현실적인 측면을 고려하여 모든 이해관계자들 특히 내부 운영과 관련된 사항에 대해서는 구성원들이 모두 참여하는 형태가 아닌 운영의 효율성 측면과 신속한 의사결정을 고려하여 간부급 혹은 팀장급 이상의 회의와 결정을 통해 이루어지고 있는 것으로 나타났다.

주식회사는 1주 1표의 원리를 갖는다는 점에서 자본 소유자 중심이다. 반면 사회적 기업은 1인 1표의 원리를 갖는다는 점에서 사람 중심의 운영원리를 구현하고 있다고 할 수 있다. 그러나 주식회사의 전통적 원리와 1인 1표제는 상반되는 성격이 존재하기 때문에 운영을 위한 내부적인 정관을 통해 적용하고 있는 경우도 있다. 이러한 부분은 구성원들의 갈등 없이 작동되는 경우에는 큰 문제가 되지 않지만, 운영자 계층의 갈등이 심화되어 조직의 위기에 직면하였을 경우에는 조직의 와해, 자본금에 대한 법적인 보호를 받을 수 없는 위험 요소로 작용할 수 있다.

둘째, 사회적 기업은 시장영역에서의 수익 활동뿐만 아니라 공공시장, 공공영역, 시민사회의 영역 등 다양한 영역에서 자원을 동원하고 있는 것으로 나타났다. 사회적 기업은 기본적으로 시장영역에서의 수익활동을 통해 필요한 자원을 1차적으로 동원하고 있었다. 하지만 사회적 기업의 영세성, 시장영역에서의 경쟁력 부족 등을 고려하면, 필요자원의 100%를 시장에서 동원한다는 것은 한계가 있다. 이러한 부족한 부분의 자원을 사회적 기업은 시장 영역 외 공공영역이나 시민사회 영역에서 동원하고 있는 것으로 나타났다.

"사회적 기업이 복지단체나 재단과는 달리 스스로 경제 활동을 통해 안정적인 기반을 형성한다는 부분이 가장 큰 차이라고 할 수 있습니다. 실제로 시장 활동을 통한 수익 구조를 형성하는 것이 가장 이상적인데 현실은 그렇지 못합니다. 하지만 최대한 시장으로부터의 자원을 확보하려고 노력하고 있고, 매년 조금씩 증가하고 있는 형태입니다. 그럼에도 부족한 자원은 정부 지원금, 공공시장에서의 매출을 통해서 필요한 자원을 동원하고 있습니다."

-D 사회적 기업 관리자 인터뷰 2011년 9월 28일-

"사회적 기업의 시작은 실현하고자 하는 목적에 비해 충분한 자본력을 갖추지 못한 상태에서 이루어집니다. 저희도 마찬가지였고, 처음 시작할 때 설비 관련은 SK 행복나눔재단의 공모를 통한 지원과 지역사회 단체의 출자금과 지원금 일부를 바탕으로 시작을 했습니다. 지금은 사회적 기업 지원금, 지역 내 결식아동지원 사업과 학교 급식사업, 일반 시장에서의 수익으로 운영에 필요한 자원을 동원하고 있습니다."

-M 사회적 기업 대표 인터뷰 2011년 9월 28일-

"사회적 기업도 기업이기 때문에 일정 수준의 자본금을 필요로 합니다. 초기 자본은 지인들과 지역사회단체에서 출자금을 가지고 출발을 했고, 현재 공간은 한살림에서 제공해주었습니다. 그러면서 저희가 일반 시장에서 한옥이나 일반 집수리 사업을 하면서 매출을 조금씩 늘려왔고, 사회적 기업 인증을 받으면서 사회적 기업 지원금, 일반 시장에서의 수익, 지역 내 저소득층 노후주택개선사업을 통한 수익을 중심으로 구성되어 있습니다."

-N 사회적 기업 관리자 인터뷰 2011년 10월 6일-

"현재 저희가 운영되는 데 동원되는 자금은 크게 사회적 기업 지원금, 농산물 판매를 통해 발생하는 수익, 농촌 체험 프로그램에서 발생하는 수익 크게 세 가지로 구성되어 있습니다. 다소 어렵지만 운영을 하고 있습니다."

-Y 사회적 기업 대표 인터뷰 2011년 10월 6일-

"저희의 경우에는 초창기에 운영을 위해 소요된 자원은 크게 자활사업을
통해 보유하고 있던 자기자본, 사회적 기업 지원금, 구성원 출자금, 일반
도시락 판매 사업을 통한 수익, 공공기관 납품을 통한 수익, 결식아동 지원
사업을 통한 수익으로 구성되어 있고, 이를 중심으로 운영하고 있습니다."
　　　　　　　　　　　　－G 사회적 기업 대표 인터뷰 2011년 10월 19일－

"사업의 규모도 크지 않기 때문에 재정의 성격이 중요할지 모르겠지만, 일
단은 내부 구성원들의 출자금으로 초기 자원을 충당했고, 이후에 우리 상
품을 판매하는 것 하고 농촌 체험 프로그램의 운영을 통해 발생하는 수익,
예비 사회적 기업 지원금이 운영을 하는 데 주요 자원들이라고 할 수 있
습니다."
　　　　　　　　　　　　－C 사회적 기업 대표 인터뷰 2011년 10월 19일－

"처음에는 온라인·오프라인 회원들의 회비를 중심으로 운영을 해오다가
예비 사회적 기업으로 지정되면서 지원금 하고, 농산물 가공품을 판매하기
시작하면서 발생하는 수익, 예비 귀농인 관련 교육 및 장소 대관료 등을
통한 수익으로 귀농인 협의회를 운영하고 있습니다."
　　　　　　　　　　　　－S 사회적 기업 대표 인터뷰 2011년 10월 19일－

시장경제의 관점에서 보면, 사회적 기업이 시장영역 이외에 공공영
역이나 시민사회 영역에서 자원을 동원하는 것은 비효율적이고 비생산
적인 현상으로 보일 수 있다. 그럼에도 불구하고 사회적 기업이 자원
혼합의 형태를 띠는 이유는 지역사회 및 공동체에서의 자원 동원전략
이나 공공정책과 관련성이 있기 때문이다. 사회적 기업이 가지고 있는
공공성은 정부의 정책과 공통적인 부분이 많고, 실질적으로 지역사회
에서 이를 실행할 수 있는 주체들 중 가장 적합하다고 판단되는 부분
도 작용하고 있다(김성기, 2011). 결론적으로 사회적 기업이 추구하고
자 하는 목적이 공동체의 이익, 지역사회의 발전, 지역사회의 문제 해
결이라는 측면에서의 공공성과 밀접한 관계를 맺고 있다는 부분을 고려
하면, 시장영역 외에 공공영역과 시민사회의 영역에서 자원을 동원·혼

합하는 것은 당연한 것일 수 있다.

자원 동원의 측면에서 사회적 기업이 혁신적인 성격을 갖는 것은 다양한 영역으로부터 자원을 동원·혼합하는 것보다 자주적인 노력을 통해 스스로 자원을 확보하는 역동성과 관련이 있다. 즉, 동원되는 자원의 영역, 규모뿐만 아니라 자원의 성격이 자주적인 성격인지 아니면 의존적인 성격인지에 따라 자원 동원의 혁신성과 관련되기 때문이다. 실제로 공공영역에서의 자원은 자주적인 성격과 의존적인 성격이 공존하고 있고, 사회적 기업들은 자주적인 노력을 통한 공공시장의 영역에서 자원을 동원하고 있는 것으로 나타났다.

> "저희 매출 중 상당 부분이 공공영역과 관련된 부분이 많은데, 크게 위탁사업 운영하고 지원금 받는 부분인데요. 비율로 따지면 8:2 정도 됩니다. 지원금 같은 경우는 매년 10%씩 차감되는 부분도 있지만, 상대적으로 시장수익이 증가하거나 위탁사업의 비중이 커지기 때문에 조금씩 그 비중이 줄어들고 있습니다."
>
> −D 사회적 기업 관리자 인터뷰 2011년 9월 28일−

> "사회적 기업 지원금에 대한 의존도는 전체 매출액 중에 10% 내외 정도 되고, 나머지 위탁사업을 통한 매출액 비중이 크죠. 위탁사업은 저희가 노력을 해야만 받을 수 있는 부분이라 저희 의지와 관련된 부분이고, 지원금은 지정되면 주는 부분이다 보니 의지와는 다소 무관한 자원이라고 할 수 있겠네요."
>
> −M 사회적 기업 대표 인터뷰 2011년 9월 28일−

> "공공영역과 관련된 자금은 위탁사업, 지원금 크게 두 가지인데 비율이 비슷비슷합니다. 현실적으로 사회적 기업 지원이 중단되면 솔직히 부담이 되는 부문이고, 시장매출을 늘리는 방법을 모색하고 있는데 현실적으로 아직 부족한 부분이 있고."
>
> −N 사회적 기업 관리자 인터뷰 2011년 10월 6일−

"저희는 사실대로 말하면, 사회적 기업 지원금이 중단되면 상당히 어려운 상황에 처할 수 있습니다. 현재 인건비를 지원금으로 다 충당하고 있고, 농산물판매나 체험 프로그램 운영을 통해 조달을 하고 있지만 아직 부족한 상황이죠. 자원적인 측면에서 보면 혁신성과는 조금 거리가 있다고 볼 수 있습니다."

-Y 사회적 기업 대표 인터뷰 2011년 10월 6일-

"저희의 경우에는 전체 고용인원수 대비 지원받은 인건비의 비중은 크지 않습니다. 약 5% 내외 정도 되고 위탁사업이나 시장 매출 등을 통해 인건비나 운영비를 조달하고 있습니다. 사회적 기업의 취지에 맞는지는 모르겠지만 스스로 자립할 수 있는 경제 활동을 통해 자원을 조달하고 있습니다."

-G 사회적 기업 대표 인터뷰 2011년 10월 19일-

"일단 저희가 매출액이 그리 크기 않기 때문에 정확히 말할 수 있는 부분은 아니지만, 정부로부터 받는 자원은 사회적 기업 지원금밖에 없습니다. 이것보다는 시장에서 매출이 크기는 한데, 그래도 지원이 없으면 운영하는데 힘들지 않을까 싶어요."

-C 사회적 기업 대표 인터뷰 2011년 10월 19일-

"여기서 일하는 분들의 인건비는 사회적 기업 지원금으로 충당하고 있고, 부족한 부분은 시장에서의 매출을 통해 어느 정도 보정을 하기는 하는데, 그래도 지원금이 있으니까 약간 여유롭기는 하죠. 지원금이 중단되더라도 잘 운영될 수 있는 기반을 구축하는 게 필요하죠."

-S 사회적 기업 대표 인터뷰 2011년 10월 19일-

공공영역에서의 자원은 위탁사업을 통한 공공시장에서의 자원 동원과 사회적 기업 지원금과 같은 정부지원금이 대표적이다. <D 사회적 기업>, <M 사회적 기업>, <N 사회적 기업>, <G 사회적 기업>의 경우에는 공공의 위탁사업을 수행하고 있으며, 이를 통해 안정적인 경제적 기반을 확보하고 있는 것으로 나타났다. 사회적 기업의 입장에서 보면, 민간기부나 공공지원보다는 공공과 민간영역에서 시장 활동을 통해 수

입을 증대시키는 것이 사회적 기업의 발전에 미치는 영향이 클 수 있다
(정무성 외, 2011; Austin et al., 2006)는 기존의 연구 결과와 유사한 것
으로 나타났다.

사회적 기업의 혁신성과 관련된 이상의 논의들을 정리하면 <표 4-7>
과 같이 정리할 수 있다.

〈표 4-7〉 사례 기업의 혁신성 특성 비교

구분	D 사회적 기업	M 사회적 기업	N 사회적 기업	Y 사회적 기업	G 사회적 기업	C 사회적 기업	S 사회적 기업
조직 운영 측면	㊤	㊤	㊤	㊥	㊤	㊥	㊥
자원 동원	㊤	㊤	㊥	㊥	㊤	㊥	㊥
평가자 점수(10점 만점)	10	10	8	6	10	6	6
자기 평가 점수(10점 만점)	7	8	8	5	7	4	3
최종 점수(20점 만점)	17	18	16	11	17	10	9

주: ㊤: 해당 평가지표 항목을 모두 충족.
　　㊥: 해당 평가지표 항목을 일부 충족.
　　㊦: 해당 평가지표 항목을 모두 불충족.

<표 4-7>에서 보는 바와 같이 전체적으로 혁신성의 정도는 높은 것
으로 나타났다. 특히 <D 사회적 기업>, <M 사회적 기업>, <N 사회
적 기업>, <G 사회적 기업>의 경우가 혁신성이 높은 것으로 나타났
는데, 다양한 이해관계자들의 참여를 통한 의사결정 및 조직 운영, 다양
한 영역에서의 자원 동원과 자주적인 자원의 확보와 관련된 노력이 활
발하다는 공통점을 가지고 있다.

Campi et al.(2006)이 언급했듯이 사회적 기업의 이해관계자들의 참여
는 그 자체로 사회적 기업의 목적에 부합하고 수단적인 측면에서도 긍정
성을 가질 수 있고, 이러한 이해관계자들의 참여는 관계성(relationship)을
동반하게 된다. 이러한 관계성은 지배구조에 참여하는 주체들 간의 영
향력 및 긴장관계를 형성하게 되는데, 이러한 관계는 상호 협력적일

수 있고, 갈등적일 수 있다. 이러한 다양한 입장과 견해의 이해관계자들을 조화롭게 하고 긍정적인 영향을 기대하기 위해서는 사회적 기업의 내외부 이해관계자들 간의 균형과 협력이 필요하고 이를 조직화하는 것이 필요하다.

사회적 기업의 자원혼합은 유럽과 한국에서 실제로 그 양상이 확인되었다. Gardin(2006)이 설명하고 있는 서유럽의 사회적 기업의 자원혼합의 구성과 한국 사회적 기업의 자원 혼합 형태도 유사하게 나타나고 있다. 다양한 이해관계자들과의 연계가 이루어지고 있다는 측면에서 자원혼합도 중요하지만, 한국의 경우에는 공공시장을 중심으로 한 자원 구성의 비율이 높다. 특히 매출규모가 큰 사회적 기업(D 사회적 기업, M 사회적 기업, G 사회적 기업)의 경우에는 위탁사업의 비율이 큰 것으로 나타났는데, 이는 사회적 기업 스스로의 노력을 통한 자주적인 성격의 자원이기도 하지만, 계약기간 종료 후 재계약을 통해 사업을 수행할 수 있다는 측면에서 사회적 기업에 지속적이고 안정적으로 자원을 제공할 수 있는가에 대해서는 또 다른 문제로 작용할 수 있다.

3. 진취성

사회적 기업에 있어서 진취성은 활동하는 영역에 대한 변화와 가능성을 예측하고 대비하는 것과 관련이 있다. 특히, 시장 환경과 관련하여 새로운 수요에 대한 대응과 가능성에 대하여 적극적으로 탐색하여 대응하고, 내부적으로는 시장의 변화에 대응할 수 있는 역량을 강화시키려는 일련의 과정이 적극적으로 발현되는 것이다. 즉, 사회적 기업의 진취성은 활동하는 사업 영역의 변화에 대하여 얼마나 능동적이고 적극적으로 대처하고 있는가와 관련이 있다. 사회적 기업의 진취성은 새

로운 기회를 포착하기 위한 노력과 시장의 변화에 대응할 수 있는 전
략의 수립과 사회적 기업의 활동을 원활하게 수행하기 위한 조직의 역
량강화를 위한 교육·훈련 프로그램의 시행 등을 통해 살펴볼 수 있다.

<표 4-8> 진취성과 관련된 인터뷰 질문

구분	질문
시장 대응 전략 수립	시장의 변화에 대한 예측과 기회를 지속적으로 탐색하고 있습니까? 시장에 대응하기 위한 단계별 및 장기 계획을 수립하고 있습니까?
조직 역량 강화	조직의 역량을 강화하기 위한 교육 훈련 프로그램을 운영하고 있습니까?

첫째, 사회적 기업의 진취성은 시장에서 지속적인 자원을 동원하기
위하여 시장의 변화와 새로운 활동 가능성의 탐색의 과정에서 나타나
고 있었다. 시장은 사회적 기업이 일정 수준의 자원을 동원하고, 소비
자들에게 재화 및 사회 서비스를 제공하기 위한 공간이라고 할 수 있
다. 그렇기 때문에 사회적 기업은 시장의 변화와 새로운 활동의 가능
성에 대한 지속적인 탐색을 해야 하며, 이러한 변화에 대응할 수 있는
체계적이고 단계적인 계획 수립과 조직의 역량을 강화시킬 수 있는 방
안을 모색하는 것이 필요하다. 실제로 많은 사회적 기업들이 시장에
대한 변화와 진출을 위해 체계적인 전략의 수립과 단계에 맞는 목표를
달성할 수 있는 다양한 노력을 겸비하면서 시장에서의 경쟁우위를 점
하고 있는 노력을 하고 있었다.

"재활용 사업은 재활용 양이 많고 적음의 문제이지 급격하게 시장의 변화
가 큰 편은 아닙니다. 그래도 안정적으로 운영하기 위해서는 위탁사업보다
는 시장영역에서 자원을 확보하는 것이 절대적으로 필요하고, 이를 실천하
기 위하여 5개년 계획을 수립하여 각 단계에 맞게 실천하고 있습니다. 작
년부터 선별장 위탁사업을 하고 있고, 내년에는 거리 청소 구역 1개와 수
거영역 1개 구역 정도를 확보하면 5년 후에는 경제적으로 안정화단계에

접어들 수 있을 것으로 예상하고 있습니다.”
–D 사회적 기업 관리자 인터뷰 2011년 9월 28일–

“학교 급식 및 결식아동지원에 필요한 지역 농산물 식량체계를 구축하기 위해서는 농산물이라는 특수성 때문에 생산과 소비의 균형을 이루는 것이 필요합니다. 그래야지 어느 정도 시장성을 갖출 수 있거든요. 매년 소비할 수 있는 농산물 양을 조금씩 늘려가고 그에 따른 소비영역을 넓혀가고 있습니다. 그리고 5개년 계획을 수립해서 각 연차별 단계에 맞는 사업들을 추진하고 있고, 현재는 생산자의 생산단가 보장과 판로 부분과 관련된 계획들을 실천하고 있는 중입니다.”
–M 사회적 기업 대표 인터뷰 2011년 9월 28일–

“에너지 관련 정부 정책의 측면에서 보면, 에너지 저감 사업은 상당한 시장성을 가지고 있습니다. N 사회적 기업이 관련 기술을 가지고 있다는 것은 사업적인 측면에서 진취성이 높다고 할 수 있습니다. 에너지 저감 관련 설비들이 고가이기 때문에 일반 소비자 계층과 저소득층 계층에게 적합한 에너지 저감 설비들을 공급하기 위해서 한라대학교와 기술개발을 하고 있고, 일반 시장에도 진출하려고 시도하고 있습니다. 5개년 계획을 수립해서 단계별로 추진하고 있고, 5개년 계획에 근거해서 세부적인 활동 계획을 수립해서 단계에 맞게 진행을 하고 있습니다.”
–N 사회적 기업 관리자 인터뷰 2011년 10월 6일–

“장기적으로 보호된 공공시장 영역에서 많은 매출액을 올린다고 해도 실질적으로 순이익이 많이 발생하지 않거든요. 결국은 시장영역으로 진출할 수밖에 없는 것이 현실입니다. 그래서 어떠한 영역으로 진출하는 것이 위험요소는 줄이고 우리가 잘할 수 있는 부분이 무엇인지에 대해서 항상 가능성을 검토하고 있습니다. 〈중략〉 최근에는 출장 뷔페에 대한 요청이 있었고, 그 부분에 대해서 생각은 하고 있었지만 제대로 준비를 하지 못했던 부분이 있었고 이 부분에 대해서 적극적으로 진출을 하려고 계획을 수립하고 내부적으로 준비하고 있습니다. 그리고 5개년 계획을 수립해서 그 단계에 맞춰 진행하고 있는 상황이고, 2~3년 뒤에는 가능하면 분점을 하나 내는 것도 고려하고 있습니다.”
–G 사회적 기업 대표 인터뷰 2011년 10월 19일–

Ⅳ. 사회적 기업의 사례 분석　141

<D 사회적 기업>, <M 사회적 기업>, <N 사회적 기업>, <G 사회적 기업>의 경우에는 일반 시장의 진출에 대한 의지가 강하고 이를 위해 다년간 계획을 수립하여 각 단계에 맞는 계획들을 실천해가고 있었다. 특히 <N 사회적 기업>의 경우에는 지역사회에 아직 보급되지 않은 전문 기술력을 확보하고 있는 상태이고, 이러한 기술력을 일반 서민과 저소득층에게 보급할 수 있는 시장을 스스로 개척하고 있다는 측면에서 진취성이 적극적으로 발휘되고 있었다. 사회적 기업들이 시장영역의 진출 가능성을 탐색하고 적극적으로 진입하려는 노력들은 결국 안정적인 자원의 확보는 사회적 목적의 실현 강화와 관련이 있기 때문이다(Austin, 2006). 그리고 시장에 대한 변화와 진출을 위한 체계적인 전략의 수립과 단계에 맞는 목표를 달성할 수 있는 노력을 겸비함으로써 시장에서의 경쟁우위를 점할 수 있다(이윤재, 2010)는 기본적인 원리에 충실하고 있었다. 조직의 안정적인 기반을 유지하기 위해서는 자원의 규모 측면뿐만 아니라 장기적으로 건강하고 지속적인 자원을 확보하는 것 또한 중요한데, 사회적 기업들은 이러한 성격의 자원을 일반 시장의 영역에서 찾을 수 있다.

반면 일부 사회적 기업의 경우 시장영역에서 자원 동원과 시장 변화에 대한 대응의 필요성은 인지하고 있으나, 체계적인 계획의 수립 및 대응할 수 있는 역량을 충분히 갖추지 못하고 있기 때문에 구체적으로 실천하지 못하고 있는 경우도 있었다.

"안정적으로 활동하기 위해서는 경제적인 부분이 어느 정도 뒷받침이 되어야 합니다. 안정적으로 자원을 동원하기 위해서는 결국은 시장에 진입하는 것이 필요하고, 주 판매 상품이 농산물이다 보니 생산자와 소비자를 직접 연결시킬 수 있는 판매망을 구축하는 것이 필요합니다. 그리고 하나의 농산물로는 힘드니까 농산물의 다양화를 통해 꾸준히 판매하는 방법 등이 필요한데 현재는 개략적인 계획의 수준에 머물고 있고, 구체적이고 세부적인 계획을 수립하지 못하고 있습니다."

-Y 사회적 기업 대표 인터뷰 2011년 10월 6일-

"농촌 체험 프로그램을 운영하다가 최근에 모시 떡을 개발해서 판매를 하고 있는데, 현재는 그냥 알음알음으로 판매를 하고 있습니다. 지역에서 축제를 하거나 사회적 기업 제품 홍보를 통해서 우리가 판매하는 떡에 대해서 홍보를 하고 있는데 부족하고, 향후 판매량을 늘리기 위해서 인터넷 쇼핑몰이나 대형 마트, 휴게소 같은 데 판로를 개척해서 판매할 계획은 있는데, 구체적으로 어떻게 해야 할지에 대해서는 정해지지 않은 상태입니다."

-C 사회적 기업 대표 인터뷰 2011년 10월 19일-

"현재 저희의 자체적인 수입원은 크게 귀농인 교육과 농산물 판매를 통해서 이루어지고 있는데, 귀농인 교육만으로는 한계가 있고, 수익을 증대시킬 수 있는 방법은 농산물 판매량을 늘리고 판로망의 확보를 통해서 실현할 수 있는 부분입니다. 아직까지는 시작 단계를 막 지나서 시험적인 단계이고 향후 구체적으로 어떻게 진행할 것인지에 대해서 더 고민을 해봐야 할 부분입니다. 그리고 친환경주택 건설도 마찬가지고. 일단 시험적으로 시작을 했으니 더 구체화시켜서 진행하는 것이 필요합니다."

-S 사회적 기업 대표 인터뷰 2011년 10월 19일-

<Y 사회적 기업>, <C 사회적 기업>, <S 사회적 기업>의 경우 시장변화에 대한 체계적인 계획 수립과 전략 수립이 미흡한 것으로 나타났는데, 이것은 실질적인 역량과 실천의 부재와 관련이 있다. 즉, 조직의 역량이 충분하지 못할 경우에는 사회적 기업이 다양한 변화에 대응하지 못하거나 지속가능하는 데 부정적인 영향을 미칠 수 있다(Austin, 2006)는 기존의 연구 결과와 유사한 것으로 나타났다. 이러한 측면에서 보면, 시장 변화의 대응, 새로운 시장 영역의 진출 등을 위한 탐색과 이를 뒷받침할 수 있는 역량을 향상시키려는 노력이 필요하고, 진취성은 이러한 노력이 적극적으로 실천될 때 나타났다.

둘째, 사회적 기업들은 지속적인 성장과 경쟁력을 확보하기 위해 구

성원들의 능력향상과 조직의 역량을 강화하기 위하여 교육·훈련 프로그램을 운영하고 있는 것으로 나타났다. 구성원들의 능력 향상은 시장 진입과 변화에 대한 대응과 직접적으로 관련이 있다(Austin et al., 2006). 사회적 기업이 공익성을 추구한다는 호혜적인 측면을 강조하여 수익활동을 하는 것은 장기적으로 바람직하지 못하고, 일정 수준의 수익을 확보하는 것도 한계가 있다. 때문에 지속적이고 장기적으로 수익활동을 하기 위해서는 일정 수준의 품질이 보장되어야 하며, 이러한 품질은 구성원들의 능력 향상과 조직의 역량 강화를 통해 보장할 수 있다.

"학교 급식사업을 하다 보면, 메뉴나 질에 대한 의견을 현장에서 줍니다. 질보다는 메뉴와 관련된 내용들에 대해서 의견을 주시는 편입니다. 학교 급식도 다양한 메뉴를 확보할 필요가 있습니다. 결식아동지원사업도 마찬가지고. 기본적인 요리에 대해서는 다들 잘하고 있으시고. 새로운 메뉴 개발이나 기존 메뉴의 질적인 향상을 위한 교육훈련 프로그램을 운영하고 있고, 정기적인 교육과 비정기적인 교육을 병행하고 있습니다. 이러한 교육들을 통해서 시장의 변화나 수요에 대응할 수 있는 능력을 조금씩 갖춰가고 있다고 볼 수 있죠."
　　　　　　　　　　　-M 사회적 기업 대표 인터뷰 2011년 9월 28일-

"에너지 저감 설비와 관련된 기술을 가지고 있지만, 실제로 이것을 설치할 수 있는 사람이 없으면 소용이 없거든요. 향후 시장에서의 수요 증가가 예상되는 부분도 있고, 적정가의 에너지 저감 설비를 공급하려는 계획도 있기 때문에 내부적인 역량 강화 차원에서 직원들을 대상으로 교육훈련 프로그램을 운영하고 있습니다. 교육은 건설관련 기술 교육과 전문 기술로 구분해서 하고 있고, 건설영역의 숙련도가 낮은 분들은 기술교육부터 시작하고, 어느 정도 숙련이 되신 분들은 에너지 저감설비 관련 교육을 받습니다. 올해 기본교육은 겨울철과 여름철 반기별로 하고 있고, 에너지 저감 설비 관련해서는 올해 여름에 한라대학교와 WAP 관련 교육을 실시했습니다. 이런 교육을 통해서 개인의 능력을 향상시키고, 조직의 역량 또한 향상시킬 수 있을 것으로 기대합니다. 그리고 교육의 횟수를 더 늘릴 계획은 가지고 있는데 아직 여력이 안 되는 부분이 있고."
-N 사회적 기업 관리자 인터뷰 2011년 10월 6일-

"저희의 주 고객 대상이 마사회와 같은 공공기관들인데, 주로 간식과 도시락을 공급하고 있습니다. 작년 연말에 출장뷔페 요청이 있었는데 저희가 한식은 어느 정도 가능한데, 양식, 일식, 중식은 솔직히 부족한 부분이거든요. 그래서 어쩔 수 없이 거절을 했는데. G 사회적 기업이라는 조직을 안정적으로 유지하고 성장하기 위해서는 시장 영역을 넓혀갈 필요가 있었고, 시장에서의 수요도 있었고 그래서 요리 관련 자격증을 취득할 수 있도록 권장과 지원을 하고 있고, 9월부터 주 2회씩 호텔 주방장을 초청해서 교육 프로그램을 운영할 예정입니다. 어느 정도 숙련이 확보되면 올해 연말부터는 출장뷔페로 처음 시도를 해보려고 준비 중에 있습니다."
-G 사회적 기업 대표 인터뷰 2011년 10월 19일-

<M 사회적 기업>, <N 사회적 기업>, <G 사회적 기업>의 경우에는 조직의 역량을 강화하기 위하여 개인의 전문성을 향상시킬 수 있는 교육 훈련프로그램을 운영하고 있는 것으로 나타났다. 구성원들의 역량을 강화하는 교육·훈련 프로그램은 단순히 구성원 개인의 능력을 향상시키는 것뿐만 아니라 일을 더 잘할 수 있다는 자신감을 갖도록 함으로써 업무에 적극적이고 헌신적인 참여를 기대할 수 있다(Austin et al., 2006). 이를 통한 사회적 기업의 경쟁력 확보는 시장에서의 자원 동원의 기회 확대와 편중된 공공시장의 의존 정도를 낮춤으로써 지속적으로 사회적 목적을 실현할 수 있는 기반을 만들 수 있다. 그리고 이러한 교육·훈련 프로그램의 운영은 사회적 기업만으로는 한계가 있기 때문에 이러한 부분을 지원할 수 있는 제도의 마련 및 운영이 필요할 것으로 보인다.

각 사례의 진취성에 대하여 정리하면 다음 <표 4-9>와 같이 정리할 수 있다.

<표 4-9> 사례 기업의 진취성 특성 비교

구분	D 사회적 기업	M 사회적 기업	N 사회적 기업	Y 사회적 기업	G 사회적 기업	C 사회적 기업	S 사회적 기업
시장변화에 대한 탐색	㊤	㊤	㊤	㊥	㊤	㊥	㊥
시장변화에 대한 대응	㊦	㊥	㊥	㊦	㊥	㊦	㊦
평가자 점수(10점 만점)	6	8	8	5	8	5	5
자기 평가 점수(10점 만점)	5	6	6	4	5	3	3
최종 점수(20점 만점)	11	14	14	9	13	8	8

주: ㊤: 해당 평가지표 항목을 모두 충족.
　　㊥: 해당 평가지표 항목을 일부 충족.
　　㊦: 해당 평가지표 항목을 모두 불충족.

<표 4-9>에서 보는 바와 같이 전체적으로 진취성은 중간 정도의 수준을 보이는 것으로 나타났다. 전체적으로 진취성 정도가 낮은 것은 아직까지는 사회적 기업이 일반 시장에 대한 탐색이나 시장에서 활동할 수 있는 조직역량의 부족과 관련이 있다. 사회적 기업이 새로운 시장영역으로 진출하기 위해서는 일정 수준의 규모와 충분한 역량을 갖추어야 가능하다(Austin et al., 2006). 이러한 측면에서 보면 조직 역량을 향상시키기 위한 꾸준한 노력이 이루어지지 않고 있다는 것은 진취성의 부족으로 나타날 수 있다.

각 사례의 사회적 기업 중에서 <M 사회적 기업>, <N 사회적 기업>, <G 사회적 기업>이 상대적으로 진취성이 높은 것으로 나타났다. 이들 사회적 기업이 진취성이 높게 나타난 공통점은 구성원들의 능력을 향상시킬 수 있는 교육·훈련 프로그램을 실제 운영 중에 있으며, 새로운 시장 변화에 대응하기 위한 단계별 계획을 수립하고 있다. 특히 <N 사회적 기업>의 경우에는 일반 시장영역에서 도입을 하지 못한 신기술을 보유하고 있고, 이를 대중화하기 위한 노력을 하고 있는 것으로 나타났다. <M 사회적 기업>, <G 사회적 기업>의 경우에는 상품의 다양화를 위한 구성원들의 능력을 향상하기 위한 프로그램과 단계별 목표를 달성하기 위하여 노력

하고 있는 것으로 나타났다.

사회적 기업이 활동할 수 있는 시장의 영역은 일반 시장영역이 될 수 있고, 또는 공공시장의 영역이 될 수 있다. 이처럼 현실에서 사회적 기업의 경제 활동은 다양한 양상으로 전개될 수 있다. 그리고 이러한 다양한 시장 영역에 대응하는 과정에서 진취성이 발현될 수 있다. 그러나 이러한 시장변화에 대응하기 위한 일련의 활동은 사회적 기업이 실현하고자 하는 목적과 지향하고자 하는 사회적 가치의 범위 내에서 적극적으로 탐색되어야 하며, 경제적 수익 활동과 사회적 가치 추구가 통합되어 작동할 수 있는 노력이 필요하다.

4. 위험감수성

위험감수성은 새로운 아이디어나 창의적인 대안을 만들어 내거나 실행하는 과정에서 발생할 수 있는 위험에 대해서 인지를 하고 그것을 기꺼이 받아들이려는 성향과 관련이 있다(Kuratko & Hodgetts, 2004). 즉, 혁신성과 진취성의 발현과정에서 존재하는 불확실성 및 기타 수반되는 위험 요소에 대한 인지에도 불구하고 과감하게 진행하려는 성향이라고 할 수 있다. 이러한 위험감수성은 조직의 운영 및 지배구조, 새로운 사업의 확장 등의 측면에서 나타날 수 있다.

〈표 4-10〉 위험감수성과 관련된 인터뷰 질문

구분	질문
위험에 대한 인지	기존과 다른 새로운 시도로 인하여 발생 가능한 위험에 대해 인지를 하고 있었습니까?
인지된 위험의 대응	발생 가능한 위험에 대한 대응 방안이나 계획을 수립하고 있습니까?

첫째, 사회적 기업의 위험감수성은 일반 기업과는 차별적인 조직 운영 및 의사결정 방식의 도입, 새로운 자원 동원 방식, 사회적 목적을 실현하는 과정에서 경제적 가치의 손실 등 다양한 형태의 위험요소에 대해 인지하고 과감하게 실천하는 과정에서 나타나고 있었다. 즉, 새로운 방식의 도입으로 인한 위험요소들이 사회적 기업의 운영을 저해할 수 있음에도 불구하고 새로운 방법의 도입이 사회적 기업의 특성과 역할 수행에 부합하고, 이를 통해 사회에 더 긍정적인 영향을 미친다고 판단하였기 때문에 위험요소를 감수하고 과감하게 실행하고 있었다. 그리고 위험감수성은 사회적 가치 지향성, 혁신성, 진취성과 함께 수반되어 나타나고 있었다.

"사회적 기업의 기본적인 운영방식이 이해관계자들의 참여를 전제로 하고 있기 때문에 의미가 있습니다. 물론 저희도 그런 부분을 실천하려고 노력하고 있고, 운영위원회 등을 통해 참여를 보장하고 있습니다. 이러한 참여를 통해 조직의 투명한 운영, 참여지향적인 운영을 할 수 있습니다만, 하나의 의결과정에서 시간적인 소모가 심한 편입니다. 하나의 의견, 안건 혹은 계획의 결정과정이 너무 소요되는 부분이 비효율적일 수 있습니다. 결정과정까지의 시간은 상당히 소모되지만 일단 결정이 되고 나면, 이해관계자들 모두가 결정한 사항이기 때문에 추진력은 빠른 편입니다. 그리고 의결기간이 길기 때문에 불협화음이 나올 수 있는 부분도 있고."
-D 사회적 기업 관리자 인터뷰 2011년 9월 28일-

"조직의 운영과 관련된 의사결정 및 의견수렴은 외부 이해관계자들의 의견도 중요하지만, 내부 구성원들의 의견이 더 중요하거든요. 그래서 내부 구성원들의 의견교환이 활발해질 수 있도록 개방적이고 자율적인 조직문화를 만들고자 노력하고 있지만, 구성원들의 참여가 미흡합니다. 여전히 회사는 회사, 나는 나라는 식의 의식이 있으셔서 이런 부분은 교육을 통해서 개선하려고 하고 있습니다. 좀 더 개방적이고 자율적인 조직 문화가 형성이 되면 조직에 대한 애착심이나 적극성을 더 기대할 수도 있습니다."
-M 사회적 기업 대표 인터뷰 2011년 9월 28일-

"사회적 기업에 있어 가장 큰 재산은 결국 사람이거든요. 아무리 좋은 기술과 능력을 갖추었다고 하더라도, 사람이 일을 직접적으로 해야 하는 건설업의 특성상 자발적인 참여와 적극성이 필요합니다. 그것이 장기적으로는 회사에 대한 애사심이나 충성도로 이어질 수 있는 부분이고, 아직까지 구성원의 자발적 참여와 기능에 의한 판단이 잘 이루어지지 않는 부분이 있습니다. 그런 부분은 개선하려고 하고 있고, 자발적 참여나 역량은 교육을 통해서 주문을 하는 방법이 가장 좋다고 봅니다."
　　　　　　　　　　　　－N 사회적 기업 관리자 인터뷰 2011년 10월 6일－

　조직운영과 관련된 측면을 살펴보면, <D 사회적 기업>, <M 사회적 기업>, <N 사회적 기업>의 경우에는 다양한 이해관계자들이 의사결정에 참여하고, 그로 인해 효율적이고 신속한 의사결정을 하지 못하는 것에 대해 인지를 하고 있는 것으로 나타났다. 다양한 이해관계자들이 참여하는 의사결정방식은 많은 시간을 소요한다는 측면에서 비효율적일 수 있지만, 참여를 지향하고 현실적으로 안정적인 사업의 진행을 할 수 있기 때문에 과감하게 실현하고 있다. 그리고 다양한 이해관계자들의 참여를 통해 신뢰, 협력 등과 같은 무형적 자산의 형성을 통해 네트워크의 형성과 이를 통한 호혜적 자원 동원의 효과도 기대할 수 있다.

　다음으로 위험감수성은 시장의 변화에 따른 자원 동원의 측면에서도 나타나고 있었다. 시장은 안정적으로 자주재원을 확보할 수 있는 긍정적인 경제영역이지만, 그 만큼 변화가 빠르기 때문에 미리 위험을 인지하고 적절하게 대응하지 못할 경우 원활한 자원 동원의 제약으로 작용할 수 있다.

"꾸준한 매출이 증가하면서 안정적인 조직의 운영단계로 접어들고는 있는데, 위탁사업을 하면서 그 증가율이 둔화되는 형태입니다. 위탁사업이 지속적으로 유지가 되면 괜찮은데, 기간에 따른 계약이기 때문에 이러한 부분이 다소 위험요소로 작용할 수 있습니다. 일반 시장에서의 매출을 증가하기 위하여 설비나 장비 구입 등을 위해 대출을 받기 위해 노력하고 있

고, 이러한 부분에 대해서는 직원들도 일정 정도의 위험을 공유하고 있습
니다."

-D 사회적 기업 관리자 인터뷰 2011년 9월 28일-

"사회적 기업이 활동하는 시장에서 위험은 언제나 존재합니다. 그리고 저
희처럼 도시락사업을 하는 경우에는 정말 치열합니다. 매출 대상에 대한
다변화 및 다양화가 필요한 시점이 지났는데도 불구하고 아직 그 부분을
해소하지 못하고 특정 일부 메뉴에만 집중해왔습니다. 새로운 시장 진입에
소위 브레이크가 걸리는 거죠. 그래서 다양한 소비 욕구에 부응할 수 있도
록 요리 교육을 통해 그런 부분을 해소하고자 노력하고 있고, 이를 통해
창의적인 상품을 개발하려고 시도 중에 있습니다. 저희같이 일반 시장에서
경쟁하는 사회적 기업은 결국 신뢰와 제품의 품질로 경쟁하지 않으면 안
됩니다."

-G 사회적 기업 대표 인터뷰 2011년 10월 19일-

<D 사회적 기업>은 공공시장에서의 재계약과 관련된 위험을 인지
하고 있으며, 이러한 위험에 대응하기 위하여 일반 시장의 진출을 적
극적으로 보색하고 있는 것으로 나타났으며, <G 사회적 기업>의 경
우에는 기존 시장(도시락사업)에서의 한계를 극복하기 위하여, 새로운
시장영역으로의 진출을 위하여 제품의 품질 향상을 꾀하고 있으며, 이
는 구성원의 능력 향상과 조직의 역량 향상을 통해 해결해 나가고 있
었다. 특히, 사회적 기업들은 일반 시장영역에서의 자원 동원과 관련된
고민 속에서도 일반 벤처기업처럼 '고위험 고수익'의 공식을 실현하기
위한 노력보다는 '저위험 안정적 수익'에 대한 고민을 하고 있는 것으
로 나타났다.

"시장에서의 수익에 대한 고민을 많이 합니다. 동종의 다른 업체와 비교하
면 저희는 영세하고, 경제적인 안정성과 관련된 부분이 중요합니다. 그래
서 관련 사업에 대한 확장이나 진출에 대해서 최소한 3가지 대안을 가지
고 그중에서 실패 확률이 가장 낮으면서 안정적으로 수익을 창출할 수 있는

방법을 최종안으로 선택을 합니다. 일반 벤처처럼 위험 정도가 높은데도 고수익을 위한 활동이 잘되면 좋은데, 그렇지 않으면 저희가 없어질 수 있거든요. 그래서 수익적인 측면에서는 위험이 적고 안정적인 방향으로 수익을 확보할 수 있는 방향으로 진행을 합니다. 그래야지 구성원들이 여기에서 계속해서 활동할 수 있고, 저희가 목표하는 바도 달성할 수 있고.”
-D 사회적 기업 관리자 인터뷰 2011년 9월 28일-

“저희는 시장영역에 진출하더라도 충분히 검토하고 무리하게 진출해서 수익을 확보하려고 하지는 않습니다. 저희가 어느 정도 준비가 되고 가능성이 있다고 판단했을 때 시작을 하고 있고. 그렇지 않으면 저희가 생각했던 것 하려고 했던 것을 더 이상 하지 못하게 되고, 여기 계신 분들은 또 다른 곳으로 가거나 실업자가 되시거든요. 그리고 우선적인 목표가 수익창출이 아니라 사회적 목적의 실현이기 때문에 저희가 안정적으로 운영될 정도만 유지를 한다면 그런 부분은 실현이 가능한 부분이라고 봅니다.”
-G 사회적 기업 대표 인터뷰 2011년 10월 19일-

<D 사회적 기업>, <G 사회적 기업>에서 볼 수 있듯이 안정적 수익의 창출은 현재 고용되고 있는 취약계층의 일자리 보장은 물론 지역사회의 역할을 충실하게 이행할 수 있다고 판단하고 있으며, 경제적 수익보다는 사회적 목적, 사회적 가치에 더 중점을 두는 것이 사회적 기업의 역할이라고 생각하고 있었다.

둘째, 사회적 기업은 일반기업과 다른 방식을 적용하고 그것을 실현하는 과정에서 나타날 수 있는 위험요인, 불확실성에 대해 대응할 수 있는 전략들을 수립하고 있는 것으로 나타났다. 이러한 부정적인 측면을 인지하지 못한 상태에서 효과를 거둔다는 것은 운영을 통한 효과이기보다는 '운' 혹은 '우연'으로 일회성적인 결과라고 볼 수 있다. 지속적이고 안정적인 운영과 발생 가능한 위험에 대한 피해를 최소화하기 위해 사회적 기업들은 대응할 수 있는 방안이나 계획을 수립하고 있는 것으로 나타났다.

"저희는 위험적인 부분을 최소화하려고 하고, 운영적인 측면에서는 일단 정보를 다 공개를 합니다. 투명하게 그리고 구성원들과도 이러한 부분에 대해서 공개를 하고 공유를 합니다. 그리고 구성원들의 참여가 갖는 의미와 구성원들의 역할에 대한 중요성을 강조하는 인성교육을 통해서 해결하려고 합니다. 자원동 원과 관련해서는 위탁사업에 대한 위험(계약연장)에 대해서 구성원들도 이미 인지를 하고 있고, 재계약이 되지 않을 경우를 대비하여 거리 청소나 청소구역 확보를 위한 계획을 수립하여 추진하고 있습니다. 그리고 구성원들도 어느 정도의 가능성을 알기 때문에 더 열심히 해주시는 편입니다."

-D 사회적 기업 관리자 인터뷰 2011년 9월 28일-

"저희에게 위험은 시장에서 안정적으로 자원을 동원할 수 있느냐와 관련된 부분이라고 할 수 있습니다. 일단 도시락사업 영역이 너무 경쟁적이기 때문에 일반 업체들도 그만두는 형편이거든요. 어쩌면 저희에게 이러한 부분은 기회로 작용할 수 있지만, 점점 거대화된 업체가 나타날 수 있다는 부분은 저희한테는 위험이죠. 그리고 저희 역시 위탁사업에 대한 비중이 너무 크기 때문에 이러한 부분을 좀 줄이고 일반 시장에서의 자원 확보하는 것이 필요합니다. 그래서 새로운 시장 영역으로 진출하기 위해 일단 구성원들의 개인 능력 향상을 통한 조직 역량을 강화할 수 있는 계획을 수립하고 있고, 단계별로 어느 영역에 진출할 수 있는지에 대한 계획을 수립하고 있습니다."

-G 사회적 기업 대표 인터뷰 2011년 10월 19일-

<D 사회적 기업>, <G 사회적 기업>의 경우 현재 위탁사업이라는 공공시장의 영역에 편중된 자원 동원과 관련된 위험에 대비하기 위하여 대안적인 사업을 모색하고 있는 것으로 나타났다. 특히 <G 사회적 기업>의 경우에는 새로운 시장영역으로의 진출을 위하여 구성원들의 능력 향상을 위하여 노력을 하고 있는 것으로 나타났다. 이렇듯 위험 요인에 대한 인지와 대비를 위한 노력과 전략의 수립을 통해 위험의 정도를 최소화하고 있다.

각 사례의 위험감수성에 대해 정리하면 다음 <표 4-11>과 같이
정리할 수 있다.

〈표 4-11〉 사례 기업의 위험감수성 특성 비교

구분	D 사회적 기업	M 사회적 기업	N 사회적 기업	Y 사회적 기업	G 사회적 기업	C 사회적 기업	S 사회적 기업
위험에 대한 인지	㊤	㊥	㊥	㊥	㊤	㊥	㊥
위험에 대한 대응	㊥	㊥	㊦	㊦	㊥	㊦	㊦
평가자 점수(10점 만점)	8	6	5	5	8	5	5
자기 평가 점수(10점 만점)	8	6	4	3	6	3	3
최종 점수(20점 만점)	16	12	9	8	14	8	8

주: ㊤: 해당 평가지표 항목을 모두 충족.
　　㊥: 해당 평가지표 항목을 일부 충족.
　　㊦: 해당 평가지표 항목을 모두 불충족.

<표 4-11>에서 보는 바와 같이 전체적인 위험감수성은 중간 정도
수준인 것으로 나타났다. 이 중에서 <D 사회적 기업>, <M 사회적
기업>, <G 사회적 기업>의 경우 위험감수성의 정도가 높은 것으로
나타났는데, 해당 사회적 기업이 직면할 수 있는 위험에 대해서 인지
를 하고 있으며, 그 위험에 대비할 수 있는 노력과 대응 방안의 마련
등과 같은 공통점이 있다. 전체적으로 위험감수성은 중간 정도의 수준
에 머물고 있는 것으로 나타났다. 사회적 기업이 직면하고 있는 위험
은 활동 영역과 업종에 따라 다양하게 나타날 수 있다. 그리고 이러한
위험에 대한 인지를 하고 위험을 극복할 수 있는 노력과 대응을 한다
는 것은 사회적 기업의 안정성과 지속가능성을 확보하기 위한 스스로
의 노력이라고 할 수 있다.

5. 논의 종합

　이상의 논의를 중심으로 각 사회적 기업의 사회적 기업가정신의 특성을 종합·비교하면 다음 <그림 4-1>과 같다. 사회적 기업가정신의 이상형은 다이아몬드형이라고 할 수 있으며, 사회적 가치 지향성, 혁신성, 진취성, 위험감수성의 각 요인들이 안정적이고 균형을 형성할 때, 이러한 이상형의 형태가 나타난다.

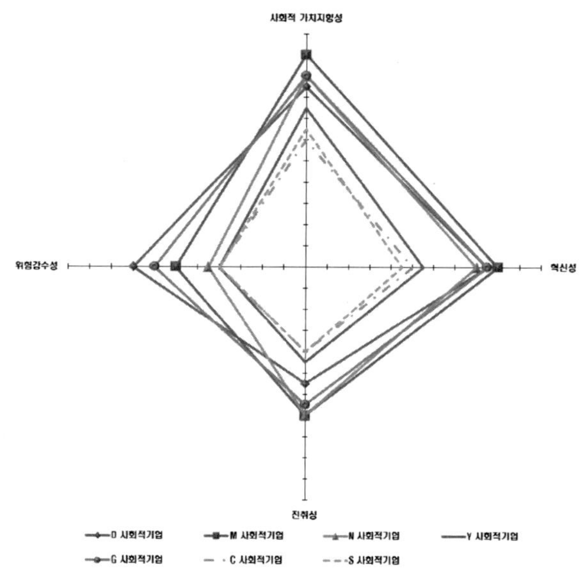

〈그림 4-1〉 사례 기업의 사회적 기업가정신 특성 비교

　<그림 4-1>에서 보는 바와 같이 사회적 기업가정신은 사회적 기업마다 획일적으로 발현되기보다는 활동영역과 목적, 설립 배경에 따라 다르게 나타나고 있다. 이것은 사회적 기업가정신을 구성하는 각 구성요인들의 발현 정도가 사회적 기업마다 다르다는 것을 의미한다. 각

사례의 구성요인들을 종합적으로 살펴보면, 사회적 가치 지향성과 혁신성은 높게 나타나고 있는 반면에 진취성과 위험감수성은 낮게 나타나고 있다. 이론적으로 사회적 기업가정신을 구성하는 사회적 가치 지향성, 혁신성, 진취성, 위험감수성은 상호 유기적으로 연계되어 작동할 때, 더 큰 시너지 효과를 낼 수 있다. 그리고 이러한 사회적 기업가정신은 사회적 기업의 운영과정에서 발현되어 사회적 기업의 성과와 목적 달성에 영향을 미친다. 그러나 사회적 기업가정신의 특성 분석 결과 각 구성요인들 간 편차가 크고, 전체적인 구성 형태가 안정과 균형을 이루고 있다고 보기 어렵다.

각 사례들을 종합하여 사회적 가치 지향성, 혁신성, 진취성, 위험감수성의 요인들을 중심으로 사회적 기업가정신의 특성을 정리하면 다음과 같다.

첫째, 일반 기업에 있어 수익 창출이 가장 우선적으로 고려되는 것처럼 사회적 기업에 있어서는 사회적 가치를 지향하는 것이 중요하고, 이것이 주된 목적이라고 할 수 있다(Dees, 1998; Mort et al., 2003). 이러한 사회적 목적은 사회적 기업 설립의 주요한 동기로 작용하는 것으로 나타났다. 특히, 지역의 시민단체와 네트워크에서 공감대가 형성되어 오랫동안 해당 분야에서의 방안 모색의 과정을 거친 결과로 설립된 사회적 기업이 상대적으로 더 높은 사회적 가치 지향성을 보여주고 있다. 이러한 측면에서 보면, 사회적 기업은 지역사회의 요구에 의해 설립된다고 할 수 있으며, 지역사회에서 다양한 이해관계자들의 참여와 충분한 논의, 그리고 인큐베이팅 기간을 거쳐 설립된 사회적 기업일수록 높은 사회적 가치 지향성을 보이고, 사회적 목적을 실현하는 데 더 적극적인 것으로 나타났다. 그리고 이러한 사회적 가치 지향성에 바탕을 둔 활동에 대한 구체적인 의미를 조직 구성원들이 인지를 하게 되면, 직무 몰입 및 만족, 조직에 대한 신뢰를 이끌어낼 수 있으며, 구성원들의 결속감 증대와 자발적 헌신까지 기대할 수 있다는 기존 연구(Tasi & Ghoshal, 1998; Martin & Thompson, 2010)와 유사한 결과를 보여주고 있다. 뿐만 아니라 대외적으로 사회적 가치를 지향하는 일련의 활동들은 지역사회의 신뢰와 지지를 얻을 수 있고, 이를 통해 사회적 기업에 필요한 자원 동원의 기회로 작동될 수 있다. 결과적으로 사회적 가치 지향성은 사회적 기업의 활동과 관련된 기준으로 작동되고 있을 뿐만 아니라 다양한 이해관계자들과 소통하고 가치를 확장시키는 기회를 제공하며, 이를 통해 사회적 기업이 추구하고자 하는 목적들을 실현할 수 있다.

둘째, 사회적 기업의 혁신성은 크게 조직 운영과 자원 동원의 측면에서 나타나고 있다. 특히 혁신성이 높은 사회적 기업의 경우에는 다양한 이해관계자들의 참여를 지향하는 조직운영 및 의사결정 방식을 채택하고 있으며, 다양한 제 경제영역으로부터의 자원 동원과 자주적인 자원의 확보를 위한 끊임없는 노력을 하고 있다는 공통점을 가지고 있다. 실제로 사회적 기업은 이해관계자들을 내부에 참여시킴으로써 사회적 기업의 목적과 수단을 동시에 추구하려는 노력을 하고 있다. 특히, 내부 구성원들의 조직운영과 의사결정 과정의 참여는 구성원들의 일체감을 제공하고 조직에 대한 충성도를 높일 수 있다. 이를 통해 조직의 내부적인 체계 안정성을 증진시키면서 조직구성원들의 행위를 지도하고 형성시키는 조직 문화의 형성에도 기여할 수 있다.

자원 동원의 측면에서 보면 각 사례의 사회적 기업들도 유럽의 노동통합 사회적 기업과 유사한 자원 혼합의 형태를 보이고 있는 것으로 나타났다. 특히, 전체적인 매출규모가 크고, 지속가능성 정도가 높은 경우, 공통적으로 지방정부의 위탁사업에 대한 의존도가 높은 것으로 나타났다. 공공시장으로부터의 자원을 동원하기 위하여 위탁사업을 수행하는 것은 단기적으로 자주적인 재원을 확보할 수 있는 기회적인 부분이라고 할 수 있고, 사회적 가치의 실현과 확장을 위한 하나의 통로 역할을 한다. 그러나 공공시장의 위탁사업과 관련해서 사회적 기업에게 지속적이고 안정적인 자원으로서의 역할을 기대할 수 있는지에 대해서는 위탁사업에 대한 제도적인 측면을 종합적으로 고려하여 살펴볼 필요가 있다.

셋째, 진취성은 시장의 변화에 대응하고 조직의 역량을 강화하려는 사회적 기업의 일련의 활동을 통해 나타나고 있었다. 사회적 기업이 활동할 수 있는 시장의 영역은 일반 시장영역이 될 수 있고, 공공시장의 영역이 될 수도 있다. 실제로 사회적 기업의 경제 활동 영역은 다양한 양상으로 전개될 수 있다. 그리고 이러한 시장은 다양하고 역동적으로 변화할 수 있는데, 이러한 시장의 변화에 대응하는 과정에서 진취성이 발휘되고 있었다. 특히, 시장의 변화에 대한 대응과 단계별 계획의 수립을 통해 적극적으로 대응하고 이를 뒷받침할 수 있는 조직의 역량을 강화할 수 있는 노력을 병행함으로써 지속가능한 사회적 기업의 형성에 기여한다. 그러나 실제로 각 사회적 기업의 진취성 정도는 전체적으로 사회적 가치 지향성이나 혁신성에 비해 낮은 것으로 나타났는데, 이는 일반 시장의 개척이 미흡함을 보여주는 것이다. 시장 변화에 대응하기 위해 단계별 계획을 수립하고 조직 역량을 강화시킬 수 있는 교육·훈련 프로그램을 운영하고 있지만 아직까지는 일반 시장에 진입할 수 있을 정도로 충분하지 못하다고 보인다. 그래서 사회적 기업들은 일반 시장보다는 보호된 공공시장의 영역으로 진출을 하려는 성향이 강하게 나타나고, 실제로 공공시장의 영역에서의 매출액이 전체 매출액의 최대 80% 이상을 차지하고 있다. 장기적으로 보면, 공공시장의 영역은 한정된 영역이고 일정 기간이 정해져 있기 때문에 지속적이고 안정적인 자원을 동원하기 위해서는 일반 시장의 진출은 불가피하다. 따라서 시장변화에 대응하기 위한 지속적인 탐색과 진출 가능한 일반 시장영역 개척, 조직 역량의 강화를 통해 일반 시장영역을 조금씩 확보해가기 위한 노력이 필요하다.

　마지막으로 위험감수성은 사회적 가치 지향성과 혁신성, 진취성의 추구로 인하여 발생 가능한 위험 부분에 대한 인지와 관련 대응 방안 마련과 관련된다. 사회적 기업의 조직운영방식 및 의사결정방식의 측면에서 발생 가능한 위험은 통제가 불가능한 위험의 성격보다는 적합하고 계산된 위험에 가깝다. 그리고 이러한 부분에 대해서는 조직 구성원들의 합의와 동의를 통해 도입된 부분이기 때문에 관리가 가능한 부분으로 보인다. 그러나 자원 동원의 측면, 특히, 공공시장 영역에서의 안정적이지 못한 자원 동원과 일반 시장에서의 역량 부족으로 인한 불확실한 진출가능성 등으로 인하여 위험에 대해 적극적으로 대응하지 못하고 있는 것으로 나타났다. 위험감수성과 관련해서 사회적 기업들은 항상 시장 변화를 분석하고 변화에 주의를 기울이는 것이 필요하며, 위험에 대비할 수 있는 조직의 역량을 갖추어 나가는 노력이 필요하다.

　이상의 논의를 종합하면, 사회적 기업가정신은 구성요인들의 상호 유기적인 관계에 의해 작동될 때, 높은 사회적 기업가정신을 기대할 수 있다. 그러나 실제로는 각 구성요인들이 상호 유기적으로 작동하지 못하고 있다. 특히, 사회적 가치 지향성은 높지만, 경영능력 및 위기관리 능력과 관련된 진취성과 위험감수성은 낮게 나타났다. 사회적 기업가의 활동 이력과 연관 지어 살펴보면, 각 사례의 운영자 및 대표들은 환경운동, 시민운동, 예술활동 등의 이력을 가지고 있는 비전문 경영인력이다. 그래서 높은 사회적 가치 지향성을 뒷받침할 수 있는 기업가적인 역량이 부족할 수 있다. 결론적으로 사회적 기업가정신을 함양하기 위해서는 사회적 가치 지향성뿐만 아니라 진취성, 위험감수성과 같은 기업가적 역량을 배양할 수 있는 환경과 기회의 제공이 필요하다.

제3절 사회적 기업의 지속가능성 특성

기업의 존재 이유는 이익창출이라고 할 수 있다. 그래서 항상 이익을 내고 성장과 발전을 거듭해야 하고, 지속적으로 이윤을 창출하기 위하여 끊임없이 변화에 적응하며, 생존과 성장을 위해 노력하고 있다(지속가능성발전기업협의회, 2011). 이러한 측면에서 볼 때, 사회적 기업은 사회적 목적의 달성과 경제적 목표 달성을 위하여 끊임없는 환경의 변화에 적응하며, 성장과 발전을 거듭해야 지속가능할 수 있다. 그렇다면 사회적 기업의 지속가능성에 대해서 살펴보고, 그 특성들을 도출해내기로 한다.

1. 사회적 목적 달성

사회적 기업은 다양한 영역에서의 활동을 토대로 다양한 사회적 목적을 실현하고 있다. 환경 영역에서 활동하는 사회적 기업의 경우에는 환경오염과 관련된 사회적 목적을, 교육 영역에서 활동하는 사회적 기업의 경우에는 교육과 관련된 목적을 실현하기 위하여 노력하고 있다. 사회적 기업들은 다양한 목적을 실현하고 있지만, 공통적으로 사회 취약계층의 고용, 사회적 목적의 재투자, 이해관계자의 참여와 같은 공통적인 부분을 통해 사회적 목적의 달성 정도를 파악할 수 있다. Defourny(2001)에 의하면 사회적 기업은 사회 취약계층의 고용과 사회 서비스 제공, 사회적 목적의 재투자를 통해 지역사회를 이롭게 한다고 보고 있다. 그리고 이상의 부분은 사회적 기업이 달성해야 할 최소한의 목표라고 부연하고 있다. 이 책에서도 사회 취약계층의 고용과 사회 서비스 제공, 사회적 목적의 재투자의 측면에서 사회적 목적의 달성 정도가 충분하게 이루어지고 있는지에 대해서 살펴보았다.

<표 4-12> 사회적 가치와 관련된 인터뷰 질문

구분	질문
사회 취약계층 고용 및 사회 서비스 제공	사회 취약계층에 대한 일자리 제공이나 사회 서비스 제공은 잘 실현되고 있습니까? 사회적 기업 인건비 지원이 종료되어도 현재 고용인원의 유지 여부에 대한 계획이 있습니까?
사회적 목적의 재투자	사회적 목적에 재투자를 하고 있습니까? 사회적 목적은 어떠한 형태로 이루어지고 있습니까? 사회적 목적 재투자의 비중은 어느 정도 됩니까?

첫째, 각 사례의 사회적 기업들은 사회 취약계층에게 일자리와 사회 서비스의 제공을 통해 사회적 목적을 달성하고 있는 것으로 나타났다. 사회적 기업의 유형에 따라 사회 취약계층에 대한 일자리 제공과 사회 서비스 제공의 비율은 다르게 적용될 수 있지만, 공통적으로 취약계층에 대한 일자리를 제공하고 있는 것으로 나타났다.

"저희는 기본적으로 사회적 목적의 실현을 위해서 사회 취약계층을 고용하고 있습니다. 일단 저희가 가지고 있는 역량 범위 내에서 고용을 하고 있는데, 현재 19명을 고용하고 있고, 포함하면 전체 고용인원이 43명인데, 본 소만 고려하면 2명을 제외하고 16분 정도가 사회 취약계층인데 주로 고령자분들이시죠."

-D 사회적 기업 관리자 인터뷰 2011년 9월 28일-

"저희는 일단 혼합형으로 분류가 되어 있고요. 그래서 취약계층의 고용과 사회 서비스 제공 둘 다 제공하고 있습니다. 저희가 현재 16명의 직원인데 총 9명이사회 취약계층인데 경력단절 여성분, 기초생활 수급계층으로 구성되어 있습니다."

-M 사회적 기업 대표 인터뷰 2011년 9월 28일-

"저희의 경우에는 일자리 제공형으로 등록이 되어 있습니다. 일단 전체 고용인원이 10명인데 그중에서 7명 정도가 장기미취업자, 장애인, 고령자 등의 사회 취약계층입니다.

-N 사회적 기업 관리자 인터뷰 2011년 10월 6일-

"저희가 농산물판매뿐만 아니라 농촌 체험 등의 프로그램을 운영하고 있기 때문에 사업부서가 많습니다. 각 사업부서에 맞게 인력을 배치하다 보니까 인원수가 좀 많아요. 전체 고용인원이 15명인데 그중에서 13명 정도가 장기 미취업자, 고령자 등과 같은 사회 취약계층들입니다. 현재 이 13명분에 해당하는 사회적 기업의 인건비를 지원받고 있습니다."

-Y 사회적 기업 대표 인터뷰 2011년 10월 6일-

"저희의 경우에는 사회 취약계층의 고용과 사회 서비스를 제공하는 혼합형 형태로 등록이 되어 있습니다. 현재 저희 직원 수가 총 11명이고 그중에서 6명이 한 부모 가정, 기초생활 수급계층 등과 같은 사회 취약계층입니다.

-G 사회적 기업 대표 인터뷰 2011년 10월 19일-

"여기서 근무하는 사람이 총 8명인데, 그중 6명이 사회적 기업 인건비를 지원받습니다. 고령자분들이 대부분이고, 경력단절 여성분 이렇게 채용하고 있습니다.

-S 사회적 기업 대표 인터뷰 2011년 10월 19일-

"저희는 직원이 7명인데 그중에서 5명이 고령자입니다. 농촌에서 나이 든 사람들만 있으니 사람을 구해도 다 고령자일 수밖에 없는 것이고, 직원을 고용하는데 고령자들을 우선적으로 고려해서 채용했습니다."

-C 사회적 기업 대표 인터뷰 2011년 10월 19일-

실제 사회적 기업들은 고령자, 경력단절 여성, 장애인, 장기미취업자 등과 같은 사회 취약계층들을 고용하고 있었다. 이러한 계층들에게 근로활동의 기회를 제공함으로써 성취감과 경제적 소득향상, 자신감 회복 등의 기회를 제공하고 있었다. 이러한 사회 취약계층에 대한 일자리 제공은 사회적 가치 지향성의 실천적인 차원에서 이루어지는 것이라고 할 수 있으며, 이를 통해 기본적인 사회적 기업의 목적을 실현하고 있다고 볼 수 있다.

사회 취약계층에게 단순히 일자리를 제공하는 것도 중요하지만 그에 못지않게 중요한 것이 일자리에 대한 지속성 측면이다. 일자리에 대한 지속성이 보장되지 않는다면, 구성원들에게 조직 몰입과 만족을 이끌어낼 수 없으며, 궁극적으로는 사회적 기업의 생산성과 실천력을 기대하기 어렵다. 고용의 지속성과 관련해서는 각 사회적 기업들이 고용된 구성원들의 일자리를 보장해주려고 노력하고 있는 것으로 나타났다. 그리고 지속적으로 일자리를 제공하는 것이 일자리 제공보다 더 중요함을 인지하고 있었다.

"현재 고용되신 분들은 처음부터 저희와 함께 하신 분들이고, 정규직으로 채용하고 있습니다. 임금수준은 초임 월 100만 원부터 시작해서 매년 10만 원 정도 인상이 되고 있습니다. 위탁업소 포함해서 전체 42명에 대한 정규직 평균 임금액은 160만 원 정도 되고, 본 소만 적용했을 경우 평균 140만 원 정도 됩니다. 지역에서 민간 영역의 업체와 비교하면 10%~15% 정도 낮다고 보시면 될 것 같고. 주 5일 근무라는 측면, 정시 출근·퇴근이라는 측면, 그리고 내 회사를 키워가고 있다고 생각하시기 때문에 전반적으로 임금 수준은 만족하시는 편입니다. 그리고 지원금이 종료되더라도 증원은 없더라도 현재 고용된 분들의 수준은 유지를 할 계획이 있습니다. 현재 직원분들이 D 사회적 기업을 다 키우신 거나 마찬가지거든요."
-D 사회적 기업 관리자 인터뷰 2011년 9월 28일-

"저희는 기본적으로 정규직이라는 형식으로 고용을 하고 있지는 않지만 일자리에 대해서는 보장을 해드리고 있습니다. 평균 월 급여는 120만 원 정도고, 매년 10% 정도 인상을 해드리고 있습니다. 지역의 유사업종과 비교해보면, 적은 편은 아니고 그렇다고 많은 편도 아닙니다. 하지만 주 5일 근무에 정시 퇴근이니까 시간적으로 안정적이고, 퇴근 이후의 시간을 여유롭게 사용할 수 있고, 사회보험적인 부분도 해결이 된다는 측면을 보면 부

족하지는 않습니다. 저희가 단계별 목표를 달성하고 5년 후에는 자립할
계획인데 그렇게 되면 현재 고용된 분들은 유지가 되죠. 더 인원을 증원할
수 있을 것이고.”
–M 사회적 기업 대표 인터뷰 2011년 9월 28일–

“다 정규직으로 채용하고 있고, 안정적으로 일자리를 보장해드리려고 노력
을 하죠. 아무래도 사람이 자주 바뀌면 교육시키고, 적응시키고, 여러 가지
측면에서 부정적인 부분이 많거든요. 임금 수준은 일반 기업과 비교하면
낮죠. 적게는 10%, 많게는 20% 정도 낮죠. 신입 기준 월 120만 원 정
도 지급하고 있습니다. 경력이나 전문성이 있는 분들은 더 지급이 되고.
인건비가 아직까지는 낮다 보니까 전문인력을 확보하는 데 어려움이 많죠.
고민인 것이 이분들은 계속 저희가 유지를 해드려야 하는데, 일단 사회적
기업 지원금이 중단이 되면 힘들죠. 상황이 더 나아지면 이런 고민을 안
하죠. 하지만 기본적으로는 현재 고용된 분들을 유지하는 방향입니다.”
–N 사회적 기업 관리자 인터뷰 2011년 10월 6일–

“안정적으로 일자리를 보장해주고 있고, 임금 수준은 아직 많이 부족합니
다. 사회적 일자리 사업으로 지원되는 인건비만 지급하고 있는 상태구요.
다들 운영 상태나 상황에 대해서 다 알고 있으니까 경제적인 부분에 대해
서는 각자 구성원들이 어느 정도 희생을 하고 있다고 봐야죠. 지금은 어렵
지만 사정이 나아지면 인건비를 더 지급해줄 수 있는 것이니까요. 고용의
지속적인 부분과 관련해서는 구성원들 스스로가 헌신을 하고 있고, 더불어
사는 것인데, 지원금이 중단되면 어렵긴 하지만 지금까지 같이 고생한 사
람들은 최소한 유지하려고 노력은 해야죠.”
–Y 사회적 기업 관리자 대표 2011년 10월 6일–

“다들 정규직 직원이시고, 일반 업체와 유사한 정도로 임금이 지급됩니다.
신입되시는 분들은 110만 원부터 시작을 하고. 평균적으로 150만 원 정
도 임금을 받고 계세요. 그리고 초과 근무나 휴일에 근무를 하시게 되면
수당도 지급이 되고 있습니다. 지원금 중단이 되도 현재 위탁사업과 시장
에서 꾸준히 매출이 유지되면 저희는 뭐 크게 어려움 없이 현재 고용된
분들을 그대로 유지할 수 있습니다. 사람이 더 필요해서 채용을 하려고 해
도 사람이 없습니다. 그게 또 다른 고민이죠.”
–G 사회적 기업 대표 인터뷰 2011년 10월 19일–

Ⅳ. 사회적 기업의 사례 분석　163

"정규직의 개념보다는 상근직의 개념이라고 보시면 되고, 일자리는 보장을
하고 있습니다. 대신에 임금 수준이 좋은 편은 아니에요. 지금 지원받은
인건비 금액만큼 인건비로 지급이 되고 있고. 지금은 지원이 되고 있으니
까 큰 문제는 없는데, 지원 종료되면 아무래도 고민이 되는 부분이죠."
-S 사회적 기업 대표 인터뷰 2011년 10월 19일-

"지금 채용된 인원은 7명인데, 실제로 인건비를 받아야 할 사람들은 조합
원 전부거든요. 지원되는 인건비에 한해서만 임금으로 지급하고 있는데,
이 부분도 앞으로는 다들 똑같이 고생하는 마을 사람들에게 똑같이 분배를
했으면 하는 바람이죠. 가능하면 현재 고용된 인력뿐만 아니라 마을 사람들
중 일할 수 있는 사람들은 다 직원으로 채용을 할 계획은 있습니다. 물론
이러한 계획을 실천하기 위해서는 그만큼의 수익이 늘어야 가능한 부분이
고. 그래서 수익을 늘릴 수 있는 고민도 하고 방법도 모색하고 합니다."
-C 사회적 기업 대표 인터뷰 2011년 10월 19일-

　고용의 지속성 측면에서 각 사례의 사회적 기업은 일자리 창출보다
일자리 제공이 더 중요함에 대해서 인지를 하고 있었다. 그래서 인건
비 지원이 중단되더라도 최소한 현재 고용된 구성원들은 보상을 하려
는 계획을 가지고 있는 경우가 대부분이었고, 인건비 지원의 중단에
대한 우려를 표명하는 기업도 있었다. 이것은 정부의 인건비 지원에
대한 의존 정도가 높고, 자주적으로 수익활동을 할 수 있는 역량을 충
분히 갖추지 못함으로 인한 결과라고 할 수 있다.
　지급되는 인건비의 수준은 사회적 기업의 매출규모, 수준, 활동 영역
에 따라 차이가 있기는 하지만, 매년 일정비율로 인건비 상승이 이루어
지고 있었다. 그러나 현실적인 차원에서 인건비 인상이 불가피한 경우
도 있는데, <Y 사회적 기업>, <S 사회적 기업>, <C 사회적 기업>
의 경우에는 사회적 기업 인건비 지원 금액으로 인건비를 충당하고 있
었다. 최소한의 인건비 외에 추가적인 인건비의 지급이 불가능한 배경
에는 매출활동이 정상궤도에 진입하지 못한 것과 관련이 있을 수 있으

며, 이는 수익활동의 개선과 정상화를 통해 인건비 상승이 이루어질
수 있을 것이다.

사회적 기업은 취약계층에게 일자리 제공뿐만 아니라 사회 서비스
제공을 통해 사회적 목적을 실현하고 있었다. <M 사회적 기업>과
<G 사회적 기업>의 경우에는 저소득층 결식아동에게 도시락 서비스
를 제공하고 있고, <N 사회적 기업>의 경우에는 저소득층을 대상으
로 주거환경개선 서비스를 제공하고 있는 것으로 나타났다.

> "저희가 혼합형이다 보니까 취약계층에 대한 일자리 제공뿐만 아니라 사
> 회 서비스도 제공을 합니다. 저희는 주로 저소득층 결식아동을 대상으로
> 도시락 제공 서비스를 하고 있고, 2008년도에는 60명으로 시작해서
> 2011년 9월 말 현재 670명에게 도시락을 제공하고 있습니다."
> —M 사회적 기업 대표 인터뷰 2011년 9월 28일—

> "취약계층 고용 외에 저희 사업의 대부분을 차지하는 것이 결식아동급식
> 사업입니다. 저희가 2008년도 시작할 때 400명을 대상으로 제공했고,
> 2011년 9월 말 현재 1,560명 정도 아동들에게 도시락을 제공하고 있습
> 니다."
> —G 사회적 기업 대표 인터뷰 2011년 10월 19일—

> "저희의 사업은 크게 일반 영역의 사업과 공공 영역에서의 사업으로 구분
> 되는데요. 공공 영역의 사업은 대부분이 저소득층 주거환경 개선사업입니
> 다. 일종의 주거환경 개선 서비스를 제공한다고 보시면 될 것 같고. 2008
> 년부터 매년 100가구 이상 주거환경 개선 서비스를 제공하고 있습니다."
> —N 사회적 기업 관리자 인터뷰 2011년 10월 6일—

사회적 기업은 소위 취약계층을 위한 직업적·사회적 통합과 사회
서비스 제공이라는 형태로 사회적 목적을 실현하고 있는 것으로 나타
났다. 이것은 사회적 기업의 설립 목적을 따르게 되며, 이것은 지역사
회의 요구와 강한 관련성을 갖고 있다. 왜냐하면 사회적 기업의 사명

은 지역사회의 욕구가 반영되어 실천하려는 노력과 지역사회에 공헌하기 위한 의도에 의해 지배된다고 볼 수 있기 때문이다.

둘째, 사회적 기업은 이익의 대부분을 사회적 목적에 재투자하는 것으로 나타났다. 이러한 사회적 목적에 대한 재투자는 지역에서 사회적 기업이 탄생하는 데 지원을 하고 있으며, 다른 사회적 기업과의 연대 기금 조성을 통해 지역사회에서 사회적 기업이 활동할 수 있는 기반 형성에 기여하고 있는 것으로 나타났다.

"기본적으로 사회적 기업은 발생한 수익에 대해서 재투자를 하도록 되어 있습니다. 굳이 이런 규범적인 측면이 아니라도 저희가 고생하면서 지역의 도움을 받았기 때문에 조금이나마 지역에 환원하려고 노력합니다. 발생한 수익에 대해서는 크게 두 가지 측면에서 이루어지고 있는데요. 첫 번째는 지역발전기금의 형태로 지역 내 사회적 경제 네트워크에 가입되어 있는 조직들이 지역기금을 형성하여 운영하는데 저희도 재투자를 하고 있고, 다른 형태는 저희가 학교에 간이 선별장을 설치·운영하고 있습니다. 이러한 간이 선별장에서 발생하는 수익에 대해서는 학교 장학금을 기탁해서 운영을 하고 있습니다."
—D 사회적 기업 관리자 인터뷰 2011년 9월 28일—

"많은 부분은 아니지만 발생한 수익의 일부분은 구성원들의 근로 환경 개선을 위해 일정부분 투자를 하고 있고. 지역발전기금이라는 사회적 경제 및 기업 네트워크에 일종의 기탁금 혹은 기부금의 형태로 재투자를 하고 있습니다. 그리고 새로운 사회적 기업의 설립 지원이나 지역의 사회적 경제 조직의 출자금 등의 형태로 사회적 목적의 재투자를 실천하고 있습니다."
—M 사회적 기업 대표 인터뷰 2011년 9월 28일—

"지역사회 기금에 수익의 일부분을 사회적 목적 재투자의 형태로 진행을 하고 있습니다. 그리고 수시로 사회적 기업의 설립 지원과 관련해서 요청이 있으면 지원을 하는 경우도 있고 그렇습니다. 고정적으로는 지역사회 기금 조성에 투자하는 정도입니다."
—G 사회적 기업 대표 인터뷰 2011년 10월 19일—

<D 사회적 기업>, <M 사회적 기업>, <G 사회적 기업>의 경우에는 수익의 일정부분을 지역의 기금조성에 사회적 목적의 재투자 형태로 기탁하고 있는 것으로 나타났으며, 부정기적으로 사회적 기업의 설립 지원이나 출자금의 형태로 사회적 목적의 재투자를 실현하고 있는 것으로 나타났다. 이러한 사회적 목적 재투자는 지역사회에서 사회적 기업이 탄생하고 활동하는 데 도움을 줄 수 있다. 그리고 이러한 사회적 목적 재투자가 활발할수록 다양한 사회적 기업의 실험이 가능해질 수 있다. 특히 <D 사회적 기업>의 경우에는 학교에 설치한 간이 선별장을 통해 배출되는 폐기물의 양을 줄이는 역할을 하고 있을 뿐만 아니라 재활용품 판매를 통해 발생한 수익은 학교 장학금의 형태로 사회적 목적 재투자를 실현하고 있었는데, 이를 통해 지역사회의 시민들과 더 강한 유대관계를 형성할 수 있는 계기를 마련할 수 있을 것이다. <N 사회적 기업>의 경우에는 수익금의 재투자와 관련해서는 고용과 사업 확대 즉, 구성원의 전문성 확보 및 기술력 확대를 위하여 투자를 하고 있는 것으로 나타났다. <Y 사회적 기업> 역시 발생한 수익에 대해서는 사회적 기업 인건비 지원이 줄어드는 부분을 충당하기 위한 목적으로 사용하고 있는 것으로 나타났다.

"일단은 발생한 수익에 대한 재투자는 크게 고용과 사업확대 부분에 치중을 하고 있습니다. 고용과 관련해서는 구성원들의 임금 상승을 위한 용도로 사용되며, 사업확대의 측면에서는 구성원의 전문성 확보를 위한 교육, 기술력 확대를 위하여 사용하고 있습니다."
—N 사회적 기업 관리자 인터뷰 2011년 10월 6일—

"매년 사회적 기업 인건비 지원이 10% 정도 차등적으로 지원이 됩니다. 결국은 지원이 줄어드는 만큼 저희가 영업활동을 통해 그 부분을 충당을 해야 하거든요. 현재 많은 수익을 내지 못하고 있지만, 지원에서 줄어든 10%를 수익이 발생한 부분으로 충당하고 있습니다. 거창하게 지역사회의

기금 형성. 생산력을 향상시킬 수 있는 설비적인 측면에 직접적으로 투자
를 하고 있는 상황은 아니지만 인건비 부분을 저희가 충당한다는 것만으
로도 사회적 목적의 재투자가 아닐까 생각합니다."
-Y 사회적 기업 대표 인터뷰 2011년 10월 6일-

이상에서 살펴보았듯이 사회적 기업은 다양한 영역에서 자신들의 목
적을 달성해 나가고 있었으며, 이러한 과정들을 통해 사회적 기업이
장기적으로 더 발전할 수 있는 기회를 만들어가고 있었다. 그중에서도
사회 취약계층을 고용하고, 사회 서비스를 제공함으로써 기본적인 목
적을 달성하고 있고, 사회적 목적에 재투자함으로써 사회적 기업이 자
발적으로 태동할 수 있는 배경을 만들고 있었다.

이러한 사회적 목적의 달성 정도와 관련하여 정리하면 다음의 <표 4-13>
과 같다.

〈표 4-13〉 사례 기업의 사회적 목적 달성 정도

구분	취약계층 고용 (총고용인원)	취약계층 서비스 제공	사회적 목적 재투자
D 사회적 기업	19명 (43명)	-	-지역기금조성 -학교 장학금
M 사회적 기업	12명 (18명)	결식아동 670명	-지역기금조성
N 사회적 기업	7명 (10명)	취약계층 150가구	-고용과 기술 역량에 투자
Y 사회적 기업	15명 (15명)	-	-고용에 재투자
G 사회적 기업	6명 (12명)	결식아동 1,600명	-지역기금조성
C 사회적 기업	5명 (7명)	-	-
S 사회적 기업	6명 (8명)	-	-

이상의 내용을 중심으로 각 사례의 사회적 목적 달성을 종합적으로 살펴보면, 다음의 <표 4-14>와 같이 정리할 수 있다.

〈표 4-14〉 사례 기업의 사회적 목적 달성 특성 비교

구분	D 사회적 기업	M 사회적 기업	N 사회적 기업	Y 사회적 기업	G 사회적 기업	C 사회적 기업	S 사회적 기업
사회 취약계층 고용	㊤	㊤	㊤	㊥	㊤	㊥	㊥
사회적 목적의 재투자	㊤	㊤	㊥	㊥	㊤	㊦	㊦
평가자 점수(10점 만점)	10	10	8	6	10	5	5
자기 평가 점수(10점 만점)	9	10	6	7	9	5	5
최종 점수(20점 만점)	19	20	14	13	19	10	10

주: ㊤: 해당 평가지표 항목을 모두 충족.
　　㊥: 해당 평가지표 항목을 일부 충족.
　　㊦: 해당 평가지표 항목을 모두 불충족.

<표 4-14>에서 보는 바와 같이 전체적인 사회적 목적 달성 정도는 높은 것으로 나타났다. 이것은 기본적으로 사회적 기업이 지역의 문제, 지역의 니즈를 해결하기 위한 설립 배경을 가지고 있기 때문이라고 할 수 있으며, 그중에서도 취약계층의 고용과 사회 서비스 제공의 측면이 부각되었다고 할 수 있다. 앞선 사례 분석의 내용에서도 살펴볼 수 있었듯이 사회적 기업이 취약계층들을 직업적 혹은 사회적 통합에 참여시킬 때 다른 목표들이 동시에 존재한다. 왜냐하면 사회적 기업이 취약계층을 고용함으로써 사회적인 참여를 촉진하고 개인의 경제적 소득 향상뿐만 아니라 개인의 삶의 질 향상을 기대할 수 있기 때문이다. 이러한 고용과 사회적 통합의 목적 실현은 유럽 노동통합 사회적 기업의 목적 우선순위에서도 우선적으로 고려되고, 이러한 부분이 사회적 기업의 목적에 중요한 부분을 차지하고 있다(Evers, 2001)는 맥락을 공유한다. 그리고 사회적 목적에 대한 재투자는 현재 활동하고 있는 사회적 기업의 지원뿐만 아니라 지역사회에서 새로운 사회적 기업이 탄생

되어 다양한 실험을 할 수 있는 기회를 제공한다.

결론적으로 사회적 기업의 사회적 목적 달성과 사회적 목적 재투자는 사회적 기업의 설립 배경과 밀접한 관련이 있다고 할 수 있으며, 지역사회의 문제 혹은 우선적인 욕구 해결과 강한 관련성을 갖고 있다고 볼 수 있다. 그리고 이를 실현하기 위한 사회적 목적들은 지역사회에 공헌하기 위한 사회적 기업 의도에 의해 지배된다.

2. 경제적 기반 형성

사회적 기업에 있어서 경제적 기반을 형성하는 것은 사회적 기업이 지속가능할 수 있는 토대를 만들 수 있다는 측면에서 중요한 의미를 가진다. 이러한 경제적 기반을 형성하기 위한 자원은 일반 기업과 마찬가지로 시장 활동을 통한 수익을 통해서 조달할 수 있고, 정부, 공공시장, 후원금, 내부 구성원의 출자금 및 회비 등을 통해 동원할 수 있다. 이러한 측면에서 본다면, 사회적 기업의 경제적 기반은 자원의 다양성과 안정성 측면을 통해 살펴볼 수 있다.

〈표 4-15〉 경제적 기반과 관련된 인터뷰 질문

구분	질문
자원의 다양성	사회적 기업의 운영을 위해 동원되는 자원의 규모와 그 규모는 증가하고 있습니까? 사회적 기업의 운영을 위해 동원되는 자원의 종류는 다양합니까?
자원의 안정성	정부 지원금에 대한 의존도는 감소하고 있습니까? 동원되는 자원들의 성격(한시적)은 어떠합니까?

첫째, 사회적 기업은 운영에 필요한 자원을 시장에서 100% 조달할 수 없다는 현실적 한계를 극복하기 위하여 시장영역뿐만 아니라 공공영역, 시민사회영역 등의 다양한 영역에서 필요한 자원을 동원하고

있는 것으로 나타났다.

"자원 규모라고 하면 매출액을 통해서 말씀드릴 수 있겠는데요. 작년과 비교하면 자원의 규모가 2배 정도 증가를 했고. 그 이유는 지역 내 재활용 선별장 위탁사업을 저희가 담당한 후로 매출액이 급격하게 증가를 했습니다. 전체적인 매출액의 구성 정도를 살펴보면, 위탁사업을 포함해서 시장 매출이 80% 정도 되고. 순수 시장에서의 매출은 20% 정도 되는 것 같습니다. 그리고 정부 지원금이 나머지 20% 정도를 차지하고 있습니다."

　　　　　　　　　　　　　　-D 사회적 기업 관리자 인터뷰 2011년 9월 28일-

"자원 규모라고 하기엔 너무 거창하고, 매출액 규모는 작년과 비교하면 두 배 정도 증가를 했네요. 매출액이 늘게 된 계기가 결식아동 지원사업을 위탁받아서 하고 있는데, 대상 인원수가 급증을 했어요. 그러면서 같이 위탁사업의 규모도 커지게 되고, 학교 급식도 자리를 잡아가면서 규모가 조금씩 커지고 있고. 순수 일반 시장에서의 수익 비중은 10% 내외 정도 될 것 같고. 나머지는 공공과 관련된 위탁사업의 시장영역에서 80% 정도의 매출이 이루어지고 있다고 보면 될 것 같습니다."

　　　　　　　　　　　　　　-M 사회적 기업 대표 인터뷰 2011년 9월 28일-

"전체적인 매출액과 더불어 시장에서의 매출액도 꾸준히 증가하고 있는 편이고, 아직 체계가 덜 잡혀 있는 상태이기 때문에 안정적이다 아니다를 판단하기에는 조금 이른 부분이 있습니다. 일단 시장영역에서의 매출규모는 전체의 30% 정도 차지하네요. 순수 시장영역에서만. 그리고 40% 정도는 저소득층 주거 환경 사업과 같은 위탁사업이고 나머지가 사회적 기업 일자리 지원금 정도 되겠네요.

　　　　　　　　　　　　　　-N 사회적 기업 관리자 인터뷰 2011년 10월 6일-

"매출과 관련해서 작년과 비교하면 늘었죠. 그래도 규모가 영세하다 보니까 어려운 부분이 있습니다. 매출은 구성은 일단 사회적 기업 지원금이 40% 정도. 이건 인건비 관련 지원이고 나머지 60% 정도가 저희가 농산물 판매, 농촌 체험 프로그램 등을 통해 노력해서 얻은 수익이 되겠네요."

　　　　　　　　　　　　　　-Y 사회적 기업 대표 인터뷰 2011년 10월 6일-

"매출 규모만 고려하면 결식아동위탁사업체로 선정이 되면서 급격하게 늘었습니다. 9월 말까지 17억 정도의 규모이고, 그중 90% 이상이 시장에서의 매출액입니다. 순수한 일반 시장영역에서의 매출 비율은 15% 정도 내외이고, 가장 큰 비중을 차지하는 것은 마사회 하고 결식아동 위탁사업과 같은 공공영역에서의 매출이죠."
-G 사회적 기업 대표 인터뷰 2011년 10월 19일-

"많이는 아니지만 전년도와 비교하면 매출액이 약 10% 정도 증가를 했고, 저희는 사회적 기업 지원금 이외에 공공영역에서의 사업을 현재 수행하고 있지는 않습니다. 구성비로 따지면 60% 정도는 일반 시장영역에서 나오는 수익이고, 35% 정도는 사회적 기업 지원금, 나머지는 뭐 회원들 회비 정도 되겠네요."
-S 사회적 기업 대표 인터뷰 2011년 10월 19일-

"인건비는 지금 사회적 기업 지원금으로 주고 있고, 발생하는 매출에 대해서는 운영비와 사업에 참가하는 마을 주민들에게 인건비 형태로 지급하고 있습니다. 매출은 작년보다는 증가했고, 일종의 고생한 보람이죠. 매출액 증가는 사회적 기업 일자리 지원금이 30% 정도 차지하고, 70%는 우리가 상품을 판매하는 수익 정도 되겠네요."
-C 사회적 기업 대표 인터뷰 2011년 10월 19일-

　자원 동원 역량의 대표적인 기준이라고 할 수 있는 매출액 중심으로 살펴보면, 정도의 차이는 있지만 각 사례의 사회적 기업들은 매출액이 증가하고 있고, 그로 인한 필요한 자원의 양이 증가하고 있는 것으로 나타났다. 특히, 공공시장의 영역과 일반 시장 영역에서의 매출액이 증가하고 있는데, <D 사회적 기업>, <M 사회적 기업>, <G 사회적 기업>과 같이 매출규모가 상대적으로 큰 사회적 기업들은 그만큼 공공시장에 대한 비중이 높고, 이 자원을 중심으로 경제적 기반을 형성하고 있다. 위탁사업의 경우에는 사회적 기업 지원금보다는 자주적이고 안정적인 성격의 자원이라고 할 수 있지만, 2년 주기 혹은 일정 주기로 재계약을 통해 위탁을 받아야만 하는 사업이기 때문에 시장 영역에서 동원되는 자원에 비하여 상대적으로 불안정적인 자원의 성격을 갖는다. 때문에 사회적 기업은 특정 영역으로부터 편향된 자원을 동원하기보다는 공공시장과 민간시장, 안정적·자주적 재원과 지원적 자원의 비중을 적절한 수준에서 유지하려는 노력이 필요하다.

둘째, 다양한 영역에서의 자원을 동원하는 사회적 기업에 있어 자원 동원만큼 중요한 것이 자원의 안정성 측면이라고 할 수 있다. 즉, 동원되는 자원이 안정적이지 못하면 사회적 기업의 경제적 기반은 약해질 수밖에 없고, 사회적 목적의 실현에 주목적을 두기보다는 조직의 안정성 측면에 더 많은 노력을 할 수밖에 없다. 이를 위해서 정부재원에 대한 의존도와 자원의 성격을 통해 자원 동원의 안정성 측면을 살펴보고자 한다. 먼저, 정부재원에 대한 의존도는 주로 사회적 기업 지원 중 인건비와 관련된 부분이고, 이러한 정부 재원에 대한 의존도를 낮춤으로써 운영의 자율성을 확보할 수 있다. 이러한 정부재원에 대한 의존도는 10~40%까지 다양하게 나타났으며, 이것은 결국 다양한 영역에서 자원 동원의 안정성을 확보하고 있는가와 관련된 부분이라고 할 수 있다.

> "처음에는 정부 지원금에 대한 의존도가 상당히 높았습니다. 그러나 지금은 저희가 수익활동을 통해 자주자원을 확보하다 보니까 자연스럽게 정보 보조금에 대한 의존도를 줄여 나가고 있습니다. 선별장 위탁 사업을 통해서 공공으로부터의 자원을 확보하고 있습니다. 총매출액 중에서 이 부분에 대한 비중이 가장 크고, 다음으로 시장으로 확보되는 자원이라고 할 수 있습니다. 사회적 기업 정부 지원금은 일단 한시적인 것이라 그 부분에 대해서는 걱정이 많지요. 그만큼을 저희가 수익활동을 통해 부담해야 하는 부분이라서."
>
> −D 사회적 기업 관리자 인터뷰 2011년 9월 28일−

> "저희 같은 경우는 사회적 기업 지원 제도가 인건비 지원 측면과 관련해서 큰 의미를 갖지 못하고 있고요. 초기단계부터 정부지원금이 아니라도

자체적으로 해야겠다는 공감대가 형성되었기 때문에 그런 것 같습니다. 어떤 측면에서 보면 미리 준비를 해왔기 때문에 정부지원금에 대한 의존도가 낮을 수밖에 없다고 보고. 공공과 관련해서는 결식아동 도시락사업과 학교 급식에서 매출을 올리고 있습니다. 물론 일반 시장에서도 수익을 올리고 있고. 아시다시피 사회적 기업 지원금은 한시적인 부분이라 도움이 되기는 하지만 저희가 조금씩 대응을 하고 준비를 해 나가는 과정이고. 위탁사업은 저희가 잘하면 되는 부분이면 지속적으로 할 수 있는 사업이라는 측면에서는 안정적인 것 같습니다."

−M 사회적 기업 대표 인터뷰 2011년 9월 28일−

"수익활동을 하는 기업이기 때문에 시장에서의 매출이 가장 중요하고, 가능하면 공공영역에서 보호된 시장에서 자원을 동원하는 것이 가장 안정적이라고 봅니다. 역시나 저희 또한 그런 형태로 자원을 주로 동원하고 있고, 정부 보조금은 일단 필요는 합니다만 그것에 전적으로 의존하는 것은 아니라고 봅니다. 뭐랄까 일종의 달콤한 독약이라고 할 수 있는데요. 현재는 좋지만 장기적으로 봤을 땐 다소 위험한 부분이기도 하고."

−N 사회적 기업 관리자 인터뷰 2011년 10월 6일−

"기본적으로 출발을 할 때 자활 사업을 통한 자기 자본이 있었고, 수익활동을 통한 매출액, 결식아동 도시락사업과 독거노인 도시락사업을 통해 자원을 조달하고 있습니다. 물론 사회적 기업 인건비 지원이 있기는 하지만, 매출액이 증가하고, 순이익이 증가하면 사회적 기업 인건비 지원이 없어도 가능하고, 도움이 되지만 한시적인 부분이기 때문에 현재 고용된 분들을 함께 하기 위해서는 어떻게든 매출을 증가시키는 방법이 가장 최선의 방법이라고 봅니다. 가장 안정적인 자원은 시장에서 매출을 통한 자원이고, 다음이 위탁사업인데 다소 정치적인 부분으로 작용할 수 있는 부분이기 때문에 안정적이다 아니다를 판단하기 조금 애매합니다."

−G 사회적 기업 대표 인터뷰 2011년 10월 18일−

<D 사회적 기업>, <M 사회적 기업>, <N 사회적 기업>, <G 사회적 기업>의 경우에는 정부 보조금에 대한 의존도를 낮추기 위해 시장이나 공공영역에서의 매출활동을 적극적으로 진행하고 있다. 특히,

공공영역에서의 보호된 시장이라고 할 수 있는 위탁사업에 참여함으로써 사회적 기업 지원금보다는 안정적이고 자주적인 자원을 동원하기 위한 노력을 하고 있는 것으로 나타났다. 그러나 이러한 위탁사업도 2년 혹은 계약기간이 종료되는 시점에 재계약의 형태로 진행되는 사업이기 때문에 여전히 안정성을 담보하기에는 한계가 있다. 때문에 자신들의 역량 범위 내에서 동원할 수 있는 이해관계자들과의 관계 형성을 통해 자원을 동원하는 전략을 채택하고 있다.

다음으로 사회적 기업의 운영에 있어 동원되는 자원은 다양한 성격을 가질 수 있지만, 시기적으로 구분하면 일정 기한 후 종료되는 자원과 지속적으로 조달이 가능한 자원으로 구분할 수 있다. 전자의 경우에는 정부지원금과 유사한 성격의 자원이라고 할 수 있고, 후자는 시장영역에서의 매출, 공공시장에서의 수익활동을 통한 매출이라고 할 수 있다. 이러한 측면에서 보면, 자원의 성격에 따라 사회적 목적을 실현하는 데 영향을 미칠 수 있을 것이다.

> "일단 저희는 시장, 공공, 정부보조금을 통해 운영을 위한 자원을 마련하고 있는데요. 사회적 기업 정부 지원금은 인건비 지원과 관련된 자원이고, 3년 길게는 5년 동안 지원되는 한시적 재원입니다. 시장자원의 경우에는 저희가 노력하는 만큼 매출로 이어져서 안정적으로 자원을 조달하는 데 가장 좋은 영역이고. 지금 매출액의 가장 큰 비중을 차지하는 것은 위탁사업인데요. 저희가 노력해서 얻은 부분이기도 하지만, 계약기간이 정해져 있는 부분이라 이것이 안정적이라고만 보기에도 힘들죠."
>
> —D 사회적 기업 관리자 인터뷰 2011년 9월 28일—

> "위탁사업의 경우에는 저희가 추구하고자 하는 성격, 즉 공공성과 저희가 추구하고자 하는 성격이 일정부분 맞는 부분이 있어서 참여를 하고 있는데요. 이 부분에서 수익이 남는 부분은 거의 없습니다. 지속적으로 안정성을 확보하기 위해서는 시장영역이라던가 공공부분에서 보호된 시장을 형성할 수 있도록 해주는 것 특히 우선구매와 같은 제도를 활용해서 도움을

주는 것이 필요한데 어렵죠."
-M 사회적 기업 대표 인터뷰 2011년 9월 28일-

"위탁사업 자체가 수익이 되는 부분은 아닙니다. 단지 매출액 규모를 늘려
줄 뿐이죠. 그런데도 불구하고 위탁사업을 하는 것은 운영경비가 지원이
되는 부분이 있기 때문에 하는 부분이고, 저희가 실현하고자 하는 목적에
부합하니까 하는 것인데 이것도 안정적인 소득원으로 보기는 어렵습니다.
때문에 시장영역의 진출을 위해 노력하는 부분도 있는 것이고."
-N 사회적 기업 관리자 인터뷰 2011년 10월 6일-

"전체적인 매출이나 수입구조의 측면에서 보면 위탁사업의 규모가 가장
크죠. 이러한 공공시장에 대한 비중이 저희는 80%되는데 이것이 기회일
수도 있고, 위기로 작용할 수 있고 그렇습니다. 이 부분에 대한 의존도가
너무 높기 때문에 안정성 측면과 균형성 측면에서 편중이 심한 편이죠."
-G 사회적 기업 대표 인터뷰 2011년 10월 19일-

<D 사회적 기업>, <M 사회적 기업>, <N 사회적 기업>, <G 사
회적 기업>에서 볼 수 있듯이 시장영역의 자원 동원 측면에서도 일반
시장과 공공시장의 균형성을 살펴보면, 공공시장의 영역에 집중되어 있
는 것으로 나타났다. 그리고 이러한 자원이 지속적으로 안정적으로 조달
되는 자원이 아니라 2년 혹은 계약기간 동안만 보장되는 자원이기 때문
에 안정적이라고 단언할 수 없다. 사회적 기업이 시장에서 100% 경제적
자립을 실천해야 하는 것은 아니지만 자원 동원의 바탕은 시장을 적극적
으로 활용함으로써 경제적 기반을 구축하는데 원활할 수 있다. 이와 관
련하여 영국의 경우 사회적 기업 전체 수입의 50% 정도는 시장수입에
의해 충족되어야 한다는 것이 일반적인 기준이다(Defourny & Nyssen,
2008). 지나친 시장에서의 자원 동원은 목적을 전치시킬 위험이 있기는
하지만 사회적 기업에 있어 가장 안정적이고 자주적으로 조달할 수 있는
영역의 자원이 시장이라는 점을 고려할 때, 시장에서의 자원 동원을 위

한 노력이 필요하다. 사회적 기업들이 다양한 활동을 통해 동원되는
자원의 종류와 성격, 구성 비중에 대해서 살펴보면 다음 <표 4-16>
과 같이 정리할 수 있다.

〈표 4-16〉 사례 기업의 자원 동원(매출액) 현황

(2011년 9월 말 기준)

| 구분 | 시장자원 | | | 공공
자원[3] | 호혜적
자원[4] | 총매출규모
(단위 억 원) |
	일반 시장[1]	공공 시장[2]	공공시장 자원의 성격			
D 사회적 기업	17.0%	66.0%	−2년간 위탁 사업 수행	14.0%	3.0%	8.6억
M 사회적 기업	10.0%	79.0%	−2년간 위탁 사업 수행	9.0%	2.0%	10.3억
N 사회적 기업	30.0%	40.0%	−제한 경쟁 입찰을 통한 수행	30.0%	−	3억
Y 사회저기업	40.0%	20.0%	−2년간 위탁 사업 수행	40.0%	−	1.5억
G 사회적 기업	17.0%	79.0%	−2년간 위탁 사업 수행	3.0%	1.0%	17.2억
C 사회적 기업	70.0%	−	−	30.0%	−	1억
S 사회적 기업	60.0%	−	−	35.0%	5.0%	1억

자료: 사회적 기업 일자리 창출 사업 점검표(2011년 9월 말 기준).
　　　손익계산서 및 창립총회 자료.
주: 1) 일반시장: 일반시장자원은 경쟁시장에서 영업활동을 통해 얻는 수입을 의미함.
　　2) 공공시장: 공공의 영역에서 보호된 시장이나 위탁사업(폐기물 선별 처리장, 학교 급식,
　　　　　　　　결식아동 도시락사업 등)으로부터 얻는 수입을 의미함.
　　3) 공공자원: 사회취약계층의 고용창출과 같은 공공 목적을 수행하면서 정부지원이나 보조금
　　　　　　　　등의 형태로 지원받은 수입을 의미함.
　　4) 호혜적 자원: 이해당사자들의 호혜적 관계에 의해 지원받는 유·무형의 자원으로 각종
　　　　　　　　　후원금, 자원봉사, 내부 구성원들의 출자금 등을 의미함.

　　사회적 기업의 경제적 기반과 관련된 지금까지의 논의를 중심으로
경제적 기반의 특성을 비교하면 다음 <표 4-17>과 같이 정리할 수 있다.

<표 4-17> 사례 기업의 경제적 기반 특성 비교

구분	D 사회적 기업	M 사회적 기업	N 사회적 기업	Y 사회적 기업	G 사회적 기업	C 사회적 기업	S 사회적 기업
자원 동원 역량	㊤	㊤	㊤	㊥	㊤	㊥	㊥
자원의 안정성, 균형성	㊥	㊥	㊥	㊦	㊥	㊦	㊦
평가자 점수(10점 만점)	8	8	8	5	8	5	5
자기 평가 점수(10점 만점)	7	7	5	5	7	3	3
최종 점수(20점 만점)	15	15	13	10	15	8	8

주: ㊤: 해당 평가지표 항목을 모두 충족.
　　㊥: 해당 평가지표 항목을 일부 충족.
　　㊦: 해당 평가지표 항목을 모두 불충족.

　<표 4-17>에서 보는 바와 같이 전체적인 경제적 기반은 중간 정도의 수준이라고 할 수 있다. 실제로 사회적 기업은 시장영역뿐만 아니라 공공영역, 시민사회 영역으로부터 다양한 형태의 자원을 동원하고 있는 것으로 나타났다. 위의 사례기업들은 일반 시장으로부터 자원 동원의 한계를 극복하기 위하여 공공영역의 보호된 시장, 즉 공공시장의 영역으로부터 자원을 동원하고 있다. 그러나 사회적 기업이 안정적으로 사회적 목적을 달성하기 위한 경제적 기반은 취약하다고 보인다. 이 중에서도 <D 사회적 기업>, <M 사회적 기업>, <N 사회적 기업>, <G 사회적 기업>의 경우에는 상대적으로 경제적 기반의 정도가 높은 것으로 나타났는데, 이러한 이유는 경제적 활동의 영역에서 찾을 수 있다. <D 사회적 기업>의 경우에는 재활용처리 선별장 위탁사업을, <M 사회적 기업>과 <G 사회적 기업>은 결식아동급식 위탁사업을, <N 사회적 기업>의 경우에는 저소득층 주거환경개선 사업을 위탁받아서 활동하고 있다. 이러한 위탁사업은 사회적 기업의 매출액을 증가시키고, 이를 통해 경제적인 기반을 위한 자원 동원의 양을 증가시키는 데 기여할 것이다.

　사회적 기업의 운영을 위해 동원되는 자원의 양만큼 자원이 갖는 성

격이 중요하다. 사회적 기업이 동원하고 있는 자원의 성격은 크게 지속적 자원과 한시적 자원으로 구분할 수 있다. 지속적 자원은 활동영역에서 꾸준히 동원가능한 성격의 자원을 의미하며, 한시적 자원은 일정 기간 동안만 동원할 수 있는 자원이라고 할 수 있다. 일반 시장으로부터의 수익활동을 통한 자원과 정부의 지원금은 자원의 성격 구분이 명확하지만, 위탁사업의 경우에는 자원의 성격을 구분하기 모호한 측면이 있다. 예를 들어 사회적 기업의 노력을 통해 위탁사업을 수주하여 자원을 동원하고 있다는 측면에서는 자주적인 성격이지만, 일정 기간으로 한정되어 있다는 측면에서는 한시적 자원의 성격을 가지고 있다. 실제로 위탁사업을 통한 자원 동원의 의존율이 높기 때문에 사회적 기업은 일반 시장영역으로의 진출을 위한 노력이 필요하며, 일반 시장영역과 공공 시장영역에서 동원되는 자원의 균형을 맞추려는 노력이 필요하다.

3. 환경적 수용성

사회적 기업이 지속가능하기 위해서는 조직의 역량으로 볼 수 있는 경제적 기반, 무엇을 실현할 것인가와 관련된 사회적 목적, 그리고 조직의 경제적 기반과 사회적 목적이 조화를 이루어 작동할 수 있는 환경이 필요하다. 사회적 기업은 공익적 목적을 추구하는 조직이기 때문에 사회적 관심이나 외부의 지원 없이 독자적으로 활동하기란 현실적으로 불가능하다. 이러한 측면에서 환경적 수용성은 사회적 기업이 활동을 할 수 있는 환경 조성과 관련이 있다. 이러한 환경적 수용성을 살펴보기 위해서는 제도적인 지원 측면, 지역사회의 공감 혹은 관심, 네트워크 형성의 측면에서 살펴볼 수 있다.

<표 4-18> 환경적 수용성과 관련된 인터뷰 질문

구분	질문
제도적 지원	사회적 기업의 활동을 지원하기 위한 지방정부의 제도적인 기반은 형성되어 있습니까? 실제로 사회적 기업 지원 제도들이 잘 작동하고 있다고 생각하십니까?
지역사회의 공감	지역에서 사회적 기업에 대한 인지도는 어느 정도 됩니까? 일반 시민들과의 관계는 어떻습니까?
네트워크 형성	지역에서 이해관계자들과의 참여는 활발하게 이루어지고 있습니까? 지역에서 이해관계자들과의 호혜적 관계 형성 정도는 어떻습니까? 이해관계자들 간 사업적 연계나 상호 지원이 이루어지고 있습니까?

첫째, 각 사례의 사회적 기업이 활동하고 있는 지역에서는 사회적 기업의 활동을 지원하기 위한 제도(조례)들이 정비되어 있는 것으로 나타났다. 그러나 지원제도의 마련과 그것의 실행 여부는 별개라고 할 수 있다. 좋은 제도가 구축되어 있다고 하더라도 실제로 그것이 작동하지 않으면 제도의 역할은 무의미한 것이라고 할 수 있다.

"지역에서 사회적 기업이 활동할 수 있는 중앙정부뿐만 아니라 지역에서도 조례제정은 되어 있습니다. 실제로 사회적 기업의 활동이나 지원에 관한 근거가 마련되어 있다고 볼 수 있는데요. 지금 현재의 제도적 지원은 사회적 기업 인건비하고 경영컨설팅과 관련된 비용만 지급되고 있고, 실제로 사회적 기업이 수익을 발생할 수 있도록 지원해주는 제도는 실행이 안 되고 있습니다. 그러한 부분이 참 아쉽죠."
—D 사회적 기업 관리자 인터뷰 2011년 9월 28일—

"조례와 같은 활동이나 지원을 위한 제도는 마련되어 있지만, 실제로 그것이 작동하지는 않는 것 같습니다. 정치적 혹은 정책적으로 실천의 의지가 부족한 부분도 있습니다. 필요하다는 것을 인지하고 제도는 만들었는데, 실제로 어떻게 해야 하는지를 몰라서 그러는 부분도 있지만, 여러 가지로 외부에서 평가는 좋은데 내부적으로는 제도적인 지원의 측면이 거의 이루어지지 않고 있다고 봐도 될 것 같습니다."
—M 사회적 기업 대표 인터뷰 2011년 9월 28일—

"사회적 기업을 위한 제도는 잘 정비가 되어 있는데, 실제로 사회적 기업
들이 활동하는 데 필요한 지원이 이루어지는 부분은 상당히 적습니다. 에
너지 저감과 같은 부분에 있어서도 정부에서의 역할이 필요한 부분이 있
는데 그 부분에 대해선 정책적인 이해나 의지가 부족한 부분이 사실이고.
사회적 기업의 활동을 위해서는 정부의 역할이 중요하다 강조만 할 뿐이
고 실제적인 부분에서는 부족한 부분이 많습니다."
-N 사회적 기업 관리자 인터뷰 2011년 10월 6일-

"지역에서 조례는 만들어져 있는데 그것이 실제로 운영되어서 사회적 기
업의 활동에 도움을 주는 부분은 매우 미흡합니다. 점수로 표현한다면 30
점 정도. 의지만 있으면 사회적 기업의 활동에 도움을 줄 수 있는 부분이
많은데 그 부분이 아직까지도 실천이 안 되는 부분이니까 아쉽죠."
-Y 사회적 기업 대표 인터뷰 2011년 10월 6일-

"조례는 요즘 거의 모든 지방정부에서 제정을 하고 있고, 저희 지역에서도
역시나 그런 부분이 정착이 되어 있습니다. 다만, 만들어진 제도가 제대로
실행이 되느냐 아니냐는 별개인 것 같습니다. 사회적 기업을 위한 우선구
매나 기타 활동을 지원해주는 제도의 운영이 부족합니다. 그렇다고 해당
부처와 관계가 나쁜 것도 아닌데 실행부분에서는 활발하지 않은 것이 사
실입니다."
-G 사회적 기업 대표 인터뷰 2011년 10월 19일-

이상에서 살펴본 바와 같이 사회적 기업이 활동하는 지역에서 지원
하기 위한 제도가 정비되어 있지만 실제로 그것이 원활하게 작동하지
않는 것으로 나타났다. 실제로 사회적 기업은 정부로부터 인증을 받게
되면, 취약계층을 고용하는 것에 대한 인건비 및 운영비를 지원받고
있다. 그러나 사회적 기업은 인건비 지원은 임시방편적인 지원에 불과
하고 지속적으로 사회적 기업이 활동할 수 있는 토대를 형성할 수 있
는 우선구매, 사회적 기업 활동 지원 등과 같은 제도의 부재와 비활성
화의 측면은 개선되어야 할 필요가 있는 것으로 보인다.

둘째, 사회적 기업이 실질적으로 지역에서 다양하고 중요한 역할을

수행하고 있지만, 지역사회나 일반시민들의 사회적 기업에 대한 인지도는 낮은 것으로 나타났다. 즉, 지역의 이익과 문제를 해결하기 위하여 사회적 기업이 다양한 활동을 하고 있으나, 지역의 일반 시민들은 여전히 사회적 기업에 대해 잘 알지 못하고 있는 것으로 나타났다.

"저희가 사회적 기업이라는 것에 대해서 일반 시민들은 잘 모릅니다. 아는 분만 알고. 일반 시민들의 입장에서 보면, 지역 내 폐기물을 처리하는 많은 업체 중 하나라고 생각을 하는 거죠. 그래서 저희 역할과 활동에 대해서 알리기 위해 학생들을 대상으로 환경오염 관련 프로그램 및 교육 활동을 전개하고 있고, D 사회적 기업의 역할을 알려왔습니다. 이런 활동을 한 지 저희가 지금 3년째인데 조금 이런 사회적 기업이 있다 정도만 알고 계시는 거죠. 아무래도 일반 시민들과 직접적인 접촉이 없는 업종이기 때문에 저희에 대해 잘 모르는 것일 수 있습니다."
                              −D 사회적 기업 관리자 인터뷰 2011년 9월 28일−

"저희와 직접적으로 관련이 있는 생산자 단체나 소비자 단체가 아니면 잘 모릅니다. 직접적으로 학교 급식을 하고 있는데도 불구하고, 유기농인지 사회적 기업인지 그 부분은 중요하지 않습니다. 저렴한 가격이 질 좋은 음식을 제공하면 그것으로 만족을 하는 거죠. 식생활개선 교육 프로그램을 통해서 저희에 대해서 조금 아는 분들이 생기고 있기는 하지만 여전히 저희에 대해서 관련 이해당사자들만 알고 있는 다소 개방적이지 못한 구조 안에서만 알려져 있다고 보시면 될 것 같습니다."
                              −M 사회적 기업 대표 인터뷰 2011년 9월 28일−

"에너지 저감과 관련해서는 일반 시민들이 잘 모르시죠. 그래서 저희가 에너지 저감과 관련 체험 프로그램을 운영을 하면서 일반시민들의 관심을 증대시키기 위한 노력을 하고 있습니다. 이를 통해서 저희에 대해 알리려고 하고. 여전히 지역사회에서 저희에 대해서는 아는 분만 알고 잘 알려져 있지 않습니다."
                              −N 사회적 기업 관리자 인터뷰 2011년 10월 6일−

"저희에 대해서 알고 계신 분들만 저희가 사회적 기업이라는 것을 아시죠.

아름다운 가게를 통해서 사회적 기업에 대한 역할이나 의미에 대해서는
아는 분들이 있지만, 일반 시민들에게는 아직까지 생소하죠. 저희 상품을
구매하시는 분들도 사회적 기업의 상품이기 때문에 구매를 하신 것이 아
니라 좋은 상품을 구매하시고 이용하시면서 사회적 기업이라는 부분을 알
게 되셨다는데, 대부분은 이런 형태로 알게 됩니다.”
-Y 사회적 기업 대표 인터뷰 2011년 10월 6일-

“지역에서 무슨 일을 하고, 어떠한 일들을 하고 있는지에 대해선 알고 있
지만 사회적 기업이라는 것은 잘 모릅니다. 어떤 측면에서는 정당한 경쟁
을 통해서 저희의 능력을 인정받을 수 있다는 측면에서는 좋은 일이지만,
사회적 기업이라는 부분이 잘 알려지지 않는 부분에 대해선 아쉽죠.”
-G 사회적 기업 대표 인터뷰 2011년 10월 19일-

“저희는 오프라인보다는 인터넷에서 알려진 단체거든요. 그것이 오프라인
활동으로 이어져서 예비 귀농인들을 교육하고 도와주고 하는 역할을 하는
데, 나름 귀농인 학교분야에서는 어느 정도 인지도가 있는데 지역에서는
아는 분들만 아는 거죠. 그런 측면에서 본다면 지역에서의 인지도는 낮지
않을까 생각하죠.”
-S 사회적 기업 대표 인터뷰 2011년 10월 19일-

“지역이야 뭐 다 아는 사람들이니까 우리가 무엇을 하는지에 대해서 잘
알죠. 어차피 우리 다 조합원이니까 아는 거죠. 아직까지는 외부에서는 인
사하는 마을, 공동으로 생일잔치하는 마을로 알려져 있기는 한데, 그것도
뭐 아는 사람만 아는 것이고 인지도는 약하죠. 그래서 지역 축제 때 홍보
관을 마련해서 우리에 대해서 알리고 우리 상품에 대해서 홍보도 하고 있
습니다.”
-C 사회적 기업 대표 인터뷰 2011년 10월 19일-

사회적 기업에 대한 지역의 인식은 이해관계자들에게 국한되어 나타
나고 있었다. 일반 시민들은 사회적 기업에 대해 알고는 있지만, 지역
의 사회적 기업이나 사례의 사회적 기업에 대해서는 직접적인 관계를
형성할 수 있는 기회가 부족하기 때문에 인지도는 높지 않다. 이와 관

련 각 사회적 기업은 체험 및 교육 프로그램, 홍보관 등을 운영하여 일반 시민들과의 관계 횟수를 늘려가고 있고, 이를 통해 인지도를 높이기 위한 노력을 하고 있다.

마지막으로 사회적 기업은 다양한 이해관계자들과의 호혜적 관계를 형성하고 있었다. 이러한 호혜적 관계의 핵심은 상호성이라고 할 수 있고, 상호성은 사회적 자본의 의미를 갖고 있다(김성기, 2011). 이러한 사회적 자본은 개인과 집단 등의 차원에서 네트워크, 규범, 신뢰 관계를 기반으로 형성되는 유·무형의 자본(Putnam, 1993)으로 다양한 이해관계를 맺고 있는 사회적 기업에 사회적 자본은 자원을 동원할 수 있는 기회를 제공하면서 사회적 목적을 실현하는 데 기여한다. 실제로 사회적 기업들에 있어 다양한 이해관계자들과의 네트워크 형성은 역할 수행 및 관련 자원을 동원하는 데 유용한 것으로 나타났다.

"지역사회에서 다양한 이해관계자들과 네트워크를 형성한다는 것은 단순히 협력의 차원이 아니라 저희의 목표와 비전에 동의하고, 함께 한다는 의미를 가진다고 할 수 있습니다. 이러한 네트워크는 운영이나 의사결정과정에 참여하고, 자원 동원을 위한 과정에서 자연스럽게 형성된다고 할 수 있고, 이러한 과정은 다시 사회적 가치를 확산하고, 자원을 동원할 수 있는 기회를 재생산하는 역할을 한다고 볼 수 있습니다."
-D 사회적 기업 관리자 인터뷰 2011년 9월 28일-

"지역사회에서 네트워크가 중요하고 저희 경우는 지역의 네트워크 내에서 공감대가 형성되어 출발한 경우라, 기본적으로 저희는 네트워크에 기반하고 있다고 보는 것이 맞을 겁니다. 네트워크가 갖는 의미는 유·무형의 자원을 동원할 수 있는 토대를 마련해준다는 겁니다. 자원에는 경제적인 부분, 비경제적인 부분이 있습니다만, 시장에서는 경제적인 자원을 동원할 수 있다면, 네트워크를 통해서는 경제적인 것뿐만 아니라 비경제적인 부분까지도 동원이 가능하다는 이점이 있습니다."
-M 사회적 기업 대표 인터뷰 2011년 9월 28일-

"지역사회에서 네트워크는 단순히 연계망을 구축하는 것이 아니라 상호교
류를 통한 지원을 해주고 있다는 장점이 있습니다. 일단 시설과 관련된 부
분, 일감의 알선 등은 직접 저희의 운영과정에 참여를 통한 신뢰가 형성되
고, 그것이 네트워크상에서 저희에게 이익이 되는 방향으로 작동을 한다는
것이죠. 사회적 기업이 지속가능한지에 대한 여부 또한 네트워크를 통한
사회적 자본의 형성 정도를 통해 알 수 있을 겁니다."
　　　　　　　　　　－N 사회적 기업 관리자 인터뷰 2011년 10월 6일－

"제대로 된 운영을 하기 위해서는 지역사회의 지지가 필요하다고 생각을
했고, 운영과정에 이해관계자들이 참여할 수 있도록 하였습니다. 실제로
이해관계자들이 참여를 하면서 우리의 역할과 목적에 지지를 하고, 신뢰를
하게 되면서 점점 더 많은 이해관계자들과의 네트워크를 형성할 수 있었
습니다. 네트워크를 통해 사회적 가치를 확산시킬 수 있음은 물론 저희가
필요한 자원을 동원하는 데 상당히 유용한 역할을 합니다."
　　　　　　　　　　－G 사회적 기업 대표 인터뷰 2011년 10월 19일－

　<D 사회적 기업>, <M 사회적 기업>, <N 사회적 기업>, <G 사
회적 기업>의 경우에는 네트워크를 통해 이해관계자의 참여, 신뢰 형
성, 자원 동원의 가능성 형성 등의 과정을 통해 사회적 기업이 지속가
능할 수 있는 기반을 만든다고 할 수 있다. 이러한 네트워크를 통한 사
회적 자본 형성은 무엇인가를 찾아내고 적용하려는 시도로 인한 결과라
고 할 수 있다. 즉, 지역사회에서 새로운 기회를 얻고, 조직을 용이하게
작동할 수 있는 방법의 모색은 사회적 기업가정신이 작동하였기 때문
이다(Hulgard & Spear, 2006). 실제로 위의 사회적 기업은 사회적 자본
의 형성을 통해 자원 동원 및 순환의 재생산까지 이루어지고 있는 단
계라고 할 수 있다. 이를 통해 사회적 기업은 필요한 자원의 동원은
물론 사회적 가치를 확산시킬 수 있는 기회를 얻는다고 할 수 있으며,
장기적으로 사회적 기업이 지속가능할 수 있는 기반을 만들어가고 있
는 것으로 볼 수 있다.

반면에 자원순환의 단계까지는 이르지 못하고 정보 교류의 단계에 머물고 있는 경우도 있다. 정보 교류의 단계는 호혜적 관계를 통해 실질적인 자원의 교류가 이루어지기 전의 단계로 이러한 교류가 활성화되면 자원 교환 및 교류가 이루어질 수 있는 단계로 진입이 가능할 것이다. 이해관계자들과의 정보 교류는 공식적인 차원과 비공식적인 차원으로 구분할 수 있는데, 공식적인 교류는 월 1회의 정기 모임이나 지역단체 협의회를 통해서 정보교류 및 친분을 쌓는 경우이며, 비공식적인 차원은 이해관계자들과의 특별한 일을 토대로 교류하는 형태라고 할 수 있다.

> "저희와 네트워크를 형성하고 있는 지역의 단체는 공식적으로 24개 단체이고, 각 단체들은 협약을 채결하고 있습니다. 개인적으로는 관련 업종의 사회적 기업 내지는 업체와 네트워크가 형성되어 있습니다. 〈중략〉 협약을 맺은 단체들과는 월 1회 정도 공식적으로 만나고 있고, 그 외에는 일이 있으면 수시로 만납니다."
>
> —D 사회적 기업 관리자 인터뷰 2011년 9월 28일—

> "지역에서 24개 단체와 협약을 맺고 교류를 하고 있고, 농업생산 단체들 중 협약기관에 포함되지 않은 단체들과도 교류를 하고 있고, 저희가 업종이 좀 그렇다 보니까 자주 만납니다. 아무래도 농산물 같은 경우는 소비와 생산의 연계가 중요하다 보니까"
>
> —M 사회적 기업 대표 인터뷰 2011년 9월 28일—

> "기본적으로 지역에서는 협약을 맺고 있는 단체가 24개고, 개인적으로는 건축업, 인테리어 관련 단체들과 교류를 하고 있습니다. 건축 관련 분야에서는 정보가 중요하거든요. 자주 만나는 편입니다. 한 달에 4~5번 만나는 경우도 있고, 만나는 횟수는 단체의 성격에 따라 다릅니다. 협약을 맺고 있는 단체들과는 정기적으로 월 1회 정도는 만나고 있습니다."
>
> —N 사회적 기업 관리자 인터뷰 2011년 10월 6일—

“지역의 협의회 하고 지역사회 단체 24곳 하고 협약을 맺고 교류를 하고
있고 조언, 컨설팅 같은 무형적 자원의 지원을 주로 받습니다. 정기적으로
월 1회 정도 만나고 있고 농산물 관련 단체들 하고는 비정기적으로 교류
를 하고 있습니다.”
-Y 사회적 기업 대표 인터뷰 2011년 10월 6일-

“지역의 사회적 기업 협의회에 참여하고 있고, 그 외에 지역 사회 단체들
하고 교류를 하고 있지요. 주로 자활관련 업체들과 교류가 활발하고, 정기
적으로는 월 1회 정도 만나고 있고, 수시로 호출이 있으면 나가서 만나고
그러죠. 단체 사람들을 만난다는 것 자체가 어떻게 보면 영업이라는 부분
이 적지 않게 작용하거든요.”
-G 사회적 기업 대표 인터뷰 2011년 10월 19일-

“지역의 단체들하고의 교류는 활발한 편이죠, 예비 사회적 기업의 협의회
나 지역단체 모임을 통해서 주로 교류를 하고, 꼭 무엇인가를 도움을 주고
받는다기보다는 정보 교환이나 지속적인 관계를 형성하기 위해서 교류를
하고 있습니다.”
-C 사회적 기업 대표 인터뷰 2011년 10월 19일-

이해관계자들과의 호혜적 관계형성과 정보 교류와 자원 교환 및 교
류의 단계를 넘어서면, 더 발전적인 단계로 사회적 기업의 운영과정에
직접 참여할 수 있다. 이해관계자들이 운영과정에 참여하는 사실도 중
요하지만, 참여하는 이해관계자들을 통해 사회적 기업이 추구하고자
하는 사회적 가치를 확산시킬 수 있는 기회로 작용할 수 있다.

“기본적으로 내외부의 이해관계자들이 참여할 수 있도록 제도적으로 마련
이 되어 있고 이러한 이해관계자들이 참여는 운영위원회를 통해 이루어지
고 있습니다. 운영위원회의 구성 정도를 살펴보면, 총 8명의 운영위원으로
구성되어 있는데, 모법인에서 3명, 외부 이해관계자들이 3명, 내부에서 2
명이 운영위원으로 참여하고 있습니다.”
-D 사회적 기업 관리자 인터뷰 2011년 9월 28일-

"이해관계자들이 참여를 하고 있는 것은 공식적으로 운영위원회를 통해
참여를 하고 있고, 사회적 경제 네트워크에서 3명, 생산자 조합 3명, 내부
인력 2명으로 총 8명이 운영위원회에 참여하고 있습니다. 실질적으로 저
희와 직접적으로 관련되는 이해관계자들이 운영위원회의 참여를 희망하면
참여할 수 있습니다."
-M 사회적 기업 대표 인터뷰 2011년 9월 28일-

"저희는 상시적으로 중요한 사안에 대해서 운영위원회를 통해 결정을 하
고 있는데, 지역의 시민단체와 건설 관련 단체, 내부 이해관계자 등으로
구성된 총 6명이 운영위원회에 참여하고 있습니다. 이 중 2명이 내부 구
성원들입니다. 나머지는 다 외부 이해관계자들이라고 할 수 있지요."
-N 사회적 기업 관리자 인터뷰 2011년 10월 6일-

"현재 운영위원회에서 중요한 안건을 결정을 하고, 총 6명으로 구성되어
있습니다. 외부 이해관계자 3명, 내부 구성원 3명 이렇게 참여하고 있습
니다. 현재 운영위원회 말고는 외부 이해관계자들이 참여하고 있는 부분은
없습니다."
-G 사회적 기업 대표 인터뷰 2011년 10월 19일-

이상의 사례에서 볼 수 있듯이 <D 사회적 기업>, <M 사회적 기업>,
<N 사회적 기업>, <G 사회적 기업>의 상시적인 안건을 결정하는 운영
위원회에 내외부의 주요 이해관계자들이 참여할 수 있는 기회를 제공하고
있는 것으로 나타났고, 외부 이해관계자들의 구성은 38~50%에 이르기까
지 다양한 비율을 보이고 있다. 반면 직접적으로 운영이라는 과정에는 참
여하지 않지만, 자문이라는 형식으로 참여하고 있는 경우도 있다. <Y 사
회적 기업>, <C 사회적 기업>의 경우에는 외부의 이해관계자들이 운영
과정에는 참여하고 있지 않지만 관련 정보제공, 자문을 하고 있다.

"직접적으로 운영을 결정하는 과정에 외부 이해관계자들이 참여를 하고
있지는 않고, 농작물 생산 정보나 농산물 생산 관련 전문기술과 관련된 부

분에 있어서는 자문이나 컨설팅을 많이 받습니다."
-Y 사회적 기업 대표 인터뷰 2011년 10월 6일-

"외부에서 우리 마을에 관심을 많이 가지고 있어요. 공동체 활성화를 위해
서 노력하는 마을이라고 해서. 그러다 보니까 대학이나 연구소관련 분들과
연계가 되고 해서 이런 분들이 자문이나 조언, 컨설팅을 해주는 관계까지
이르게 되었습니다. 뭐 직접적으로 운영과정에 참여는 아직 못하고 있고.
외부 이해관계자들과 관계를 맺음으로써 저희가 얻는 이점이 생긴 부분이
고, 앞으로도 이러한 부분이 더 필요하지 않나 생각을 합니다."
-C 사회적 기업 대표 인터뷰 2011년 10월 19일-

이해관계자들과의 호혜적 관계에 기반을 둔 자원 동원은 경제적 기반을
갖추는 데 긍정적으로 작용하고 있는 것으로 나타났다. 실제로 〈D 사회적
기업〉, 〈M 사회적 기업〉, 〈G 사회적 기업〉의 경우에는 호혜적 관계를 기
반으로 이해관계자들과의 자원 교류가 이루어지고 있는 것으로 나타났다.
"아직까지는 저희도 어려운 부분이 있습니다. 그런데 지역에서 저희보다
더 곤란하거나 어려운 상황에 처한 단체들이 있거든요. 저희가 어려울 때
도움을 받았기 때문에 그 심정을 잘 알고 있기 때문에 실질적으로 얼마
되지 않는 자원이지만 출자를 하는 경우가 있습니다. 원주의료생협이나 다
른 단체에 100만 원, 200만 원 정도 출자를 하고 있습니다."
-D 사회적 기업 관리자 인터뷰 2011년 9월 28일-

"지역의 이해관계자들과의 네트워크가 중요하죠. 단순히 정보공유만이 아
니라 사회적 기업들이 활동할 수 있는 최소한의 유·무형의 자본시장을
형성할 수 있다는 것이죠. 이러한 것들이 지역적인 차원에서 가능하게 되
면 사회적 기업과 관련된 다양한 활동과 사회적 기업이 지속가능할 수 있
을 겁니다. 실제로 지역의 단체나 사회적 기업이 어려운 경우에 상호 출자
금을 통해 자원의 실질적인 교류가 발생하는 경우도 있습니다. 저희가 도
움을 줄 때도 있고, 도움을 받는 경우도 있고."
-M 사회적 기업 대표 인터뷰 2011년 9월 28일-

"지역사회에서 네트워크와 신뢰가 잘 구축되어 있다는 것은 어떠한 측면
에서 무형의 자산이 잘 구축되어 있다고 볼 수 있거든요. 사회적 기업이

Ⅳ. 사회적 기업의 사례 분석　189

이러한 호혜적 관계에 의한 자원교환 및 자원 혼합은 사회적 기업
의 지속가능성을 높일 수 있다. 즉, 이해관계자들 간의 호혜적 관계가
더 강하게 형성되어 상대방에 대한 신뢰가 커지게 되면 각 이해관계
자들에게 존재하는 다양한 유·무형의 자원들의 교환 및 계약, 제휴
관계를 형성하여 실질적인 자원의 교환이 이루어질 수 있을 것이다(박
찬웅, 2006). 이를 통해 자원의 보완성과 다중적 연결을 통해 균형을
이루는 상태가 되면 경제적 기반을 향상시킬 수 있다. 이러한 관점에
서 보면, 사회적 기업과 지역의 다양한 이해관계자들과 사회적 관계가
더 강하고 깊어지게 되면, 실질적으로 상호 출자, 지역기금 조성 등과
같은 행위를 통해 자원의 교환 등을 통한 상호 지원과 사업적 연계가
이루어질 수 있다.

자원 교류의 수준을 넘어 이해관계자들과의 사업적 연계의 단계까지
진행되면서 지역사회에서 상생의 관계를 형성하고 있는 경우도 있었다.
<M 사회적 기업>의 경우에는 지역생산 식량체계의 구축을 위하여
생산자 단체와 소비자 단체들과의 연계를 통해 실질적인 사업적 연계
를 형성하고 있는 것으로 나타났다. 그리고 이러한 사업적 연계를 통해
지역에서의 생산량과 소비량을 조절하여 양 이해관계자들이 상생
(win-win)할 수 있는 방향으로 진행되고 있다. 이러한 사례의 경우는
모든 사회적 기업에서 일반적으로 나타난다고 할 수 없는 특수성이 반
영된 영역이기는 하지만, 실제로 지역의 네트워크를 통해 상생의 관계
및 단계를 보여주고 있다는 측면에서 의의가 있다.

"저희 같은 경우에는 지역 친환경농산물 생산 및 가공사업을 하고 있기 때문에 관련 농산물 생산자들과 직접적으로 연결될 수밖에 없는데요. 아무래도 활동영역의 특수성이 배제되었다고는 볼 수 없지만, 그래도 지역의 네트워크를 통해 각 이해관계자들이 상생할 수 있는 하나의 모델을 만들어 가고 있다는 측면에서 의미가 있다고 할 수 있습니다. 실질적으로 저희 M 사회적 기업 설립에 직접적인 출자금 지원이 이루어진 부분도 있고, 운영위원회에 참여도 하고 있고, 유기적으로 작동이 되고 있고요. 이러한 모델이 잘 되면 최소한 지역사회에서 먹거리와 관련해서는 직접 생산 직접 소비의 체계를 형성할 수 있다고 봅니다."

-M 사회적 기업 대표 인터뷰 2011년 9월 28일-

호혜적 관계의 형성을 통한 사업적 연계는 지역사회의 사회적 네트워크 등의 이해관계자 참여와 개입에 의해서 창출되는 자원연계의 성격을 갖고 있다. 특히 이러한 자원연계성은 다양한 경제 영역을 상호보완하면서 다원적 연결에 기초한 경제활동의 자율성을 확보할 수 있다는 측면에서 의미가 있으며, 이러한 자원연계성의 확보는 정부, 시장 등의 영역으로부터의 자원 동원 대응력을 확보할 수 있고, 조직의 안정성과 지속가능성의 확보가 용이해질 수 있다.

각 사회적 기업의 네트워크의 형성과 관련된 내용을 정리하면 다음 <표 4-19>와 같다.

〈표 4-19〉 사례 기업의 네트워크 형성 현황

(2011년 9월 말 기준)

| 구분 | 호혜적 관계 형성 정도 | | 이해관계자들의 참여보장 | 이해관계자들의 자원교환[1] | 이해관계자들의 사업적 연계[2] |
	개인적 차원	조직적 차원			
D 사회적 기업	10	24	운영위원회 참여 및 의사결정	○	×
M 사회적 기업	12	24	운영위원회 참여 및 의사결정	○	×
N 사회적 기업	23	24	운영위원회 참여 및 의사결정	×	×
Y 사회적 기업	10	23	자문위원으로 참여 및 정보 제공	×	×
G 사회적 기업	30	30	운영위원회 참여 및 의사결정	○	○
C 사회적 기업	10	22	자문위원으로 참여 및 정보 제공	×	×
S 사회적 기업	5	23	자문위원으로 참여 및 정보 제공	×	×

자료: 각 사회적 기업의 창립총회 자료.
　　　각 사회적 기업의 지역 단체 협약 현황.
주: 1) 호혜적 관계를 통해 상호 출자금이나 기부와 같은 행위가 이루어지고 있는지를 의미함.
　　　○은 자원 교환이 이루어지고 있음을 의미하고, ×는 자원교환이 이루어지지 않음을 의미함.
　　2) 이해관계자들의 사업적인 관계 형성과 관련이 있음.
　　　○은 사업적 연계가 이루어지고 있음을 의미하고, ×는 사업적 연계가 이루어지지 않음을 의미함.

　　환경적인 수용성의 측면은 지역에서 사회적 기업이 활동할 수 있는 여건이 조성되어 있느냐와 관련된 부분이라고 할 수 있다. 그리고 이러한 환경은 사회적 기업의 지속적인 활동을 통해 사회적 기업을 중심으로 하는 윤리적 시장, 공정 시장과 같은 새로운 시장을 조성할 수 있고, 사회적 기업에 적합한 환경을 만들어 갈 수 있다. 이러한 측면은 단순히 사회적 기업이 외부환경에 대해 의존적이기보다는 적극적으로 외부 환경을 사회적 기업에 적합한 환경으로 개선하려는 측면과 관련된 부분이며, 이 바탕에는 사회적 기업가정신이 작동하는 것으로 보인다. 사회적 기업의 환경적 수용성의 측면과 관련된 지금까지의 논의를 중심으로 특성을 살펴보면 다음 <표 4-20>과 같이 정리할 수 있다.

<표 4-20> 사례 기업의 환경적 수용성 특성 비교

구분	D 사회적 기업	M 사회적 기업	N 사회적 기업	Y 사회적 기업	G 사회적 기업	C 사회적 기업	S 사회적 기업
제도적 지원	㊥	㊥	㊥	㊥	㊥	㊥	㊥
지역사회인식	㊦	㊥	㊦	㊦	㊥	㊦	㊥
네트워크형성	㊥	㊤	㊥	㊥	㊥	㊥	㊥
평가자 점수(10점 만점)	5	7	5	5	6	5	6
자기 평가 점수(10점 만점)	5	6	6	5	6	4	4
최종 점수(20점 만점)	10	13	11	10	12	9	10

주: ㊤: 해당 평가지표 항목을 모두 충족.
　　㊥: 해당 평가지표 항목을 일부 충족.
　　㊦: 해당 평가지표 항목을 모두 불충족.

<표 4-20>에서 보는 바와 같이 전체적인 환경적 수용성 정도는 낮은 것으로 나타났으며, <M 사회적 기업>과 <G 사회적 기업>의 경우만 환경적 수용성 정도가 높은 것으로 나타났다. 위 두 사례의 경우에는 지역사회의 다양한 이해관계자들의 참여와 이에 기초한 자원의 교류가 활발하게 이루어지고 있다는 공통점을 가지고 있다. Laville & Nyssens (2006)에 의하면, 사회적 기업이 이해관계자들과의 호혜적 관계를 통해서 동원되는 보완성(complementarity)과 다중적 연결(multiple linkage)을 균형이 있게 하는 상태가 되면 사회적 기업의 지속가능성은 높아진다. 다시 말해서 사회적 기업이 호혜적 관계를 통한 자원혼합의 균형성에 이르게 되면, 지속가능성 정도는 높아지는 것으로 볼 수 있다. 여기서 자원혼합의 균형성은 호혜적 관계에 기초해서 다양한 영역으로부터 균형적으로 자원을 동원하는 것을 의미한다. 그러나 사회적 기업이 활동할 수 있는 제도적 기반의 구축과 일반 시민들의 관심과 관련해서는 여전히 개선되어야 할 부분이 많다. 특히, 일반시민들로부터의 인지도를 높이기 위해서는 지속적으로 각 사회적 기업에 대해 홍보하고 체험프로그램 등의 운영을 통해 접촉의 빈도를 높여가는 것이 필요하다.

4. 논의 종합

　이상의 논의를 중심으로 각 사회적 기업의 지속가능성 특성을 종합·비교하면 다음 <그림 4-2>와 같다. 사회적 기업 지속가능성의 이상형은 정삼각형이라고 할 수 있으며, 사회적 목적 달성, 경제적 기반, 환경적 수용성의 각 요인이 안정적이고 균형을 형성할 때, 이러한 이상형의 형태가 나타난다.

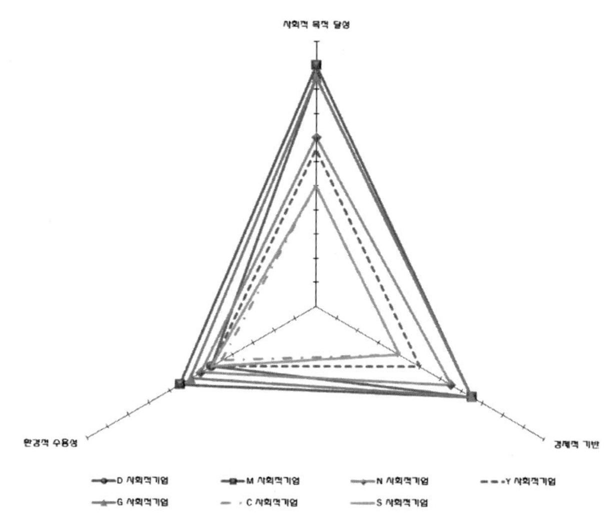

〈그림 4-2〉 각 사례의 사회적 기업 지속가능성 특성 비교

　<그림 4-2>에서 보는 바와 같이 사회적 기업의 지속가능성은 사회적 기업마다 다양하게 나타나고 있다. 이것은 사회적 기업의 지속가능성을 구성하는 사회적 목적 달성, 경제적 기반, 환경적 수용성의 발현 정도가 다르게 작동하고 있음을 의미한다. 각 사례의 구성요인들을 종합적으로 살펴보면, 사회적 목적 달성은 높은 정도를 보여주고 있지만, 경제적 기반과 환경적 수용성은 사회적 목적 달성 정도의 수준에 미치

지 못한 것으로 나타났다. 이론적으로는 사회적 목적 달성이 증대되면, 사회적 기업에 대한 인식의 변화를 통해 경제적 수익활동으로 이어져 사회적 기업이 지속가능할 수 있는 구조를 형성하게 된다. 그러나 사회적 기업의 지속가능성 특성 분석 결과 사회적 목적 달성과 경제적 기반, 환경적 수용성, 이 세 가지 요인들은 상호 유기적으로 작동하고 있다고 보기 어렵다. 즉, 사회적 기업이 지속가능할 수 있는 안정적인 선순환체계를 갖추고 있다고 보기 어렵다.

각 사례들을 종합하여 사회적 목적, 경제적 기반, 환경적 수용성의 요인들을 중심으로 사회적 기업 지속가능성의 특성을 정리하면 다음과 같다.

첫째, 사회적 기업의 1차적인 목적은 사회적 목적을 달성하는 것이다. 사회적 기업이 실현할 수 있는 사회적 목적은 다양할 수 있지만, 기본적으로 취약계층의 고용과 사회 서비스 제공을 통해 실현하고 있다. 특히 사회적 기업이 취약계층들을 직업적 혹은 사회적 통합에 참여시킴으로써 경제적 소득향상이나 사회적 배제의 해소와 같은 다른 목표들이 동시에 적용될 수 있다. 왜냐하면 사회적 기업이 취약계층을 고용함으로써 사회적인 참여를 촉진하고 개인의 경제적 소득 향상뿐만 아니라 개인의 삶의 질 향상을 기대할 수 있기 때문이다. 이러한 고용과 사회적 통합의 목적 실현은 유럽 노동통합 사회적 기업의 목적 실현 우선순위에서도 가장 우선적으로 고려되고 있다(Evers, 2001). 그만큼 고용과 사회적 통합은 사회적 기업이 달성해야 할 중요한 부분이라고 할 수 있다. 그리고 사회적 목적의 재투자는 현재 활동하고 있는 사회적 기업뿐만 아니라 지역사회에서 새로운 사회적 기업이 탄생되어 다양한 실험을 할 수 있는 기회를 제공한다는 측면에서 중요한 의미를 갖는다. 사회적 기업의 사회적 목적 재투자 자원은 주로 지역의 기금 조성이나 상호 출자금 형태로 이루어지고 있다. 지역에서의 이러한 기금 조성의 기제가 사회적 기업의 설립 초기에 소요되는 자본을 보완해주는 역할을 할 수 있다.

둘째, 유럽의 노동통합 사회적 기업과 마찬가지로 각 사례의 사회적 기업들 역시 시장영역뿐만 아니라 공공영역, 시민사회 영역으로부터 다양한 형태의 자원을 동원하고 있는 것으로 나타났다. 그리고 일반 시장으로부터의 자원 동원의 한계를 극복하기 위하여 공공시장의 영역으로부터 자원을 동원하고 있다. 실제로 공공시장의 영역으로부터 자원을 동원하는 사회적 기업의 경우 매출액의 규모가 상대적으로 높은 것으로 나타났고, 이를 바탕으로 지속가능할 수 있는 가능성이 높은 것이 사실이다. 그렇다면 사회적 기업의 자원 동원의 다양성에 대해서 고민을 해볼 필요는 있다. 자원의 다양화는 위험을 방지하는 데 완벽하지 않지만, 일정 수준의 자원 동원의 안정성을 확보하고 강화하는 데 유용할 수 있다. 이러한 자원의 다양화는 일반기업에서는 많이 나타나지 않으며, 사회적 기업이 일반 기업과 차별적인 자원 동원의 다양화 때문에 혁신적이라고 보이는 경우도 있다. 일반 시장영역을 중심으로 자원을 동원한다는 것은 사회적 기업의 영세성과 시장경쟁력, 조직역량의 미흡 등으로 인하여 자원 동원의 한계를 보일 수밖에 없다. 이러한 한계를 극복하기 위해 사회적 기업은 자원 동원의 다양화라는 전략을 선택한 것으로 보인다. 다양화된 자원 동원은 일반 시장 수입 구조의 취약함을 감소시켜줄 수 있는 대안이 되고 있다(Austin, 2006). 이러한 다양한 자원 동원을 통해 얻을 수 있는 이득은 사회적 기업의 규모와 범위를 증가시킬 수 있다. 그리고 판매 증가, 명성 증가, 관계의 증진, 공급자의 질 개선의 효과를 기대할 수 있으며, 사회적 가치를 증진 및 확산시켜줄 수 있는 다양한 이해관계자들의 참여와 구성원과 지역사회의 소유의식을 증대시킬 수 있다. 그러나 자원 동원의 다양화 속에서도 특정 영역의 의존도가 편중되어 나타날 수 있고, 자원 동원의 적극성 또한 감소할 수 있다. 실제로 사례 기업의 경우 자원 동원의 다양화를 실현하고 있지만, 내용적으로는 자원 동원의 다원화가 아닌 공공시장 영역에 편중된 단일화 현상을 보여주고 있다. 공공시장영역으로부터의 자원 동원은 사회적 기업의 노력의 결과이지만, 이 영역에 대한 의존도가 전체 매출액의 80% 이상을 차지하고 있고, 계약 기간(2년) 경과 후 재계약이 이루어져야 자원 동원이 재개될 수 있기 때문에 지속성과 영구성을 가진 자원의 성격과는 다소 거리가 있다. 즉, 공공시장의 의존도가 높기 때문에 선호도 혹은 정책 및 시장의 변화가 발생할 때 취약함에 대한 노출 정도가 크다. 사회적 기업이 경제적 기반을 형성하는 데 자원 동원의 다양화를 기초로 달성하는 것이 필요하지만, 특정 영역으로부터의 의존을 최소화하고 자원 동원 영역의 일정 수준의 균형성을 유지하는 것이 필요하다. 이를 통해 자원활용성이나 자원 동원 환경의 변화가 발생할 때의 취약함을 감소시킬 수 있다.

셋째, 사회적 기업의 완전한 역할을 수행하고 지속가능하기 위해서는 사회적 기업 스스로의 노력만큼 환경적인 측면 또한 중요하다. 먼저 사회적 기업을 지원할 수 있는 안정적이고 우호적인 제도적 지원은 사회적 기업이 지속가능할 수 있는 데 중요하게 작용할 수 있다. 사회적 기업 육성 정책의 마련, 한시적인 정부의 지원제도도 사회적 기업이 활동하고, 성장할 수 있는 기회를 제공해줄 수 있지만, 한시적 지원에 의존하면서 조직의 역량을 개발하지 못하게 되면 지속가능할 수 있는 가능성은 그만큼 줄어든다. 정부의 지원정책은 사회적 기업이 어떻게 활용하느냐에 따라 득이 될 수도, 독이 될 수도 있다. 그러나 현실적으로는 정부 지원의 제도적 기반은 정비가 되어 있지만, 지원의 대부분이 재정적 지원에 초점이 맞추어져 있고, 실질적으로 관련 제도가 원활하게 작동하지 못하고 있는 한계를 보이고 있다. 특히, 사회적 기업의 자생력을 촉진시켜줄 수 있는 우선구매 지원제도나 판로지원 제도의 경우에는 유명무실한 것으로 나타났다. 정부의 지원이 중요하지만 사회적 기업이 스스로 성장할 수 있는 기회를 부여하는 지원정책으로의 전환과 정부 정책과 연계하는 것이 필요하다.

사회적 기업의 소비자 계층이라고 할 수 있는 일반 시민들의 경우 사회적 기업에 대한 홍보나 방송을 통해 알고 있지만, 지역사회의 사회적 기업에 대한 관심 정도는 낮은 것으로 나타났다. 일부 사회적 기업들의 경우 일반기업과 동일 영역에서 유사한 활동을 하기 때문에 인지를 못할 수 있다. 그러나 일반 시민들의 입장을 고려한다면, 사회적 기업이 사회적 가치를 지향하는 일련의 활동들을 제대로 전달하지 못하기 때문에 사회적 기업에 대한 인지도가 낮다. 즉, 사회적 기업이 가지고 있는 특성이나 일반기업과의 차별성이 부각되지 못하기 때문에 인지도는 낮다고 볼 수 있다. 이러한 부분에 대해서 사회적 기업은 추구하는 사회적 가치가 일반 시민들에게 전달될 수 있는 방안을 모색하고, 교육 및 체험 프로그램을 통해 일반 시민들과의 접촉 빈도를 높일 수 있는 활동들을 통해 스스로가 인지도를 높일 수 있는 부단한 노력이 필요하다.

지역 내 다양한 이해관계자들과의 네트워크는 현실적으로 사회적 기업과의 교류를 증진시킬 수 있고, 이는 다시 자원 교류의 촉진으로 이어지는 선순환 구조를 창출한다는 점에서 매우 중요하다. 실제로 상당수 사회적 기업은 이해관계자와 연계된 자원을 교류하고 있다. 이러한 자원교환이 가능하다는 것은 다양한 이해관계자들과 호혜적 관계를 통해 경제활동을 한다는 사실을 확인해주는 것이라고 할 수 있다. 그러므로 사회적 기업은 어느 정도 사회적 자본에 기반을 둔 경제활동을 하고 있다. 모든 사회적 기업이 그러하다는 것은 아니지만, 최소한 본 연구에서 살펴본 사례의 경우에는 그러한 것으로 보인다.

Laville & Nyssen(2006)의 분석에 의하면, 사회적 기업에서 사회적자본은 거래비용과 생산비용을 감소시키는 효과를 발생시킨다. 거래비용의 경우 이해관계자들이 사회적 기업의 조직 운영 및 활동에 직접적으로 참여하는 경우가 많아 정보 수집과 감시 비용이 수반되지 않기 때문에 거래비용을 감소시키는 효과를 기대할 수 있다. 또한, 생산비용의 관점에서 보면, 사회적 기업은 다양한 이해관계자들과의 신뢰와 네트워크라는 두 가지 속성을 가지고 있기 때문에 자발적 헌신, 자원 활동 등을 유발할 수 있어 생산비용을 감소시킬 수 있다.

이러한 다양한 이해관계자들과의 네트워크의 형성은 다른 영역에서의 자원 동원이 원활하지 않을 경우 그에 대응할 수 있는 능력을 제공할 수 있고, 관계에 의한 자원의 활용 및 재생산이 가능하기 때문에 동원되는 자원의 보완성과 자원혼합의 균형성을 유지할 수 있다. 따라서 사회적 기업에서 다양한 이해관계자들과의 네트워크에 기반을 둔 자원혼합은 경제적 기반을 높이는 데 긍정적인 영향을 미친다고 할 수 있고, 이는 다시 사회적 목적 달성으로 이어지는 선순환 구조를 형성하는 것이 필요하다. 이러한 과정을 통해 사회적 기업은 지속가능성을 높일 수 있을 것으로 보인다.

이상의 논의를 종합하면, 사회적 기업의 지속가능성을 구성하는 각 요인들이 상호 유기적으로 작동될 때, 사회적 기업의 지속가능성 정도는 증가할 수 있다. 사회적 목적 달성을 통해 사회적 기업에 대한 인식과 사회적 기업의 활동 영역 등의 변화를 이끌어낼 수 있고, 이러한 변화들이 사회적 기업의 수익활동으로 이어져 경제적 기반을 형성할 수 있다. 그러나 각 사례의 사회적 기업 지속가능성의 모양은 사회적 목적 달성에 편중되어 있고, 경제적 기반과 환경적 수용성이 발휘될 수 있는 환경은 조성되어 있다고 보기 어렵다. 그래서 경제적 기반과 환경적 수용성이 발휘될 수 있는 제도적·환경적 여건을 조성하는 것이 필요하다. 결론적으로 사회적 기업의 지속가능성을 높이기 위해서는 사회적 목적 달성, 경제적 기반, 환경적 수용성이 상호 유기적으로 작동하여 발휘될 수 있는 환경을 조성하는 것이 필요하다.

제4절 사회적 기업가정신과 지속가능성 관계 분석

일반적으로 조직에 대한 성과나 지속가능성을 표현하는 의미로 '성공'이라는 단어를 주로 사용한다. 일반기업의 경우 궁극적으로 이윤 창출을 달성했을 때 성공적인 기업이라고 본다. 반면, 사회적 기업의 성공은 사회적 가치와 경제적 가치를 통합적으로 달성했을 때 성공적이라고 할 수 있다. 그렇다면 여기서 성공의 기준이 무엇인가가 중요할 수밖에 없다. 성공이라는 의미를 단순히 목표치의 달성 정도(성과)로 볼 것이냐 아니면 목표의 지속성과 안정성(지속가능성)에 중심을 둘 것이냐의 문제라고 할 수 있다. 이러한 측면에서 본다면 사회적 기업의 특성을 고려하면, 사회적 가치와 경제적 가치를 안정적이고 지속적으로 창출하는 것을 성공이라고 할 수 있다. 즉, 지속가능성의 개념에는 사회적 가치와 경제적 가치가 반대적인 것이 아니라 두 가지 가치가 상호 유기적으로 작동하는 형태를 취하는 것을 의미한다.

그렇다면 사회적 기업은 지속가능성을 어떻게 획득할 수 있는가와 관련된 문제가 중요하게 고려될 필요가 있다. 이와 관련하여 본 장에서는 사회적 기업가정신이 사회적 기업을 지속가능하게 하는 데 중요한 요인으로 보고, 이 둘의 관계에 대해서 살펴보고자 하였다.

1. 사회적 기업가정신과 사회적 기업 지속가능성의 관계

1) 사회적 기업가정신과 사회적 기업 지속가능성의 관계

각 사례의 사회적 기업가정신과 사회적 기업 지속가능성의 관계에 대해 살펴보면, 전체적으로 관계 정도가 높은 것으로 나타났다. <그림 4-3>에서 볼 수 있듯이 대부분의 사례가 동등한 위치의 관계를 형성하고 있는 것으로 나타났다. 사회적 기업가정신이 높은 사회적 기업은 지속가능성도 높은 것으로 나타났다. 이러한 측면에서 보면, 사회적 기업가정신이 높을수록 사회적 기업 지속가능성의 정도도 높아지는 것이다.

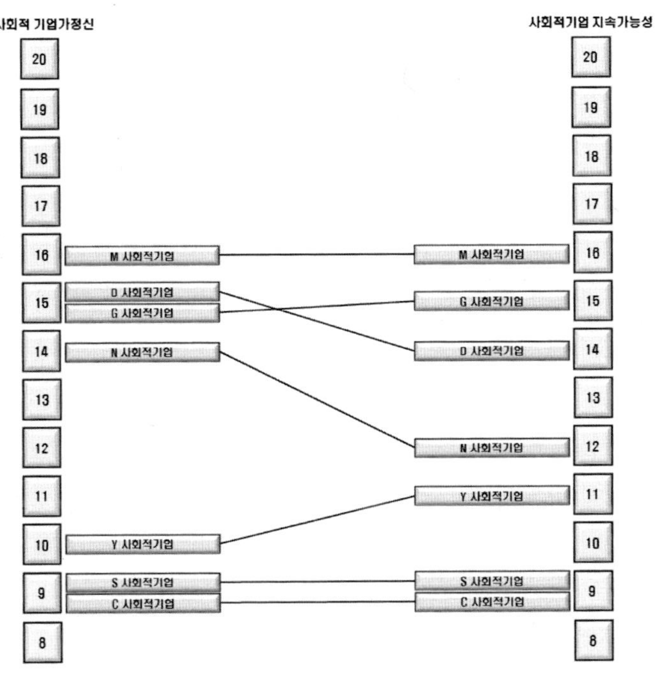

〈그림 4-3〉 사회적 기업가정신과 사회적 기업 지속가능성의 관계

<그림 4-3>에서 보듯이 모든 사례의 사회적 기업들이 둘의 관계가 동등한 위치의 관계를 보여주고 있는 것은 아니다. <N 사회적 기업>의 경우는 높은 사회적 기업가정신에 비해 낮은 사회적 기업 지속가능성의 특징을 보여주고 있는 것으로 나타났다. 이러한 이유는 <N 사회적 기업>의 경우 사회적 기업 지속가능성의 측면에서 높은 위치에 있는 사례에 비해 경제적 기반을 충분히 형성하지 못하고 있는 부분과 관련이 있을 수 있다.

특히, <N 사회적 기업>의 매출 규모가 상대적으로 영세하기 때문에 안정적인 경제적 기반을 형성하지 못하고 있고, 보유하고 있는 전문성과 기술력을 발휘할 수 있는 시장의 형성이 아직 미흡한 부분도 원인으로 작동했다고 볼 수 있다.

2) 사회적 기업가정신 구성요인과 사회적 목적 달성의 관계

첫째, 사회적 가치 지향성과 사회적 목적 달성의 관계에 대해서 살펴보면, <그림 4-4>와 같은 관계를 형성하는 것으로 나타났다. 전체적으로 사회적 가치 지향성과 사회적 목적 달성 정도는 높은 것으로 나타났고, 인터뷰 결과와 관련지어 살펴보면, 사회적 가치 지향성이 높은 사례의 사회적 기업은 취약계층에 대한 일자리와 사회 서비스 제공, 고용의 지속성, 사회적 목적의 재투자 측면을 충실하게 이행하고 있는 것으로 나타났다. 반면, <N 사회적 기업>, <Y 사회적 기업>, <C 사회적 기업>, <S 사회적 기업>의 경우는 낮은 사회적 목적 달성 정도를 보이고 있는데, 그 이유에 대해서 살펴보면 다음과 같다. 먼저 <N 사회적 기업>의 경우에는 취약계층의 고용과 사회 서비스 제공의 측면과 같은 기본적인 역할 수행은 충실히 이행하고 있는 것으로 나타났다. 그러나 사회적 목적의 재투자와 관련하여 지역사회의 기금이나 상호 출자금과 같은 외부적인 목적에 재투자를 위한 목적으로 활용되기보다는 내부적인 전문성 및 기술력 확보, 고용 인력의 인건비 보전을 위한 목적으로 수익을 재투자하고 있는 것으로 나타났다.

> "사회적 기업은 수익이 발생하게 되면 지역사회를 위한 사회적 목적에 재투자를 하도록 되었습니다만 아직 저희가 그럴만한 충분한 여력이 안 되는 부분도 있지만, 내부적인 기술력과 전문성 확보, 고용된 인력의 인건비 보전을 위한 목적으로 수익을 재투자하고 있습니다. 특히, 건설업과 전문 기술을 요하는 업종이기 때문에 전문성이 곧 조직의 역량이나 시장의 수

익 활동으로 연결되는 부분이 적지 않기 때문에 내부적인 내실을 위하여
투자를 하고 있습니다."
-N 사회적 기업 관리자 인터뷰 2011년 10월 6일-

<Y 사회적 기업>, <C 사회적 기업>, <S 사회적 기업>의 경우에
는 높은 사회적 가치를 지향하고 있지만, 상대적으로 사회적 목적 달
성의 정도는 낮은 것으로 나타났다. 이들 사회적 기업의 경우 기본적
으로 취약계층의 고용이라는 목적은 달성하고 있지만, 장기성을 요하
는 지역적인 문제 해결을 위한 목표의 설정과 구체적인 목표를 실현할
수 있는 역량을 충분히 갖추지 못하고 있다. 이러한 이유로 인하여 사
회적 목적의 달성 정도가 낮게 나타났다.

"농촌 마을에서 요구되어지는 대안적 삶의 실현이라는 분명한 목표가 있
고, 그 목표가 실현될 경우 문화·경제 공동체가 실현되는 더불어 사는
농촌사회의 모델 제시를 통한 지역 활성화라는 가치는 지향하고 있습니다.
이러한 농촌사회의 모델이 단기간에 이루어진 것이 아니라 장기간의 시간
을 두고 실현되어야 하는 것인데, 현재는 과정이지 아직 결과에 도달하지
못한 상태거든요."
-Y 사회적 기업 대표 인터뷰 2011년 10월 6일-

"기본적으로 저희 마을이 추구하는 것은 모든 마을 주민들이 행복하고 윤
택하게 사는 것입니다. 그리고 그 안에서 우리 마을 사람들이 서로를 위하
는 마음을 예전과 같이 회복했으면 하는 것이고. 그래서 모든 마을 사람들
이 참여할 수 있는 사업들을 발굴하고, 그것을 실천하고 있다고 보면 될 것
같습니다. 그리고 수익을 목적으로 하는 것이 아니라 무형의 가치를 추구하
기 때문에 단시간에 결과가 나오기를 기대하는 것 자체가 무리고, 시간을
두고 실현해야 하는 부분도 있고. 지금은 당장 사람 고용하는 것 말고 내세
울 것이 없지만 한 해 두 해 지나면 전과 다른 것이 있지 않겠습니까?
-C 사회적 기업 대표 인터뷰 2011년 10월 19일-

"저희가 최종적으로 그리는 그림은 귀농인들이 잘 정착해서 재이농 현상

Ⅳ. 사회적 기업의 사례 분석　203

을 방지하고 지역이 활성화되어 활기가 있는 농촌을 만드는 데 기여를 하
는 것입니다. 그동안 시행착오도 많았고, 지금도 시행착오 겪고 있고, 물건
을 생산하는 것이면 얼마나 만들었는지를 볼 수 있는데, 무형의 노력들을
하는 것이고, 이것이 직접적으로 눈에 보이는 부분이 아니라서 저희의 역
할이 무엇인지에 대해서 궁금해하시기도 하죠."
—S 사회적 기업 대표 인터뷰 2011년 10월 19일—

이러한 측면에서 보면, 사회적 기업의 사회적 목적은 단계적으로 추
진할 수 있는 명확하고 구체적일수록 달성 정도가 높다. 그리고 사회
적 목적을 달성하기 위한 충분한 조직 역량을 갖추는 것은 물론 이를
위한 부단한 노력도 수반되어야 함을 간접적으로 보여주고 있다.

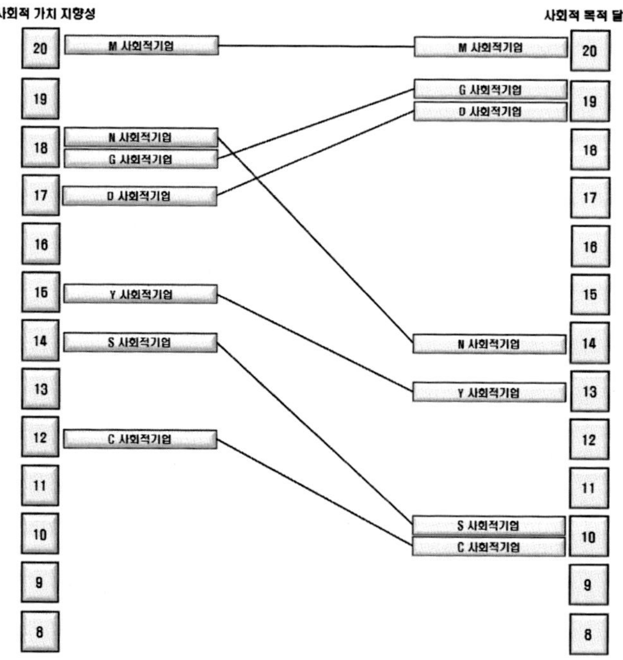

〈그림 4-4〉 사회적 가치 지향성과 사회적 목적 달성의 관계

둘째, 혁신성과 사회적 목적 달성 정도의 관계에 대해 살펴보면,
<그림 4-5>와 같은 관계를 형성하고 있는 것으로 나타났다. 전체적으
로 혁신성과 사회적 목적의 달성 정도는 높은 것으로 나타났고, 인터
뷰 결과와 관련지어 보면, 혁신성이 높은 사회적 기업이 사회적 목적
달성도 충실하게 이행하고 있는 것으로 나타났다. 특히 혁신성은 사회
적 기업의 조직 운영과 자원 동원 측면과 직접적으로 관련된 측면으로
사회적 목적을 달성하는 데 유용하게 작용하는 것으로 볼 수 있다. 반
면 <N 사회적 기업>의 경우에는 기존 시장에서 시도하지 않는 친환
경 에너지 저감 장치 관련 분야에서 다양한 실험을 시도하기 위하여
관련된 이해관계자들을 운영과정에 참여시키고, 전문성과 기술력을 확
보하려는 시도들이 다양하게 이루어지고 있지만, 관련 기술을 취약계
층에게 적극적으로 보급하지 못하는 측면에서 사회적 목적 달성의 정
도가 낮게 나타났다.

> "새로운 기술력 확보와 전문성을 확보하기 위하여 관련 전문가들을 내부
> 운영과정에 참여시키고, 다양한 실험들을 시도하고 있지만, 실질적인 수혜
> 자라고 할 수 있는 취약계층에게 보편적인 보급을 하지 못하고 있습니다.
> 그리고 사회적 목적의 재투자와 관련해서는 이러한 에너지 저감과 관련된
> 전문성과 기술력 확보를 위해 재투자되고 있는 상황이기 때문에 지역사회
> 에 대한 투자는 아직 미흡하다고 볼 수 있습니다."
> ―N 사회적 기업 관리자 인터뷰 2011년 10월 6일―

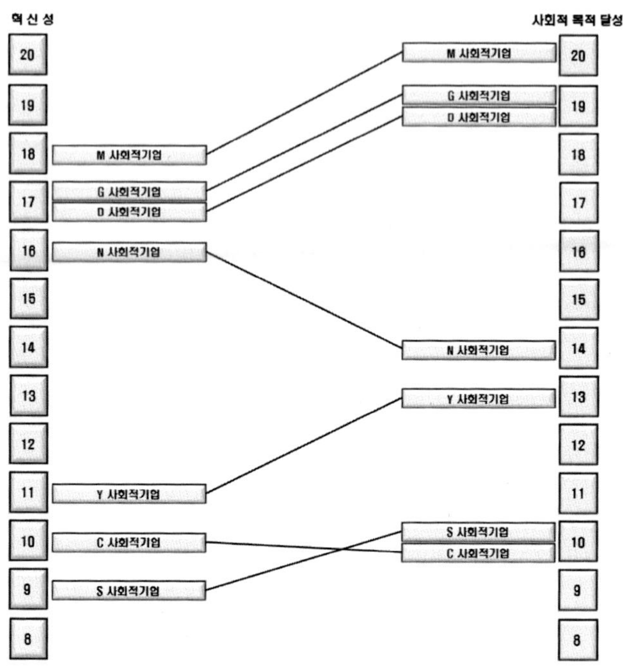

〈그림 4-5〉 혁신성과 사회적 목적 달성의 관계

셋째, 사회적 기업가정신 중 진취성과 사회적 목적 달성과의 관계에 대해 살펴보면, <그림 4-6>과 같은 관계를 형성하고 있는 것으로 나타났다. 전체적으로 사회적 기업의 진취성은 중간 정도의 수준이지만 사회적 목적 달성의 정도는 높은 것으로 나타났다. 진취성의 정도가 전반적으로 낮은 이유는 시장 변화에 대한 대응과 조직 역량을 강화하기 위한 노력들을 하고 있으나, 현실에서 실질적으로 발휘되지 못하는 부분과 단기간에 시장의 변화에 대응할 수 없는 한계가 있기 때문이다.

"진취성은 많은 편입니다. 사회적 가치를 실현하기 위한 부분이나 경제적 가치를 생산하기 위한 기반이나. 하지만 경제적인 부분에 있어서는 현실적으로 소화하지 못하는 부분이 상대적으로 있습니다. 그러나 이러한 일련의 노력들은 단순히 경제적 측면에만 국한되어 나타나는 것이 아니라 사회적 목적 달성에도 도움이 된다고 할 수 있습니다. 경제적 기반을 형성하기 위한 진취성은 경제적 측면뿐만 아니라 사회적 측면에서 긍정적으로 영향을 미친다고 봐야 할 것입니다. 경제적 활동 자체가 사회적 목적의 범위 내에서 수행되는 활동이기 때문에……"

—D 사회적 기업 관리자 인터뷰 2011년 9월 28일—

"저희가 하는 일이나 활동의 영역이 진취성을 기반하고 있습니다만, 사업의 확장 자체에 목적을 두고 있지는 않아요. 오히려 사회적 가치에 상대적으로 큰 비중을 두고 있고, 그것을 실현하려고 노력하고 있습니다. 사회적 목적과 경제적 목적은 별도의 개념이 아니거든요. 사회적 목적을 실현하는 과정에 경제적인 부분이 포함되어 있고, 경제적인 부분이 긍정적인 효과가 나면 그것이 사회적 목적에도 긍정적으로 작동한다고 보는 것이 현실적입니다."

—M 사회적 기업 대표 인터뷰 2011년 9월 28일—

"나름대로 공공의 가치를 지향하고 자부심을 갖고 있습니다. 물론 이를 현장에서 실현하는 데 있어서는 부족한 점이 많습니다. 그런데도 경제적 부분을 신경을 써야지 사회적인 부분도 달성할 수 있습니다. 저희가 사업영역을 확장하고 사업 방법을 모색하는 것은 이를 통해 경제적 수익을 얻은 것도 있지만, 이를 통해 취약계층의 고용을 지속할 수 있다는 측면이 더 강하게 작동할 수 있거든요."

—Y 사회적 기업 대표 인터뷰 2011년 10월 6일—

"사회적 목적과 관련해서는 저희가 정의하고 있고, 설정되어 있는 목표들을 실천하려고 노력 중입니다. 최종적인 목적을 실현하기 위해 단계별로 목표들을 설정해놓고 있는데, 그러한 목표들을 달성하는 데 성과가 있고, 이러한 목표들이 달성이 되어야 이해관계자들로부터 신뢰를 얻을 수 있는 부분도 있기 때문에 최대한 단계별로 설정된 목표들을 실현하려고 노력합니다."

—G 사회적 기업 대표 인터뷰 2011년 10월 19일—

진취성과 사회적 목적 달성의 관계는 한 방향으로 형성되어 있는 것

으로 나타났으며, 사업의 영역 확장과 조직의 역량 강화를 통한 자원
확보를 위한 일련의 활동의 결과가 사회적 목적 달성이라는 측면과 긍
정적인 관계를 형성한다. 결과적으로 경제적 자원 확보 및 기반을 확
보하기 위한 일련의 활동이 경제적 기반의 측면에 국한되는 것이 아니
라 사회적 목적 달성에도 도움이 되는 것이다.

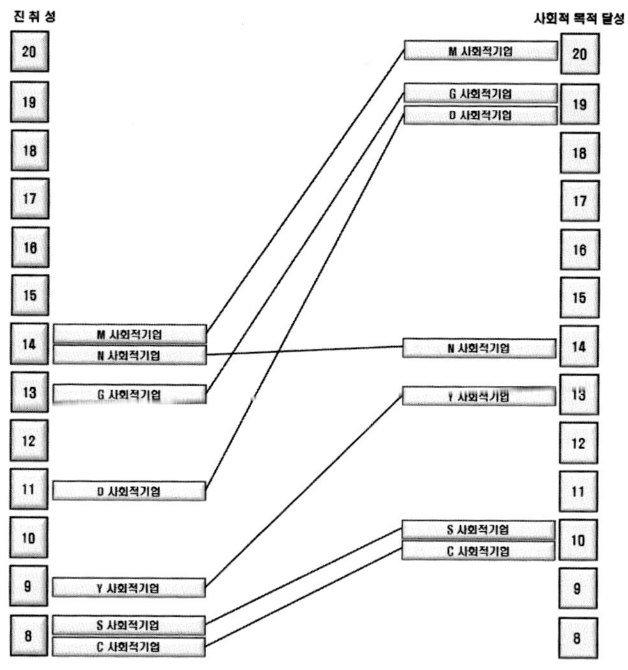

〈그림 4-6〉 진취성과 사회적 목적 달성의 관계

마지막으로 위험감수성과 사회적 목적 달성의 관계에 대해서 살펴보
면, <그림 4-7>과 같은 관계를 형성하는 것으로 나타났다. 전체적으
로 위험감수성 정도는 중간 정도의 수준인 것으로 나타났고, 사회적
목적 달성과의 관계를 인터뷰 내용과 관련지어 살펴보면, 각 사회적
기업들은 실현하고자 하는 목적에 대해서는 위험을 인지하고 과감하게

실천하려는 성향이 강하게 나타나고 있다. 그리고 시장영역에서의 자원 동원과 관련된 위험감수성은 적극적으로 발휘되지 못하기 때문에 전체적인 위험감수성이 낮다고 볼 수 있다. 실제로 위험과 관련된 대응 방안도 여러 가지 대안 중 가장 안정적인 방안을 우선적으로 고려하고, 그것의 실현가능성에 대해 검토를 하고 있었다.

"사회적 목적을 실현하는 데 저희가 경제적인 안정성을 확보하는 데 다소 미흡하다는 위험에 노출되어 있다는 부분에 대해선 구성원들도 충분히 인지를 하고 있습니다. 그래서 나름 제도권의 금융제도를 이용할 수 있는 노력을 하고 있고, 시장 영역의 확장을 통해 저희가 추구하고자 하는 목적을 실현하고자 노력을 하고 있습니다."

-D 사회적 기업 관리자 인터뷰 2011년 9월 28일-

"기존조직과 달리 개방적이고 수평적, 자율적인 조직의 운영방식을 적용하고, 조직 문화를 만들고자 노력을 하고 있지만, 구성원들의 적극성이 뒷받침되지 못한 부분이 적지 않기 때문에 혁신적인 실험을 제대로 시도하지 못하는 부분이 있습니다. 그래서 구성원들을 대상으로 교육도 하고, 실질적인 참여를 위한 인센티브 제도도 도입하고 있습니다."

-M 사회적 기업 대표 인터뷰 2011년 9월 28일-

"구성원들의 자발적 참여를 통한 자율적이고 개방적인 조직 운영방식의 정착을 통해 구성원들의 책임감을 높이려는 시도를 하고 있지만, 현실적인 수준에서 기대에 미치지 못하는 부분이 있습니다. 그 부분이 개선되면 참여지향적인 조직 문화의 구축과 생산성 증대를 기대할 수 있습니다. 그리고 이를 기반으로 더 많은 사회적 목적을 실현할 수 있을 것으로 기대합니다."

-N 사회적 기업 관리자 인터뷰 2011년 10월 6일-

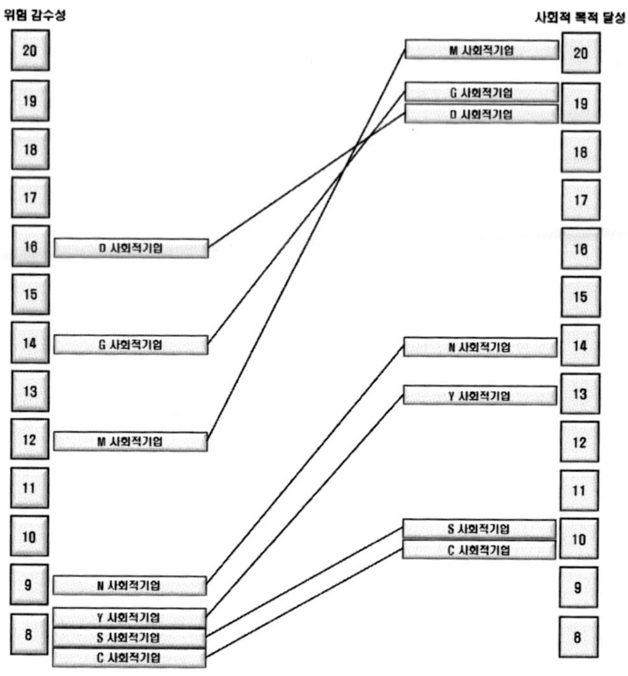

〈그림 4-7〉 위험감수성과 사회적 목적 달성의 관계

　사회적 기업가정신의 구성 요인과 사회적 목적 달성의 관계에 대해서 종합적으로 살펴보면, 각 구성요인들은 사회적 목적 달성과 관계가 있는 것으로 나타났다. 그렇지만 모든 구성요인들과 사회적 목적 달성과 동일한 관계를 형성하고 있는 것이 아니라 사회적 가치지향성과 혁신성, 위험감수성의 경우에는 상대적으로 높은 관계를 형성하고 있는 것으로 나타났고, 진취성은 사회적 목적 달성과 상대적으로 낮은 관계를 형성하고 있는 것으로 나타났다. 결론적으로 사회적 기업이 사회적 목적을 달성하는 데 사회적 기업가정신이 중요한 요인으로서 작동하고 있다.

3) 사회적 기업가정신 구성요인과 경제적 기반의 관계

먼저, 사회적 가치 지향성과 경제적 기반을 살펴보면 <그림 4-8>과 같은 관계를 형성하고 있다. 전체적으로 경제적 기반의 정도는 낮은 것으로 나타났고, 이러한 결과에 대해 인터뷰 내용과 관련지어 살펴보면 다음과 같다. 사회적 기업의 경제적 기반은 자원의 다양성 및 자원의 안정성 측면에서 살펴볼 수 있는데, 사회적 기업은 이러한 경제적 기반을 안정적으로 형성하는 데 미흡한 것으로 나타났다. 사회적 가치 지향성과 경제적 기반은 관계를 형성하고 있지만, 사회적 기업이 지향하고 있는 사회적 가치들이 경제적 기반을 형성하는 데 유기적으로 작동하지 못하고 있다. 특히 <Y 사회적 기업>, <S 사회적 기업>, <C 사회적 기업>의 경우에는 높은 사회적 가치를 지향하고 있지만, 이에 비해 경제적 기반은 낮은 것으로 나타났다.

"생산체계, 생산성, 시장 확보, 유통 능력, 자기 자본 등이 부족한 상황에서 시작을 했고, 조금씩 그 능력과 여건들을 갖춰 나가는 상황이라 안정적인 경제적 기반을 갖추었다고 보기엔 미흡한 점이 있습니다. 그리고 저희가 지향하는 사회적 가치가 확대되어 경제적 활동에도 긍정적인 영향을 미치는 과정이 필요한데 아직 이 단계까지는 다다르지 못한 것 같습니다."
　　　　　　　　　　　　　　　－Y 사회적 기업 대표 인터뷰 2011년 10월 6일－

"예비 귀농인들을 대상으로 정착교육을 하고 지역사회의 활성화를 꾀한다는 측면에서 저희 사회적 가치를 지향하는 부분은 높다고 할 수 있으나, 아직까지는 정부 지원에 상당부분 의존하고 있고, 친환경 농산물의 다각화나 대량화를 통한 판매량과 판매망 체계가 구축되지 않았기 때문에 경제적 기반 형성 측면은 많이 미흡하죠. 가장 좋은 것은 사회적 가치와 경제적 수익 활동으로 이어지는 것이 가장 좋은데 현실적으로 그렇지 못한 부분은 지속적으로 개선을 해 나가야 하는 부분입니다."
　　　　　　　　　　　　　　　－S 사회적 기업 대표 인터뷰 2011년 10월 19일－

"사회적 기업이 지향하는 사회적 가치와 판매하는 상품과의 연계성을 모색하는 것이 필요한데, 아직까지 그런 부분이 좀 부족한 것 같습니다. 어떤 측면에서 보면 그런 부분이 사회적 기업이 갖는 이점 내지는 장점이라고 할 수 있는 부분인데, 그런 부분이 활성화되지 않아서 경제적 기반도 미흡한 부분이 적지 않게 있습니다."

-C 사회적 기업 대표 인터뷰 2011년 10월 19일-

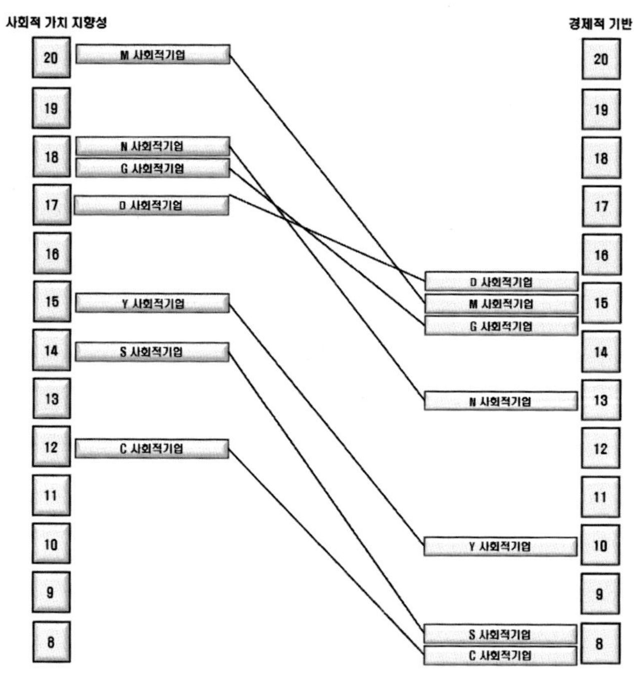

<그림 4-8> 사회적 가치 지향성과 경제적 기반의 관계

사회적 기업의 경제 활동의 본질적 속성이 사회적 가치 지향성과 결합되어야 온전한 생산성의 효과를 기대할 수 있다(김성기, 2011)는 측면에서 보면, 사례의 사회적 기업들은 사회적 가치 지향성과 사회적 기업의 상거래 활동의 상품과는 유기적으로 연계되는 부분이 부족하다. 결론적으로 사회적 가치 지향성과 경제적 기반이 상호 유기적으로 작

동되는 것이 필요한데, 현재는 그런 수준까지는 이르지 못하고 있다.

둘째, 혁신성과 경제적 기반과의 관계에 대해 살펴보면, <그림 4-9>와 같은 관계를 형성하고 있다. 전체적으로 혁신성의 정도는 높은 데 비해 경제적 기반의 수준은 낮은 것으로 나타났다. 이 두 요인들 간의 관계적인 측면에서 보면 혁신성과 경제적 기반은 관계의 정도가 높은 것으로 볼 수 있고, 인터뷰 내용과 관련지어 살펴보면 다음과 같다.

"저희는 조직의 운영방식이나 자원 동원의 측면에서 일정 수준의 혁신성을 가지고 있고, 특히 협력적 방식과 호혜적 관계에 의한 자원 동원의 측면에서 보면 기존 조직과는 다른 자원 조달 방식이라는 측면에서 혁신성을 가지고 있다고 생각합니다. 그러나 이러한 새로운 자원조달 방식이 안정적이고 지속적인 경제적 기반을 형성하는 데에는 아직까지 부족한 부분이 있다고 생각이 되는데요. 특히, 증가하는 매출액만큼 생산기반 확충의 속도가 뒷받침되지 못하는 부분이 경제적 기반을 형성할 수 있는 능력을 제대로 발휘하지 못하게 하는 부분이 있다고 봅니다."
                                              ―M 사회적 기업 대표 인터뷰 2011년 9월 28일―

"호혜적 관계를 통해 자원을 동원하려는 노력을 지속적으로 하고 있고, 특히 영업마진을 줄이더라도 질 좋은 상품을 제공하기 위한 노력을 통해 더 많은 신뢰를 확보하여 이것이 자원 동원으로 이어질 수 있도록 하고 있습니다. 그 결과 마사회나 지방정부로부터의 수익이 전체 수익의 대부분을 차지할 수 있는 성과는 낮았으나, 이 영역에 대한 의존도가 너무 높고, 위탁사업의 성격이 강하기 때문에 안정적인 경제적 기반의 형성과는 다소 거리가 있다고 생각합니다. 그래서 시장 영역의 진출을 적극적으로 검토하고, 이와 관련된 준비를 하고 있습니다."
                                              ―G 사회적 기업 대표 인터뷰 2011년 10월 19일―

사회적 기업이 다양한 이해관계자들과의 호혜적 관계를 통해 자원을 동원하고 혼합하는 방식은 기존 조직들과 비교하여 볼 때 혁신적이라고 할 수 있다. 실제로 사회적 기업들은 수익활동뿐만 아니라 다

양한 제 경제영역으로부터 자원들을 동원하고 경제적 기반의 형성은
물론 이를 통해 사회적 목적을 달성하려고 노력하고 있다. 그러나 사
회적 기업의 영세성 및 사업 진출 역량의 부재, 진출 가능한 영역의
한계 등으로 인하여 여전히 공공부문과 관련된 영역에서 자원을 동원
하는 비율이 높고, 대부분 사업의 내용이 지속적으로 유지될 수 있는
성격이 아닌 일정 기간 후 재심사 및 재평가를 통해 재계약이 체결되는
위탁사업이기 때문에 안정적인 경제적 기반 형성과는 다소 거리가 있다.

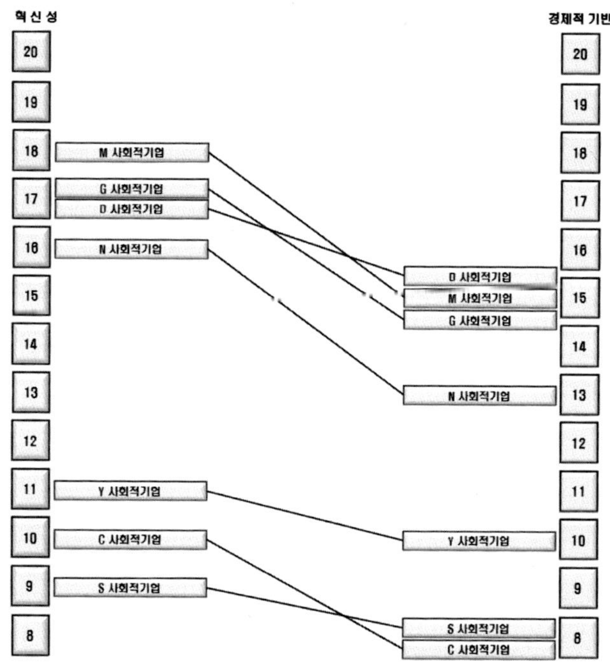

〈그림 4-9〉 혁신성과 경제적 기반의 관계

셋째, 진취성과 경제적 기반과의 관계에 대해서 살펴보면, 〈그림 4-10〉
과 같은 관계를 형성하고 있는 것으로 나타났다. 전체적으로 진취성의 정
도와 경제적 기반의 정도는 유사한 것으로 나타났으며, 진취성이 높을수록

경제적 기반도 높은 것으로 볼 수 있다. 이러한 이유는 시장 영역의 진입 가능성과 조직 역량을 강화시키기 위한 일련의 노력들은 경제적 활동으로 이어져 자원을 동원할 수 있는 기회를 제공하기 때문이라고 볼 수 있다.

"지금보다 나은 경제적 기반을 형성하고, 사회적 목적을 실현하기 위하여 위탁사업 외에 저희가 진출할 수 있는 시장 영역에 대해서 탐색을 하고, 준비를 하고 있습니다. 현재는 폐기물 위탁사업만을 담당하고 있지만, 내 년쯤에는 거리청소와 지정구역을 확보해서 경제적 기반을 더 구축하려고 노력하고 있고, 학교 간이 수거장도 그 수를 늘려서 학생들에게 더 많은 장학금을 지급할 수 있도록 계획 중에 있습니다."
-D 사회적 기업 관리자 인터뷰 2011년 9월 28일-

"에너지 저감 장치 관련 신기술을 가지고 있고, 이를 토대로 새로운 사업 영역을 확보하기 위한 노력을 지속적으로 하고 있습니다. 에너지 저감 기 술에 대한 필요성은 제기가 되고 있고, 꼭 필요한 사업 영역입니다. 그런 데 아직 일반 업체에서도 이런 기술을 보유하지 못하고 있습니다. 저희가 기술력도 되고 전문성도 되는데, 이것을 연결할 수 있는 시장이 아직 형성 이 안 되어 있는 부분이 있고, 이것이 직접 매출과 연결이 안 되기 때문 에 안정적인 경제적 기반을 형성하는 데는 다소 부족한 것 같습니다."
-N 사회적 기업 관리자 인터뷰 2011년 10월 6일-

사회적 기업이 장기적인 목표를 달성하기 위한 구체적인 자원 활용 과 안정적이고 지속적인 자원의 확보를 위해 시장 영역에 대한 탐색과 조직의 역량을 강화시키는 것은 당연한 것이다. 그리고 목표를 달성하 기 위한 자원의 활용과 시장으로부터의 지속적인 자원 동원을 위한 노 력이 자연스럽게 경제적 기반을 형성하게 되는 것이 사회적 기업의 입 장에서는 이상적이라고 할 수 있다. 그러나 현실은 그렇지 못한 부분 이 있다. 특히 <N 사회적 기업>의 경우에는 신기술과 전문성을 보유 하고 있지만, 이를 수용하고 활성화시킬 수 있는 시장이 존재하지 않 음으로 인하여 안정적인 경제적 기반을 형성하지 못하고 있는 경우라

고 할 수 있다. 결론적으로 사회적 기업의 진취성 발휘가 경제적 기반
과 연결되기 위해서는 시장에 대한 탐색과 조직의 역량을 갖추는 지속
적인 노력도 필요하지만, 이를 수용하고 발휘될 수 있는 시장이라는
환경도 시의적절하게 형성되는 것이 필요하다. 이를 통해 사회적 기업
은 사회적 목적을 달성하기 위한 안정적이고 지속적인 경제적 기반을
구축할 수 있을 것이다.

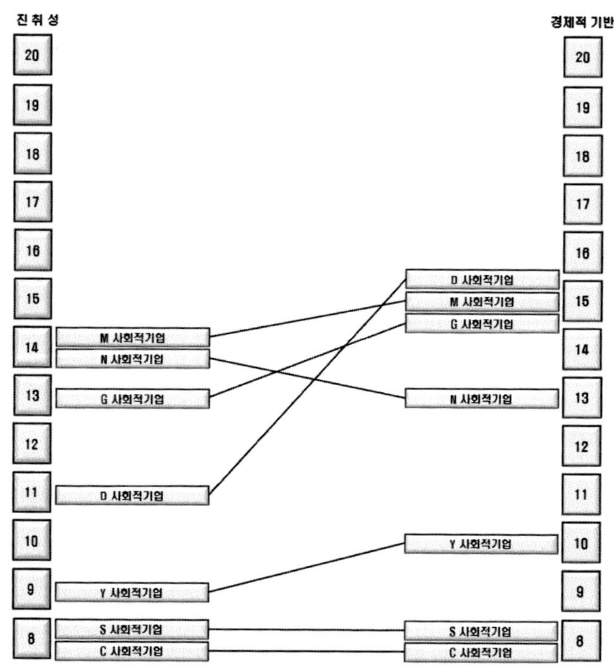

〈그림 4-10〉 진취성과 경제적 기반의 관계

　　마지막으로 위험감수성과 경제적 기반의 관계에 대해서 살펴보면,
<그림 4-11>과 같은 관계를 형성하고 있는 것으로 나타났다. 전체적
으로 위험감수성은 낮은 수준을 보이는 것으로 나타났고, 이러한 위험
감수성이 낮은 이유는 사회적 기업이 수익 증대를 위해 위험을 감수하

려는 성향이 강한 벤처 기업과 달리 안정적으로 사회적 목적을 달성하고, 지속적으로 지역 사회에 기여하려는 성향이 더 강하기 때문이라고 할 수 있다. 위험감수성과 경제적 기반은 관계를 형성하고는 있지만, 강한 관계를 형성한다고 보기에는 다소 미흡하다.

"이해관계자들을 조직의 운영과정에 참여시키고, 다양한 영역으로부터 자원 동원, 취약계층의 고용 측면에서는 어느 정도 위험을 감수하고 있지만, 사업적인 측면에서 위험부담을 하면서까지 수익을 창출하려는 부분은 다소 미흡합니다. 물론 저희가 수익 창출을 목적으로 하는 벤처기업이었다면 그러한 부분이 당연할 수 있지만, 저희는 일단 사회적 목적 실현에 더 중점을 두고 있고, 단기간의 성과를 내는 것보다는 안정적이고 지속적으로 장기간에 걸쳐 성과를 내는 것이 중요하다고 봅니다. 그렇기 때문에 위험을 무릅쓰면서까지 수익창출을 위한 모험을 하지 못하는 것이 현실입니다."
　　　　　　　　　　－D 사회적 기업 관리자 인터뷰 2011년 9월 28일－

"실제로 사회적 기업의 운영에 있어 경제적인 부분이 중요합니다. 그렇다고 경제적 수익 활동을 하는 데 있어서 위험을 감수할 수는 없습니다. 1차적으로 저희는 사회적 기업이기 때문이고, 2차적으로는 위험을 감수한 수익활동으로 인해 잘 되면 괜찮은데, 잘 안 되면 복구가 힘듭니다. 그리고 현재 구성원들을 저희가 함께할 수 없습니다. 그렇기 때문에 수익적인 측면에서 위험을 무릅쓰기보다는 안정적인 부분을 선택하고 있다고 보는 것이 맞을 겁니다."
　　　　　　　　　　－G 사회적 기업 대표 인터뷰 2011년 10월 19일－

사회적 기업은 위험에 항상 노출되어 있고, 위험의 종류는 다양할 수 있다. 특히, 경제적 기반과 관련해서는 일반 벤처기업과는 다른 저위험 안정적 수익 활동에 초점이 맞추어져 있다. 이는 경제적 기반을 형성하기 위한 활동에도 사회적 가치 지향성이라는 기준과 원칙이 작동되기 때문이라고 할 수 있다. 즉, 운영적인 측면에서 경제적 기반을 형성하고 자원의 규모와 양을 증대시키는 것은 중요하다. 하지만 그만

큰 위험을 감수해야 하는 부분이 많아지고 이것이 취약계층의 고용
지속성에 부정적인 요인으로 작용할 경우 사회적 기업 스스로 통제를
한다. 그래서 사업 계획을 수립하고 진행하는 과정에서도 안정적인 측
면을 선호한다.

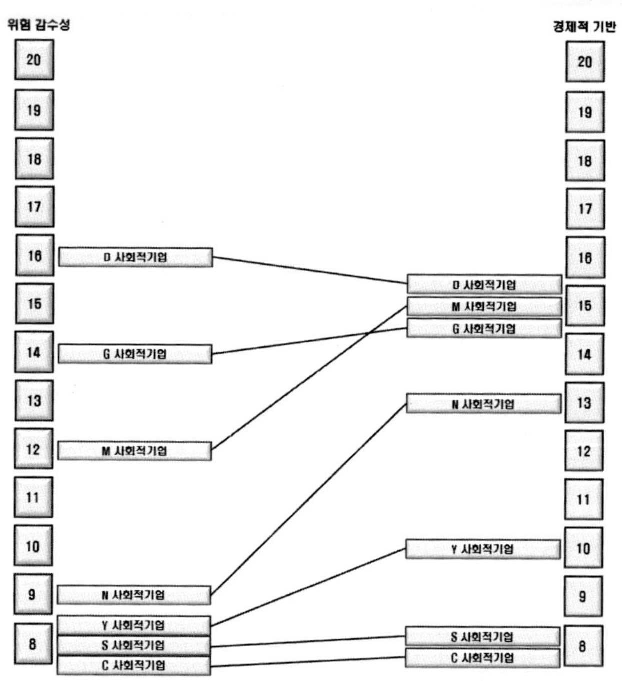

〈그림 4-11〉 위험감수성과 경제적 기반의 관계

4) 사회적 기업가정신의 구성요인과 환경적 수용성의 관계

먼저 사회적 가치 지향성과 환경적 수용성의 관계에 대해서 살펴보
면, <그림 4-12>와 같은 관계를 형성하고 있다. 전체적으로 사회적
가치 지향성은 높은 데 비해 환경적 수용성은 낮은 것으로 나타났다.
그렇지만 사회적 가치 지향성과 환경적 수용성은 관계가 있는 것으로 나

타났다. 이러한 내용을 인터뷰 내용과 관련지어 살펴보면 다음과 같다.

"사회적 기업의 환경적인 측면에서는 지역사회의 네트워크를 제외하면 사
회적 기업이 활동할 수 있는 기반이 아직까지는 미흡하다고 봅니다. 제도
적 지원과 관련해서는 제도는 마련되어 있는데 실질적으로 이것이 활용되
는 부분이 상당히 미흡하고. 그로 인해서 사회적 기업에는 도움이 안 되는
부분이 적지 않아 있습니다. 그리고 사회적 기업의 핵심 소비자들 중 하나
라고 할 수 있는 일반 시민들의 경우에도 여전히 사회적 기업에 대한 인
지 정도는 낮다고 할 수 있습니다. 어떠한 측면에서 보면. 사회적 기업이
추구하는 사회적 가치가 발현될 수 있는 환경이 미흡하다고 할 수 있습니
다. 그래서 저희가 일반 시민과 가까워지기 위한 체험 및 교육 프로그램을
진행하고 있고. 외부에서 나름 잘하고. 환경이 좋다고 평가는 하고 있지만,
내부에서 볼 때는 여전히 최소한의 여건만 갖추고 있다고 보는 것이 맞다
고 생각합니다. 사회적 가치와 관련해서 지역 사회, 일반 시민들의 인지
정도가 개선되면, 사회적 기업이 활동할 수 있는 여건은 나아질 수 있다고
생각됩니다."
—M 사회적 기업 대표 인터뷰 2011년 9월 28일—

"사회적 기업이 자리를 잘 잡기 위해서는 사회적 기업 스스로의 노력도
중요하지만, 정부의 역할도 그에 못지않게 중요하거든요. 제도적인 기반은
잘 구축이 되어 있는데. 실제로 이 제도가 잘 운영이 되고 있는지에 대해
서는 다소 실망스러운 부분이 많지요. 결국은 지방정부를 운영하는 오너의
의지가 중요한데. 사회적 기업이나 사회적 경제에 대한 관심보다는 오히려
더 개발부분에 관심이 많으셔서 기대했던 것에 비해서 실천이 많이 안 되는
부분이 많죠. 사회적 기업이 가지고 있는 가치나 역할. 혁신성이 아직까지는
지역사회에서 받아들여지는 부분이 미흡하고. 이러한 부분을 개선해 나가는
것 또한 사회적 기업의 역할이라고 생각합니다. 그렇지만 사회적 기업의 혼
자 힘으로는 힘들고. 다양한 이해관계자들의 협력과 노력이 필요합니다."
—D 사회적 기업 관리자 인터뷰 2011년 9월 28일—

높은 사회적 가치 지향성을 가지고 있더라도 이것을 현실적으로 발
휘하고 사회적 기업이 활동할 수 있는 환경적인 부분이 뒷받침이 되지

않으면, 지향하고자 하는 사회적 가치의 효과는 반감될 수밖에 없다. 즉, 현재의 사회적 기업이 활동할 수 있는 환경적 여건이 충분히 형성되지 못하고 있음을 간접적으로 보여주고 있다. 그리고 이러한 환경적인 부분은 사회적 기업만의 노력을 통해 해결되기에는 한계가 있는 부분이라고 할 수 있으며, 사회적 가치를 공유할 수 있는 다양한 이해관계자들과 협력을 통해 가능할 수 있다.

한국사회에서 사회적 기업이라는 씨앗이 발아될 때까지는 정부의 지원정책이 필요하다. 그리고 이러한 정부의 지원은 단순히 재정적인 지원을 의미하는 것이 아니라 사회적 기업이 잘 자리를 잡고 활동을 할 수 있는 환경 조성을 위한 지원을 의미한다. 즉, 사회적 기업이 활동할 수 있는 시장의 형성, 판로의 개척 등과 같이 사회적 기업의 활동을 보조함으로써 스스로 수익활동을 할 수 있는 기회를 제공할 수 있는 지원이 필요하다.

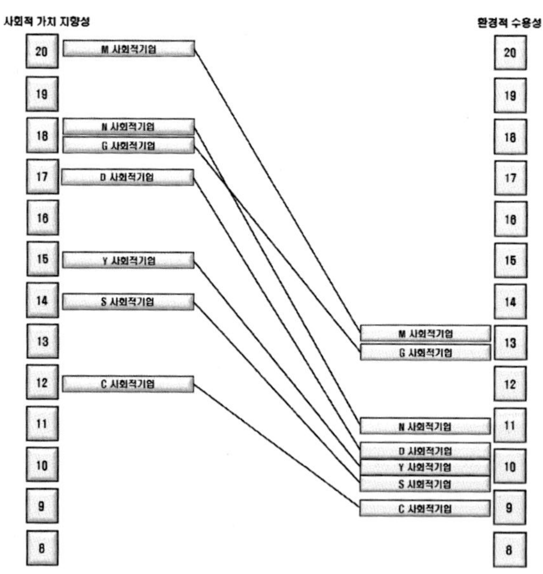

〈그림 4-12〉 사회적 가치 지향성과 환경적 수용성의 관계

둘째, 혁신성과 환경적 수용성에 대해서 살펴보면, 다음 <그림 4-13>과 같은 관계를 형성하고 있다. 전체적으로 혁신성의 수준은 높은 데 비해 환경적 수용성은 낮은 것으로 나타났다. 이와 관련하여 인터뷰 내용과 연결하여 살펴보면 다음과 같다.

"초기에는 자원 동원의 측면이나 외부 이해관계자들과의 호혜적 관계를 형성하는 측면에서 혁신성이 높았지만, 일정 시간이 지나면서 이러한 혁신성이 조금 느슨해졌다고 할 수 있습니다. 저희는 혁신성을 추구한다고 하는데, 이를 받아주는 시장 혹은 환경의 형성과 관련된 부분이 충분하지 못한 부분이 있기 때문에 반감되는 부분이 적지 않아 있는 것 같습니다. 특히 지역사회에서 사회적 기업을 받아들일 수 있는 준비가 덜 되어 있고, 인식이 부족하다고 생각합니다. 그냥 저희는 일반폐기물 업체이고, 그냥 정부 지원금으로 취약계층 고용하고 있다는 부분으로만 알고 있는 경우가 많거든요. 이러한 측면은 많은 노력이 필요하다고 생각됩니다."
−D 사회적 기업 관리자 인터뷰 2011년 9월 28일−

"저희가 지역에서 에너지 저감관련 기술을 가지고 있고, 어느 정도의 전문성을 확보하고 있다는 측면에서는 혁신성이 높다고 할 수 있습니다. 실제로 기존의 건축시장에 에너지 효율을 고려하는 건축분야에서 일자리 창출을 시도하고 있고, 공동노동과 협동조합적 운영방식을 채택하여 공생공존하는 사회적 기업의 모델을 마련하고 있으나 현실적으로 너무 시기상조 아닌가 생각됩니다. 특히 에너지 저감과 관련해서는 시장에서 아직 충분한 수요가 없기 때문에 저희와 바로 연결이 안 되는 부분이 있고, 정부에서도 친환경 건축과 관련된 부분에 대한 지원체계가 없는 부분도 그렇고."
−N 사회적 기업 관리자 인터뷰 2011년 10월 6일−

사회적 기업의 혁신적 성격은 사회적, 경제적, 사회정치적 다양한 목표들을 동시에 추구하면서, 이에 부합하는 자원들을 동원하며, 이러한 과정에 다양한 이해관계자들이 조직 내부 혹은 외부에서 결합하는 역동성과 관련된 부분이다(Defourny, 2001; Defourny & Nyssen, 2006). 이를 위해서는 실현할 수 있는 제도적인 지원, 지역사회 및 시민들의 인식, 다양한 이해관계자들과의 네트워크 형성 등과 같은 환경적인 토양이 잘 갖춰져야 가능하다. 그리고 이러한 환경적 토대에서 다양한 형태의 사회적 기업과 관련된 실험들이 이루어질 수 있다. 그러나 현실은 아직까지는 사회적 기업의 이러한 혁신성을 받아들이기에는 준비가 안 되어 있다. 우선적으로 사회적 기업이 다양한 활동을 통해 사회적 가치를 창출할 수 있는 환경을 조성하는 것이 필요하며, 이러한 노력은 사회적 기업만의 노력으로는 한계가 있기 때문에 다양한 주체들의 협력을 통해 만들어 가는 것이 필요하다.

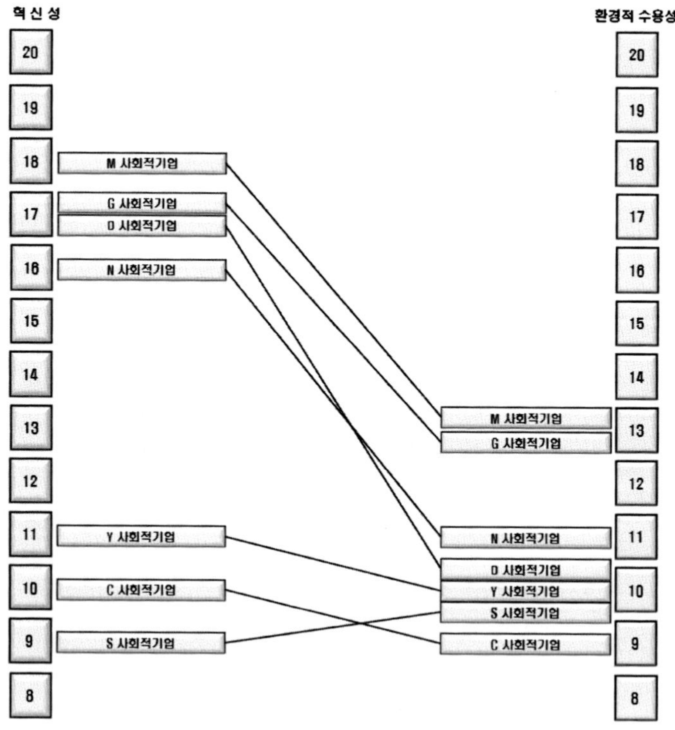

〈그림 4-13〉 혁신성과 환경적 수용성의 관계

셋째, 진취성과 환경적 수용성의 관계에 대해서 살펴보면, <그림 4-14>와 같은 관계를 형성하고 있는 것으로 나타났다. 전체적으로 보면, 진취성과 환경적 수용성의 정도는 낮은 것으로 볼 수 있고, 두 요인은 서로 관계를 형성하고 있다. 전체적으로 비슷한 수준에서의 관계를 형성하고 있지만, <N 사회적 기업>의 경우는 관계를 형성하고 있는 정도의 차이가 큰 것으로 나타났다. 이를 인터뷰 내용과 관련하여 살펴보면 다음과 같다.

> "다른 업체가 가지고 있지 못한 전문성과 기술력을 가지고 있고, 이것을 가지고 적극적으로 시장 진입을 위한 탐색과 조직의 역량을 강화할 수 있는 교육 훈련 프로그램을 운영하고 있습니다. 시장에 나갈 준비를 하고 현재는 어느 정도의 수준에 이르렀다고 판단이 되는데, 아직까지도 저희의 기술을 수용할 수 있는 시장이 형성되지 않고 있습니다. 실제로 중앙정부에서는 온실가스 감축과 관련하여 에너지 저감과 관련된 사업을 장려하고 있지만, 지방정부에서는 충분한 재원이 없기 때문에 저희가 진출할 수 있는 기회를 얻지 못하고 있는 상황입니다."
> ─N 사회적 기업 관리자 인터뷰 2011년 10월 6일─

이상에서 볼 수 있듯이 진취성이 발휘될 수 있지만, 제도적인 지원의 미흡으로 인하여 실질적인 효과를 거두지 못하고 있다. 사회적 기업이 스스로의 활동을 위한 노력에 환경적인 부분만 뒷받침이 된다면, 사회적 기업이 지속가능할 수 있는 가능성은 높아질 수 있을 것이다.

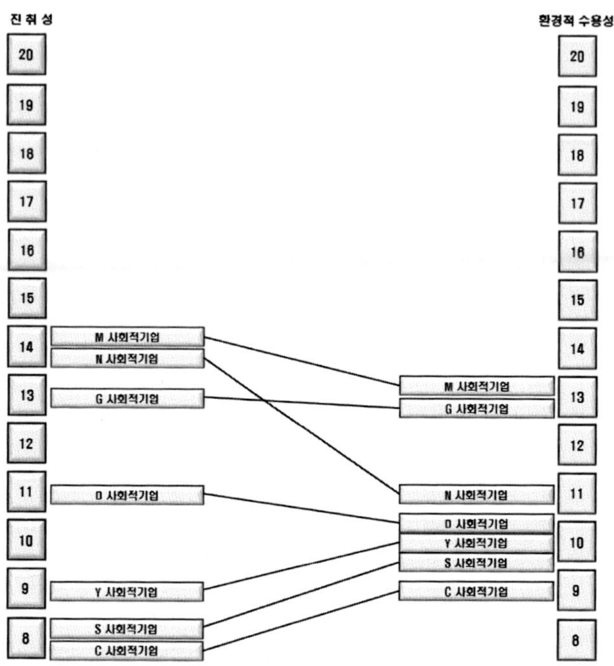

〈그림 4-14〉 진취성과 환경적 수용성의 관계

마지막으로 위험감수성과 환경적 수용성의 관계에 대해서 살펴보면, <그림 4-15>와 같이 관계를 형성하고 있는 것으로 나타났다. 전체적으로 위험감수성과 환경적 수용성의 정도는 낮은 것으로 나타났다. 그리고 두 요인은 관계를 형성하고 있는 것으로 나타났고, 위험감수성과 환경적 수용성은 비슷한 수준에서 관계를 형성하고 있다. 그러나 <D 사회적 기업>의 경우에는 높은 위험감수성에 비하여 상대적으로 낮은 환경적 수용성의 관계를 보여주고 있는데 인터뷰 내용과 관련지어 살펴보면 다음과 같다.

"저희가 당면하고 있는 위험에 대해서는 운영자뿐만 아니라 조직 구성원들이 모두 공유를 하고 있고, 이를 해결하기 위한 다양한 노력들을 하고 있습니다. 조직의 안정적 운영과 관련해서 활동 영역의 확장을 꾀하고 있고, 이를 위해서 대출을 위한 노력도 하고 있습니다. 이러한 부분은 저희들의 노력을 통해 극복가능한 부분이라고 생각이 됩니다. 그러나 재활용 선별과 관련해서 다양한 실험과 시도를 하고 있으나 환경적인 측면에서 이를 수용하는 데 한계가 있습니다. 예를 들면, D 사회적 기업의 역할, 의미, 지역사회에 공헌하는 부분에 대해서 일반 시민들도 이해관계자로 참여시키고 싶은데, 일반 시민들의 인식이 아직 저희가 원하는 정도까지는 아닌 것 같습니다. 그리고 일반 시민들이 저희를 바라보시는 관점 자체가 지역의 여러 폐기물 업체 중의 하나로 인지를 하고 계시고. 그래서 저희에 대해서 홍보도 하고 교육 프로그램을 통해서 알리고 있는데, 시간이 많이 걸릴 것 같고, D 사회적 기업에 대해서 자세히 알게 되면 도움이 많이 될 것 같습니다."

-D 사회적 기업 관리자 인터뷰 2011년 9월 28일-

　사회적 기업이 불확실성에 대한 위험이 존재하는데도 사회적 목적의 실현을 위해서 과감하게 실천할 수 있는 것은 개인의 이익이 아닌 지역과 공동체의 이익을 우선적으로 고려하기 때문에 가능한 것이라고 할 수 있다. 반면에 지역사회에서의 환경적인 측면은 아직까지도 사회적 기업이 활동하는 데 도움을 줄 수 있는 부분이 부족한 것이 현실이다. 그래서 지역사회의 다양한 주체들과 이해관계자들이 사회적 기업이 최소한의 활동을 보장받을 수 있는 환경을 조성해주려는 노력이 필요하고, 이를 통해 사회적 기업은 지속가능할 수 있는 기회를 스스로 만들어 나갈 수 있을 것이다.

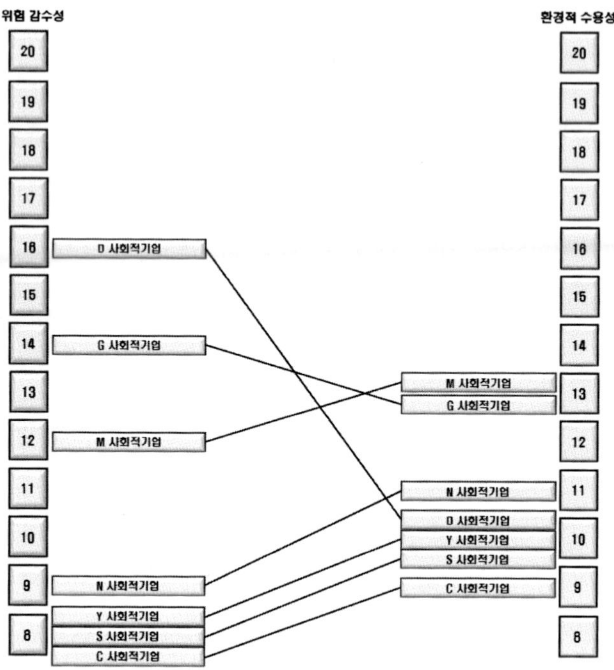

〈그림 4-15〉 위험감수성과 환경적 수용성의 관계

2. 논의 종합

사회적 기업가정신과 사회적 기업 지속가능성의 관계에 대해 살펴본
결과, 이 두 요인은 서로 관계를 형성하고 있는 것으로 나타났으며, 사
회적 기업이 지속가능하는 데 사회적 기업가정신이 주요한 요인으로
작용하고 있음을 발견하였다. 사회적 기업가정신과 사회적 기업 지속
가능성의 관계에 대해서 정리하면 다음과 같다.

첫째, 사회적 기업가정신은 사회적 목적 달성과 관계를 형성하고 있
는 것으로 나타났다. 특히 사회적 기업가정신 중 사회적 가치 지향성
은 사회적 목적 달성과 강한 관계를 형성하는 것으로 볼 수 있는데,

사회적 목적은 사회적 기업 설립의 주요한 동기로 지역의 문제 해결과 지역사회의 변화를 추구하는 과정에서 사회적 기업을 가장 적절한 방법으로 선택하게 되었다. 사회적 기업의 설립이 사회적 목적을 실현하기 위한 수단과 관련이 있다면, 지역사회의 문제 해결과 변화 등의 실현과 관련된 사회적 목적의 밑바탕에는 개인보다는 공동체, 지역사회를 우선적으로 하는 사회적 이타주의 즉, 사회적 가치를 지향하는 성향이 깔려 있다. 즉, 사회적 목적의 행동적 결과가 사회적 기업의 설립으로 이어졌다면, 사회적 목적은 사회적 가치 지향성의 결과라고 할 수 있다. 결과적으로 사회적 가치 지향성이 사회적 목적(사회 문제 인지 및 해결방안 모색)으로 연결되고, 이러한 사회적 목적이 사회적 기업의 설립으로 이어지는 구조를 갖는다. 그리고 이러한 사회적 가치 지향성은 개인에 국한되었을 때보다 네트워크, 지역사회에서 공유되고 다양한 이해관계자들의 참여와 충분한 논의와 인큐베이팅 기간을 거쳐 구체적인 사회적 목적으로 체계화되어 사회적 기업을 설립하게 된 경우 사회적 목적의 달성 정도가 더 높게 나타날 수 있다. 뿐만 아니라 사회적 가치 지향성이 사회적 기업의 조직 구성원들에게 전파되고, 인지를 하게 되면 직무 몰입 및 만족, 자발적 헌신 및 신뢰의 정도가 더 증가하는 것으로 보인다. 결과적으로 사회적 가치 지향성이 높을수록 사회적 목적 달성 정도가 높은 것으로 나타났고, 이러한 측면에서 보면, 사회적 가치 지향성과 사회적 목적 달성 정도는 유기적인 관계를 형성하고 있다.

사회적 가치 지향성 외에 다른 구성요인인 혁신성, 진취성, 위험감수성과 사회적 목적 달성과의 관계 정도도 높은 것으로 나타났다. 혁신성은 사회적 목적을 달성하기에 적합한 조직 운영방식과 자원 동원 방식을 모색·적용함으로써 효율적으로 사회적 목적을 달성하는 데 기여하는 것으로 볼 수 있으며, 진취성은 편중된 자원 동원 영역을 벗어나 일반 시장에서의 자원 동원을 위한 대응과 조직역량을 갖추도록 함으로써 사회적 목적 달성을 위한 안정적 경제적 기반을 구축하는 데 기여를 하는 것으로 볼 수 있다. 위험감수성은 사회적 목적을 달성하기 위하여 다양한 형태로 작용될 수 있는 사회적 기업가정신의 불확실성이 존재하는데도 더 큰 가치의 실현을 위하여 과감하게 실행함으로써 사회적 목적 달성의 실현에 기여하고 있는 것으로 보인다. 결과적으로 사회적 기업가정신이 높을수록 사회적 목적 달성 정도도 증가한다.

둘째, 사회적 기업가정신은 경제적 기반과 관계를 형성하고 있는 것으로 나타났다. 그러나 사회적 기업가정신에 비해 낮은 경제적 기반의 정도를 보여주고 있는데, 이것은 사회적 기업가정신과 경제적 기반과의 상호 유기적인 관계가 제대로 작동하지 못하고 있는 것으로 보인다. Defourny & Borzaga(2001)에 의하면, 사회적 기업은 사회적 목적, 경제적 목적을 통합적으로 생산하는 조직이다. 이러한 측면에서 보면, 사회적 기업의 생산성은 경제적 수익활동의 본질적 속성이 사회적 가치와 결합되어야 한다는 것이다. 이것은 사회적 기업의 수익활동의 목적과 관련된 특성으로 상품과 사회 서비스의 생산은 사회적 가치나 사회적 목적의 실현을 지원하는 것을 의미한다. 이에 따라 수익활동의 목적과 사회적 가치 추구는 통합된 활동으로 보여야 한다. 예를 들어, 사회적 기업의 사회적 목적이 취약계층을 위한 일자리 창출이라면, 사회적 기업의 수익 활동은 그 자체로 노동통합의 목적을 지원하는 것이다. 또한 사회적 기업의 사회적 목적이 사회 서비스를 지원하는 것이라면 사회적 기업의 수익활동의 목적은 이윤 창출이 아니라 사회 서비스를 필요로 하는 사람에게 그것을 제공하는 것이다(김성기, 2011). 이러한 사회적 기업의 생산성에 대한 관점은 사회적 가치 지향적인 특성이 우선적으로 반영되어야 수익 활동에 대한 정당성의 의구심을 완화시킬 수 있다. 그러나 현실적으로 사회적 가치 지향성이 사회적 기업의 수익활동과 유기적으로 연결되지 못함으로 인하여 사회적 기업의 수익활동과 관련된 정당성을 확보하지 못하고 있는 것으로 보인다.

혁신성은 다양한 영역에서 자원의 동원을 통해 사회적 기업의 경제적 기반을 형성하는 데 기여한다. 즉, 자원 동원의 다양화를 통해 사회적 목적을 실현할 수 있는 기반을 형성하는 데 기여를 하고 있다. 사회적 기업은 혁신성을 바탕으로 형식적으로 자원 동원의 다양화는 실현하고 있으나, 내용적인 측면에서는 여전히 특정 영역에 의존도가 높은 자원 동원의 단일화 현상을 보여주고 있다. 특히, 공공시장 영역(위탁사업)에 대한 의존도가 전체 매출 규모의 80% 이상을 차지하고 있는 경우가 대부분이고, 계약기간이 정해져 있는 한시적인 자원의 성격을 가지고 있기 때문에 안정적이고 지속적인 경제적 기반을 형성하는 데 긍정적인 영향을 미친다고 기대하기는 어렵다. 이러한 편중된 자원 동원 영역을 벗어나기 위해서는 일반 시장을 개척하려는 노력, 즉 진취성이 필요하며, 일반 시장영역에서 경쟁할 수 있는 조직 역량의 강화, 새로운 시장영역의 개발 등과 같은 일련의 노력들이 요구된다. 그리고 새로운 시장 영역의 개발 및 탐색 과정에서 발생 가능한 위험에 대한 인지와 분석을 통해 발생 가능한 위험에 대비하고, 위험의 수준을 완화시키려는 노력도 동시에 수반되는 것이 필요하다.

결론적으로 사회적 기업가정신이 높을수록 경제적 기반도 증가한다. 이러한 관계가 성립하기 위해서는 무엇보다 사회적 기업 스스로의 노력이 수반되어야 안정적이고 지속적인 경제적 기반을 형성할 수 있을 것이다.

셋째, 사회적 기업가정신은 환경적 수용성과도 관계를 형성하고 있는 것으로 나타났다. 그러나 높은 사회적 기업가정신의 정도에 비해 환경적 수용성은 낮은 수준을 보여주고 있다. 전체적으로 환경적 수용성의 측면이 낮게 나타난다는 것은 사회적 기업이 활동할 수 있는 여건이 충분히 갖추어지지 않았거나 사회적 기업의 특성이 반영될 수 있는 기회의 폭이 좁기 때문이라고 할 수 있다. 즉, 사회적 기업가정신을 토대로 사회적 기업의 활동과 성과의 측면에서 다양한 실험을 할 수 있는 여건이 충분히 갖추어져 있기 않기 때문에 환경적 수용성이 낮게 나타났다. 사회적 기업이 지속가능하는 데 정부의 지원은 중요한 역할을 할 수 있다. 이러한 지원 제도가 한시적이라고 하더라도 사회적 기업이 성장할 수 있는 기회를 제공해준다는 측면에서 의의가 있다. 그러나 현실적으로 정부의 지원은 직접적인 재정지원에 초점이 맞추어져 있고, 사회적 기업이 스스로 노력하여 성장할 수 있는 여건은 부족한 것으로 보인다. 그리고 사회적 기업의 소비자 계층이라고 할 수 있는 일반시민들은 사회적 기업이 일반 기업과 유사한 영역에서 활동하고 있고, 사회적 기업만의 특수성이 제대로 표출되지 못하는 한계로 인하여 주목을 받지 못하고 있다. 뿐만 아니라 사회적 기업은 다양한 이해관계자들과 호혜적 관계의 형성을 통해 자원 동원 활동을 하고 있는 것으로 나타났다. 그러나 이러한 자원 동원 활동은 지역사회 내로 한정되어 있다는 한계를 가지고 있다. 결론적으로 사회적 기업가정신이 원활하게 작동하여 사회적 기업을 지속가능하게 할 수 있는 환경적 수용성은 제대로 갖추어져 있지 않다. 따라서 사회적 기업이 지속가능하기 위해서는 사회적 기업가정신이 발휘될 수 있는 환경적 여건을 개선하는 것이 필요한 것으로 보인다.

이를 위해서 사회적 기업이 지향하는 사회적 가치와 사회적 가치의 중요성에 대해 홍보를 할 수 있는 사회적 가치 혹은 사회적 목적과 관련된 성과를 내는 것이 필요하다. 그리고 이러한 사회적 성과들이 지역사회에 어떠한 부분에 어떻게 기여를 하는지에 대해 적극적으로 홍보하려는 노력이 필요하다. 이를 통해 사회적 기업의 생산적 측면에서 사회적 가치와 경제적 수익활동을 결합하여 자원 동원의 다양화 방안을 실천할 수 있을 것이다. 특히, 일반 시장 개척의 필요성을 강조하여 공공시장 영역의 편중된 자원 동원 의존도를 낮추고, 조직의 경쟁력 강화를 위한 내부 구성원의 역량강화, 제품 및 서비스의 질적 향상 및 생산성 증대를 위한 적극적인 노력이 수반되어야 한다. 이러한 일련의 과정을 통해 사회적 기업이 충분한 역량을 갖추게 되면, 기존 시장영역에서의 틈새 영역이나 새로운 시장 개척을 통한 융합 서비스 영역 등의 틈새시장을 형성하여 사회적 기업이 활동할 수 있는 창조적 시장, 윤리적 시장을 형성함으로써 지속가능할 수 있는 기반 형성에 긍정적인 효과를 기대할 수 있다. 그리고 사회적 기업이 지향하고자 하는 사회적 가치에 대한 공감과 지지를 통해 사회적 기업 내외의 이해관계자들의 자발적 헌신과 동의를 통해 공동체 정신이 형성되면 발생 가능한 위험을 함께 분담하게 됨으로써 위험의 수준을 낮출 수 있을 것이다.

이상의 논의를 종합해보면, 사회적 기업이 지속가능하기 위해서는 우선적으로 사회적 목적의 달성을 통해 소비자 및 지역사회의 긍정적인 인식의 변화와 활동 기반을 높이고 이는 다시 지역 내 소비로 이어져 사회적 기업의 경제적 기반을 형성하는 구조를 창출하는 선순환체계를 형성한다. 즉, 사회적 기업이 지속가능할 수 있는 출발점은 사회적 목적의 달성과 관련된 부분이라고 할 수 있으며, 사회적 기업이 사회적 목적을 실현하기 위해서는 사회적 기업가정신 중 사회적 가치 지향성이 무엇보다 우선되어야 한다.

결론적으로 사회적 기업가정신은 사회적 기업이 지속가능하는 데 중요한 요인으로 작용한다. 즉 사회적 기업이 지속가능하기 위해서는 사회적 기업가정신이 발휘되어야 그 가능성이 증대될 수 있다고 할 수 있으며, 사회적 기업가정신을 함양할 수 있는 기회와 교육을 제공할 수 있는 환경을 조성하는 것이 필요하다. 그리고 이러한 역할은 사회적 기업만의 몫이 아니라 정부, 지역사회를 포함하는 다양한 이해관계자들의 협력과 노력이 수반되어야 가능할 것이다.

V

결 론

제1절 연구 결과의 요약

최근 국제사회의 많은 국가들이 직면하고 있는 경제적 위기를 극복하기 위하여 대내·외적인 문제 해결방안을 모색하고 있다. 특히, 장기적인 실업, 복지 수혜의 사각지대, 사회 양극화와 같은 문제들에 대해 기존의 방식에서 벗어나 새로운 대안 모색에 그 적극성을 보이고 있다. 그리고 이러한 문제들을 사회 영역 안에서의 문제 해결방안 모색에 관심이 많아지면서 사회적 기업이 새로운 대안으로 주목받고 있다.

사회적 기업은 영국과 유럽, 미국 등에서 오랜 역사를 가지고 발달해왔다. 한국의 사회적 기업 역사는 국외 선진국에 비해 길지 않지만, 취약계층의 일자리와 사회 서비스 제공의 측면에서는 그 역할을 충실히 수행하고 있다. 그리고 사회적 기업은 공익성을 추구하면서 스스로의 수익활동을 통해 독자적으로 생존할 수 있다는 데 그 의의가 있다. 그러나 최근 사회적 기업의 사회적 성과와 경제적 성과가 둔화되고, 정부의 재정적 지원 의존성향에 대해 문제가 제기되면서 사회적 기업의 지속가능성과 관련된 문제가 중요하게 다루어지기 시작하였다. 사회적 기업이 지속가능하기 위해서는 다양한 요인들이 고려될 수 있다. 조직의 역량, 시장 경쟁력 향상, 정부지원에 대한 의존 정도 감소 등을 통해 실현할 수 있으나, 사회적 기업이 사회적 목적과 경제적 목적, 그리고 환경적인 변화에 적절하게 대응하기 위해서는 다양한 요인들을 유기적으로 연계하면서 사회적 기업의 기본적인 원칙으로 작동할 수 있는 요인이 필요하다. 이 책에서는 이러한 요인으로 사회적 기업가정신을 고려하였다.

지금까지의 선행연구는 사회적 기업가정신, 사회적 기업 지속가능성과 관련된 개념, 특징, 영향요인들을 규명하는 데 집중된 단편적인 연구가 주를 이루었다. 따라서 사회적 기업이 지속가능하기 위해서는 사회적 기업가정신이 어떻게 작동하고 이 두 요인이 어떠한 관계를 형성하는지 실질적으로 규명하는 연구가 필요하다. 이러한 문제인식에 따라 이 책에서는 "사회적 기업가정신이 어떻게 사회적 기업을 지속가능하게 하는지", 이 둘의 실질적인 관계를 밝혀내고자 하였다.

이에 따라 이 책의 목적을 달성하기 위해 사회적 기업을 운영하는 대표와 운영자들을 대상으로 인터뷰 조사와 자기 평가 설문조사를 실시하였다. 사회적 기업의 대표와 운영자를 대상으로 한 인터뷰 조사와 자기 평가 설문조사의 결과는 다음과 같다.

첫째, 사회적 기업가정신은 사회적 기업마다 획일적으로 발현되기보다는 활동영역 및 목적, 설립 배경에 따라 다르게 나타나고 있었다. 이것은 사회적 기업가정신을 구성하는 각 요인들의 발현정도가 다르게 작동한다는 것을 의미한다. 사회적 기업가정신의 구성요인들을 종합적으로 살펴보면, 사회적 가치지향성은 지역의 문제 해결과 공감대가 그대로 사회적 기업의 활동과 운영에 반영되면서 높은 수준을 보여주고 있고, 혁신성은 사회적 목적을 효율적으로 달성하기 위한 대안을 모색하는 일련의 과정으로 사회적 기업에 적합한 운영 방식, 자원 동원 방식의 측면에서 발현되는 정도가 높은 것으로 나타났다. 이와는 반대로 진취성과 위험감수성은 상대적으로 낮은 정도를 보여주고 있는데, 진취성의 경우 일반 시장영역으로의 진출과 활동 역량을 강화하기 위한 다양한 노력을 시도하고 있으나 실질적인 활동계획 및 추진 전략의 측면에서 미흡한 부분으로 인하여 진취성 정도가 낮게 나타났다고 할 수 있다. 위험감수성은 조직 운영 및 새로운 영역의 진출과 관련하여 통제가 불가능한 위험에 대한 관리와 역량이 부족하기 때문에 위험감수성 정도가 낮게 나타났다고 할 수 있다. 그리고 사회적 기업가정신을 구성하는 각 요인들이 상호 유기적인 작동을 통해 시너지효과를 낼 수 있으나 아직까지는 각각의 구성요인들을 중심으로 발현되고 있지 못한 것으로 보인다.

둘째, 사회적 기업의 지속가능성 정도는 사회적 기업가정신과 마찬가지로 사회적 기업의 특성에 따라 다양하게 나타나고 있다. 사회적 기업 지속가능성의 구성요인들을 종합적으로 살펴보면, 사회적 목적 달성은 높은 정도를 보여주고 있으며, 이것은 사회적 기업의 설립 배경 및 지역사회에서의 사회적 기업의 필요성이 그대로 반영되었기 때문으로 보인다. 경제적 기반은 사회적 기업의 자주적인 노력 정도에 따라 자원의 양과 규모, 지속적인 자원 동원 측면에서 차이가 있을 수 있지만 전체적으로 낮은 정도의 경제적 기반을 형성하고 있는 것으로 보인다. 환경적인 수용성 측면에서는 사회적 기업이 가지고 있는 특징과 혁신이 제대로 발휘될 수 있는 환경적 여건이 충분히 조성되지 못한 것으로 보인다.

마지막으로 이론적으로는 사회적 기업가정신과 사회적 기업 지속가능성은 서로 관계를 형성한다. 이러한 관계 형성을 바탕으로 사회적 기업이 지속가능하기 위해서는 사회적 목적 달성이 환경적 수용성으로 이어지고, 이것이 사회적 기업의 경제적 기반을 형성하는 선순환 구조를 형성하게 되고, 이러한 구조를 형성하는 데 사회적 기업가정신이 작용하여 사회적 기업이 지속가능하게 된다. 그러나 이론적 가능성과는 달리 사회적 기업의 지속가능성 각 구성요인들이 유기적으로 작동하지 못하고 있는 것으로 보이며, 이러한 선순환 구조가 미흡하기 때문에 사회적 기업가정신이 제대로 발휘되지 못하고 있는 것으로 보인다.

제2절 연구의 함의

1. 이론적 함의

이 책에서는 최근 활발하게 논의되고 있는 사회적 기업가정신과 사회적 기업 지속가능성의 관계에 대해서 살펴보았다. 특히, 사회적 기업이 지속가능하는 데 있어 사회적 기업가정신을 주요 요인으로 설정하고 둘의 관계에 대해서 탐색적으로 살펴보았다. 사례 분석을 통해 발견된 내용들은 다음과 같다.

첫째, 사회적 기업의 태동에 영향을 주는 사회적 기업가정신은 그대로 사회적 기업의 지속가능성에도 영향이 있었다. 사회적 기업가정신은 운영과 결합되면서 운영 전략, 활동 전략, 자원 동원방식 등 구체적이고 현실적인 차원에서 다양한 형태로 사회적 기업이 지속가능하는 데 영향을 미치고 있었다. 본 연구를 통해 사회적 기업이 지속가능하는 데 사회적 기업가정신의 중요성을 확인하였다.

둘째, 사회적 기업가정신과 사회적 기업 지속가능성의 구성 요소별 중요도가 사회적 기업에 따라 다르게 나타나고 있으며, 사회적 기업의 유형, 활동 영역에 차이가 있음을 발견하였다. 즉, 사회적 기업의 유형별로 주요 사회적 기업가정신의 구성요소가 다르게 작동할 수 있는 가능성을 확인하였다.

셋째, 사회적 기업 지속가능성을 구성하는 사회적 목적 달성, 경제적 기반, 환경적 수용성, 이 3가지 구성요인들은 각각 독립적으로 작동하기보다는 상호 유기적인 관계를 형성하고 있음을 확인하였다. 사회적 기업이 지속가능하기 위한 출발점은 사회적 목적 달성이며, 이를 통해 소비자의 인식 변화 및 지역사회의 환경 변화 등의 환경적인 요인들이 변화하고 이는 다시 사회적 기업의 재화와 사회 서비스의 소비로 이어져 경제적 기반을 형성하는 선순환 체계를 구축하고 있다. 이러한 사회적 목적 달성을 위한 토대는 사회적 기업가정신 중 사회적 가치 지향성이 무엇보다 우선적으로 작용하고 있음을 확인하였다.

2. 정책적 함의

사례연구를 통하여 사회적 기업가정신과 지속가능성과의 관계에 관한 다양한 측면들을 살펴본 결과 다음과 같은 정책적 함의를 찾을 수 있었다.

첫째, 사회적 기업이 지속가능하기 위해서는 사회적 목적 달성뿐만 아니라 환경적 수용성과 경제적 기반도 함께 증가되어야 한다. 그러나 실제로 환경적 수용과 경제적 기반은 낮은 것으로 나타나는데, 다른 어떠한 요인들보다도 사회적 기업 스스로 환경적 수용성과 경제적 기반을 증대시키기 위한 노력이 필요하다. 그리고 이러한 노력은 사회적 기업의 역량만으로는 한계가 있기 때문에 정부의 정책적·제도적 지원이 필요한데, 인건비 지원과 관련하여 현재는 최장 5년의 한시적인 지원을 통해 사회적 기업이 경제적 기반을 형성할 수 있도록 유도하고 있다. 사회적 기업의 일자리 창출뿐만 아니라 일자리 유지의 측면에서 사회적 기업에 대한 일괄적인 지원보다는 각 사회적 기업의 상황에 맞는 차등적인 지원을 통해 지원이 중단되었을 경우 사회적 기업이 받는 충격을 최소화할 수 있는 정책지원제도의 도입이 필요하다.

둘째, 현재 정부의 사회적 기업 지원 정책은 대부분 직접적인 재정 지원에 초점이 맞추어져 있고, 그로 인하여 정부재정에 대한 의존 성향을 쉽게 벗어나지 못하고 있다. 이러한 정책을 장기적으로 유지하게 되는 경우 정부의 부담도 가중될 수 있는 부분이 적지 않다. 따라서 직접적인 재정지원을 통한 경제적 기반을 형성할 수 있도록 지원하는 방법보다는 사회적 기업이 스스로의 활동을 통해 경제적 기반을 형성할 수 있는 환경적 수용성 측면에서의 지원으로 전환하는 것이 필요하다. 즉, 판로 지원 및 우선 구매 제도를 통해 사회적 기업이 참여할 수 있는 기회를 제공하고, 일정 수준의 품질이 담보되는 제품과 사회 서비스의 제공이 가능한 환경을 조성하는 것이 필요하다. 그리고 지방정부의 사회적 기업에 대한 지원은 중앙정부처럼 획일적인 지원보다는 프로젝트 개발을 목적으로 한 포괄지원 방식을 채택하는 것이 필요하다. 예를 들어 아소카 재단(Ashoka Foundation)처럼 사회적 기업가가 해결하고자 하는 프로젝트에 대해 자원을 지원하는 방식을 고려할 필요가 있다.

셋째, 사회적 기업이 지속가능하기 위해서는 사회적 기업가정신이 중요하다는 것을 본 연구에서 확인하였다. 그러나 실제로 사회적 기업가정신을 함양할 수 있는 제도적 지원이나 정부 지원은 부족한 것이 현실이다. 사회적 기업들은 사회적 가치 지향성이나 사회적 목적을 강조하기 위한 자체적인 인성 교육 프로그램을 운영하고 있다. 그러나 사회적 기업 내의 교육도 중요하지만 체계적이고 단계적인 교육을 위해서는 정부의 지원이 필요하다.

마지막으로 사회적 목적을 잘 달성하고 있는지, 실천하고 있는 사회적 가치가 의미가 있는지, 경제적 수익활동은 사회적 목적에 부합하게 활동을 하는지 등과 같이 본연의 역할을 잘 수행하고 있는지에 대해 사회적 기업 스스로가 모니터링하고 자기 평가할 수 있는 사회적 감시(social audit)제도와 같은 사회적 기업의 적합한 평가 시스템을 도입·구축하는 것이 필요하다.

제3절 연구의 한계

이 책은 사회적 기업의 지속가능성에 대한 관심에서 출발하여 사회적 기업이 지속가능하기 위해서는 사회적 기업가정신이 가장 중요한 요인으로 작동하고 있으며, 이 둘의 관계가 상호 유기적으로 작동할 때 사회적 기업이 지속가능할 수 있는 작동원리를 규명하였다는 데 그 의의가 있다. 그러나 이러한 연구의 이면에 다음과 같은 연구의 한계를 갖고 있다.

첫째, 사회적 기업가정신과 사회적 기업 지속가능성 구성요소별 중요도는 사회적 기업별로 차이가 나타나는 것으로 보인다. 실제로 사회적 기업 유형별 주요 사회적 기업가정신 구성요소가 다르게 나타날 수 있는 가능성에 대한 후속 연구가 필요하다.

둘째, 사회적 기업가정신과 지속가능성의 관계에 대해 심층 인터뷰와 자기평가 설문을 통해 경험적인 근거를 확인하였으나, 이 둘의 관계에 대한 명확한 인과관계를 검증하는 과정이 추가적으로 필요하다. 따라서 인과관계의 정도를 살펴보기 위한 실증적인 후속연구가 필요하다.

셋째, 이 책에서는 사회적 기업가정신과 사회적 기업 지속가능성의 관계를 살펴보기 위한 제한된 변수를 구성하여 연구를 진행하였으나, 후속 연구에서는 더 다양하고 체계적인 변수를 포함하여 이 두 요인의 관계를 현재보다 더 심층적으로 살펴보는 것이 필요하다.

참고문헌

1. 국내 문헌

강병준. (2011). 「거버넌스 구축을 통한 사회적 기업 활성화 요인에 관한 실증적 연구」, 서울시립대학교 대학원 박사학위논문.

고미영. (2009). 『질적사례연구』. 서울: 청목 출판사.

고용노동부. (2010). 「사회적 기업 3주년 성과분석」.

김구. (2008). 『사회과학 연구조사 방법론의 이해』. 서울: 비앰비북스.

김경희·반정호. (2006). 「한국 상황에서의 사회적 기업의 개념과 유형에 관한 소고」. 『노동정책연구』 제6권 제42호. pp.31-54.

김동주. (2009). 「직업재활시설과 표준사업장을 중심으로 바라본 사회적 기업」. 함께 걸음 기고문. 2009년 11월 5일자.

김용호·송경수. (2009). 「사회적 기업의 행·재정지원제도 보완을 위한 전략적 마케팅」. 『사회적 기업 연구』. pp.6-35.

김성기. (2009). 「사회적 기업의 특성에 관한 쟁점과 함의」. 『사회복지정책』 제36권 제2호. pp.139-166.

______. (2010). 「사회적 기업의 지속가능성 연구: 다중이해관계자 참여를 중심으로」. 성공회대학교 대학원 박사학위논문.

______. (2011). 『사회적 기업의 이슈와 쟁점』. 서울: 아르케.

김신양. (2006). 「사회적 기업의 법제화: 유럽 및 한국의 사례」. 『도시와 빈곤』 제80권. pp.75-91.

김순양. (2009). 「사회적 기업 인증제도의 개선방안 고찰」. 『사회적 기업 연구』 제2권 제1호. pp.67-99.

김윤호. (2010). 「커뮤니티 비즈니스 개념정립에 관한 연구: 사회적 기업과의 구분을 목적으로」. 『한국사회와 행정연구』 제21권 제1호. pp.5-25.

김을식 외. (2011). 「사회적 기업과 정부의 역할」. 『이슈 & 진단』 제16
    호. 경기개발연구원.

김정린. (2005). 『비영리조직의 경영』. 서울: 아르케.

김정원. (2008). 「사회적 일자리와 사회적 기업은 民의 대안이 될 수 있
    는가?」. 『도시와 빈곤』 통권 제89호. pp.78-93.

______. (2009). 『사회적 기업이란 무엇인가?』. 서울: 아르케.

______. (2010). 「사회적 기업과 지역시민사회: 전북지역 사례를 중심으
    로」. 『시민과 세계』 제15호. pp.187-206.

김종수. (2009). 「지역기반형 사회적 기업의 태동과 운영에 관한 연구」.
    서울시립대학교 대학원 박사학위논문.

김준환. (2004). 「사회적 자본과 사회적 기업에 관한 고찰」. 『한국사회』
    제5집. pp.88-120.

김태영. (2009). 「정책수단으로서의 사회적 기업」. 『2009 한국정책학회
    동계학술대회 발표 논문집』. pp.3-24.

김학실. (2011). 「행위자 특성에 따른 사회적 기업 지원정책 우선순위
    연구」. 『지방행정연구』 제15권 제2호. pp.165-185.

김혜원. (2008). 「선진국의 사회적 기업 발전 전략」. 『사회적 기업 열린
    포럼 자료집』. 함께일하는재단.

______. (2009a). 「한국 사회적 기업정책의 형성과 전망」. 『동향과 전망』
    제75호. pp.74-108.

______. (2009b). 「사회 서비스 일자리 사업 평가」. 『노동리뷰』 제10호.
    pp.21-36.

______. (2010). 「한국의 사회적 기업 육성지원 정책」. 『2010 사회적
    기업 지원 정책 국제심포지엄자료집』. pp.14-29.

______. (2011). 「한국의 사회적 기업 지원정책의 개선방안 연구: 일자
    리 창출 중심의 지원에 대한 비판을 중심으로」. 『한국사회정책』
    제18집 제1호. pp.209-238.

남승연·이영범. (2009). 「우리나라 사회적 기업의 유형화와 발전방향
    에 관한 연구: 일자리 제공형 사회적 기업을 중심으로」. 『경희대
    학교 사회과학연구』 제34권 제3호. pp.29-60.

남승연·조창현·정무권. (2010). 「사회적 기업의 개념화와 유형화 논쟁」.

『창조와 혁신』 제3권 제2호. pp.129-173.

노대명. (2008). 「한국의 사회적 기업과 사회 서비스」. 『보건복지포럼』 통권 제138호. pp.65-85.

노동부. (2008). 사회적 기업 육성 기본계획(2008-2012).

______. (2009). 『2008 사회적 기업 성과 분석』. 고용노동부.

라준영. (2010). 「사회적 기업의 비즈니스모델」. 『벤처경영연구』 제13권 제4호. pp.129-161.

류만희. (2011). 「한국의 사회적 기업 특성과 발전전략에 관한 연구」. 『상황과 복지』 제31호. pp.161-191.

박노윤. (2000). 「조직행동으로서의 기업가정신과 성과와의 관계」. 『인사관리연구』 제24집 제1권. pp.253-287.

박상용·김연정. (2004). 「벤처기업 CEO의 기업가정신과 조직유효성의 관계에 관한 연구: 혁신성, 위험감수성, 진취성을 중심으로」. 『기술혁신학회지』 제7권 제3호. pp.479-505.

박수지·엄태영. (2010). 「사회적 기업이 추구하는 사회적·경제적 성과의 모순관계와 전통적인 사회적 경제 조직의 조절효과」. 『보건사회연구』 제30권 제1호. pp.287-311.

박찬임. (2008). 「사회적 기업의 현재적 의미」. 『월간 복지동향』 제120호. pp.5-10.

______. (2009). 「사회적 기업의 성장과 정부지원: 평가와 새 방향」. 『시민과 사회』 제115호. pp.165-186.

박찬웅. (2006). 『시장과 사회적 자본』. 서울: 그린.

배귀희. (2011). 「사회적 기업가정신의 개념 구성에 관한 연구」. 『한국정책과학학회보』 제15권 제2호. pp.199-227.

배병룡. (2010). 「조직 시민행동에 대한 직무만족의 영향」. 『한국자치행정학보』 제24권 제1호. pp.39-62.

______. (2010). 「사회적 기업 종사자의 직무만족: 사회경제적 요인의 영향을 중심으로」. 『한국정책연구』 제10권 제2호. pp.155-178.

배이화. (2007). 「영국의 사회적 기업 육성 방향과 전략」. 『국제사회보장동향』 제3호. pp.33-41.

삼성경제연구소. (2009). 「청년 실업을 위한 사회적 기업의 역할」. 『SERI

경제 포커스』 제272호. pp.1-22.

송백석·곽진오. (2010). 「영국의 제3섹터 정책과 사회적 기업 정책: 노
    동당 공동체주의로 이해하기」. 『한국사회정책』 제17집 제2호.
    pp.103-134.

선남이·박능후. (2011). 「사회적 기업의 사회경제적 성과에 미치는 영
    향요인 분석」. 『지방정부연구』 제15권 제2호. pp.141-164.

심창학. (2007). 사회적 기업의 개념 정의 및 범위 설정에 관한 연구:
    유럽의 사회적 기업을 중심으로. 『사회보장연구』 제23권 제2호.
    pp.61-85.

양준호. (2011). 『지역과 세상을 바꾸는 사회적 기업: 개념·사례·정책
    과제』. 서울: 도서출판 두남.

양세진. (2011). 「한국 사회적 기업의 협력적 거버넌스에 대한 사례 연구」.
    성균관대학교 국정관리대학원 박사학위논문.

양용희. (2006). 「우리나라 사회적 기업의 과제와 방향: 미국의 사례를
    중심으로」. 『2006년 한국비영리학회 춘계학술대회 발표 논문집』.
    pp.47-58.

______. (2009). 「우리나라 사회적 기업의 현황과 전망」. 『한국로고스
    경영학회 2009년 정기총회 및 추계학술대회발표대회 발표논문
    집』. pp.70-80.

엄형식. (2005). 「유럽적 의미의 사회적 기업 개념과 시사점」. 『도시와
    빈곤』 통권 제76호. pp.78-115.

______. (2006). 「빈곤과 실업의 새로운 대안, 사회적 기업」. 『환경과
    생명』 통권 제54호. pp.148-162.

______. (2008). 「한국의 사회적 경제와 사회적 기업: 유럽 경험과의 비
    교와 시사점」. 실업극복재단 함께 일하는 사회 정책연구원.

오종석·이용탁. (1999). 「벤처기업의 기업가정신과 성과와의 관계」. 『대
    한경영학회지』 제22권 제2호. pp.285-307.

오미옥. (2007). 「사회적 기업의 이해」. 『사회과학연구』 제23집 제2호.
    pp.173-192.

______. (2009). 「사회적 기업의 특성과 연관된 지속가능성장 방안」. 『한
    국지역사회복지학』 제31권. pp.79-98.

유병선. (2010). 『보노보 혁명: 제4섹터 사회적 기업의 아름다운 반란』. 서울: 도서출판 부키.

윤석철. (2008). 『성공적인 창업을 위한 기업가정신』. 대전: 도서출판 대경.

윤종록·위홍복·최광신. (2003). 「조직기업가정신의 조직유효성에 미치는 영향에 관한 실증연구」. 『대한경영학회지』 통권 제37호. pp.869-888.

이광우. (2008). 「지속가능한 사회적 기업의 성공요인에 관한 연구」. 숭실대학교 대학원 박사학위논문.

이기훈. (2005). 『지속가능성 경영과 기업가치 평가』. (주)박영사.

이덕훈. (2009). 『기업과 환경』. 비엔엠북스.

이승규·라준영. (2010). 「사회적 기업의 사회경제적 가치 측정: 사회투자수익률(SROI)」. 『벤처경영연구』 제13권 제3호. pp.41-56.

이윤재. (2010). 『사회적 기업 경제』. 탑북스.

이용탁. (2008). 「사회적 기업의 BSC 모형 개발에 관한 연구」. 『사회적 기업연구』 제1권 제1호. pp.62-92.

______. (2009). 「사회적 기업가정신에 관한 이론적 고찰」. 『사회적 기업연구』 제2권 제2호. pp.5-28.

______. (2011). 「사회적 기업가정신과 성과와의 관련성에 관한 연구」. 『인적자원관리연구』 제18권 제3호. pp.129-150.

이은선. (2009). 「사회적 기업의 특성에 관한 비교 연구」. 『행정논총』 제47권 제4호. pp.363-397.

이은애. (2008). 「사회적 기업 활성화를 위한 경영지원 과제」. 『윤리경영연구』 제10권 제1호. pp.1-36.

이인재. (2006). 「사회적 기업 성공요인과 사회적 기업 '컴윈'」. 『복지동향』 Vol. 88. pp.9-15.

______. (2009). 「한국 사회적 기업의 쟁점과 전망」. 『동향과 전망』 통권 제75호. pp.109-141.

이영찬·이승석. (2008). 「기업의 사회적 책임활동이 혁신역량 및 성과에 미치는 영향: 구조적 접근방법」. 『사회적 기업연구』 제1권 제1호. pp.93-117.

이정호. (2004). 「기업가정신, 조직구조, 조직문화 및 조직성과 간의 관련성에 관한 연구」. 영남대학교 박사학위논문.

임혁백·김윤태·김철주·박찬웅·고형면. (2007). 『사회적 경제와 사회적 기업: 한국형 사회적 일자리와 사회 서비스 모색』. 송정문화사.

오을임·김구·배용태. (2002). 「지방행정기관에 있어서 조직학습과 조직변화가 조직성과에 미치는 영향」.『한국사회와 행정연구』 제13권 제3호. pp.207-237.

유동운. (2009). 「기업가정신의 역사와 현대적 의미」. CFE Report 101. 현대경제연구소.

장수덕·이장우. (2003). 「벤처기업의 기업가, 환경, 전략, 그리고 조직구조 특성과 성과변화」.『한국경영과학학회지』 제28권 제2호. pp.35-60.

장원봉. (2009). 「한국 사회적 기업의 현황과 과제」.『동향과 전망』 통권 제75호. pp.47-73.

______. (2010). 「사회 서비스 영역에서의 사회적 기업의 역할과 과제」. 『보건복지포럼』 제162호. pp.42-56.

장정순. (2007). 「미국의 사회적 기업의 재원조달 방안」.『한국비영리연구』 제6권 제1호. pp.273-318.

정대용·김민석. (2010). 「조직구성원의 사회적 가치추구와 경제적 가치 추구가 사회적 기업의 발전에 미치는 영향에 관한 연구」.『산업경제연구』 제23권 제5호. pp.2299-2321.

정무성 외. (2011).『사회적 기업과 사회 서비스』. 서울: 공동체.

정선희. (2006). 「빈곤해결을 위한 일자리 정책: 사회적 기업이 지속가능한 발전」.『도시와 빈곤』 제80권. pp.64-74.

조영복. (2007). 「제1차 사회적 기업 인증 결과와 과제」.『노동리뷰』 2007년 11월호. pp.48-58.

______. (2010). 「사회적 기업 육성을 위한 정책과제」.『서울경제』 통권 61호. pp.5-16.

조영복 외. (2008). 「사회적 기업 육성을 위한 중장기 정책 방향」.『사회적 기업연구』 제1권 제2호. pp.61-89.

지속가능발전기업협의회. (2011).『지속가능사업에 투자하라』. 서울: 호이테북스.

최종태 외. (2008).『사회적 기업, 새로운 세계: 미국 사회적 기업을 중심으로』. 서울: 실업극복국민재단 정책연구원.

채종헌·이종한. (2009).「지속가능발전을 위한 사회적 기업의 역할과 활성화 방안에 관한 연구」. 한국행정연구원.

한국노동사회연구소. (2009).「노동부 인증 사회적 기업의 운영 실태 및 과제」. 한국노동사회 연구소.

한국노동연구원. (2004).「사회적 일자리 창출 사업 중장기 발전방안」. 노동부.

한상진·황미영. (2010).「한국과 영국의 사회적 기업 제도화에 관한 비교 연구: 영국의 공동체 이익회사와 한국의 노동부 인증 사회적 기업을 중심으로」.『시민사회와 NGO』제8권 제1호. pp.91-124.

함유근·김영수. (2010).『지역 경제를 살리는 새로운 대안: 커뮤니티비즈니스』. 서울: 삼성경제연구소.

황인표. (2007).「지역벤처기업의 Entrepreneurship과 사회적 책임에 관한 실태분석」.『국제지역연구』제11권 제3호. pp.734-758.

홍석빈. (2009).「사회적 기업의 지속 성장 가능성」.『LG Business Insight 2009 5 6』. pp.41-50.

홍종호·황정수. (2005).「기업 지속가능성 지표 및 지수개발에 관한 시범연구」.『경제연구』제26권 제1호. 21-40.

홍현미라. (2008).「사회적 기업의 지역사회 접근 전략에 관한 탐색적 연구: 지역사회자본 재구조화」.『사회과학논총』제23집 제2호. pp.135-155.

2. 국외 문헌

Alter, S. K. (2002). *Case studies in social enterprise: Counterpart international's experience*. Washington D.C.: Counterpart International.

___________. (2007). "Social Enterprise Typology". Virtue Venture LLC.(http://rinovations.edublogs.org/files/2008/07/setypology.pdf)

Alter, S. K. & Dawans, V. (2008). "The Integrated Approach to Social Entrepreneurship: Building High Performance Organizations". Social Enterprise Reporter 1-4. (http://www.virtueventures.com/files/ser_integrated_approach.pdf.)

Alvord, S. H., Brown, L. D. and Letts, C. W. (2004). "Social Entrepreneurship and Sociental Transformation". *Journal of Applied Behavioral Science*. Vol. 40 No. 3. pp.260-282.

Ashoka. (2006). http://www.ashoka.org/home/index.cfm. Accessed January 6, 2006.

Austin, J., Stevenson, H. and Wei-Skillern, J. (2006). "Social and Commercial Entrepreneurship: Same, Different, of Both?". *Entrepreneurship Theory and Practice*. Vol 30 No. 1. pp.1-22.

Barringer, Bruce R. and Bluedorn, Allen C. (1999). "The Relationship between Corporate Entrepreneurship and Strategic Management". *Strategic Management Journal*. Vol 20. pp.421-444.

Barendsen, L. & Gardner, H. (n.d.). "Is the Social Entrepreneur a New Type of Leader?". *Leader to Leader*. Vol. 2004 Issue 34. pp.43-50.

Bebbington, J. & Gray, R. (2000). "An Account of Sustainability: Failure, Success and a Reconceptualization". *Critical Pespectives on Accounting*. Vol 12. pp.557-587.

Bloom, Gorden M. (2006). "The Social Entrepreneurship Collaboratory: A University Incubator for a Rising Generation of Leading Social Entrepreneur". The Hauser Center for Nonprofit Organizations and The John F. Kennedy School for Government Harvard University. Working paper. 31.

Bode, I., Evers, A. & Schulz, A. (2006). "Work integration social enterprise in Europe; can hybridazation be sustainable?". Nyssen, M. (eds). (2006). *Social Enterprise: as the crossroads of markets, public politics and civil society*. London: Routledge.

Borzaga, C. & Defourny, J. (eds.). (2001). *The Emergence of Social Enterprise*. London: Routledge.

Borzaga. C. & Santuairi, A. (2001). "Italy: from traditional co-operatives to innovative social enterprise". Borzaga, C. & Defourny, J. (eds.). (2001). *The Emergence of Social Enterprise*. London, UK: Routledge.

Borzaga. C. & Solari, L. (2001). "Management challenge for social enterprises". Borzaga, C. & Defourny, J. (eds.). (2001). *The Emergence of Social Enterprise*. London, UK: Routledge.

Bornstein, D. (2007). *How to Change the World*. Oxford University Press.

Bradley, D. P. (2010). "Sustainability-driven entrepreneurship: Principles of organization design". *Journal of Business Venturing*. Vol. 25. pp.51-523.

Brinkerhoff, P. C. (2000). *Social Entrepreneurship*. New York: John Wiley & Sons.

Brounard, F. & Larivet, S. (2010). "Essay of clarifications and definitions of the related concepts of social enterprise, social entrepreneur and social entrepreneurship". Fayolle, A. & Matlay, H. (eds.). (2010). *Handbook of Research on Social Entrepreneurship*. Cheltenham, UK: Edward Elgar.

Campi, S., Defourny, J. & Gregory, O. (2006). "Work integration social enterprise: are they multiple-goal and multiple-stakeholder organization?". Nyssens, M. (eds.). (2006). *Social Enterprise: At the crossroads of market, public policies and civil society*. London & New York: Routledge.

Carmeli, A. & Tishler, A. (2004). "The relationship between intangible organizational element and organizational performance". *Strategic Management Journal*. Vol. 25. pp.1257-1278.

Carroll, A. B. (1999). "Corporate Social Responsibility: Evolution of a Definitional Construct". *Business & Society*. Vol. 38 No. 3. pp.268-295.

Carroll, A. B. & Buchholtz, A. K. (2011). *Business and Society: Ethics, Sustainability and Stakeholder Management*. USA: South-Western Cengage Learning.

Casson, M. (2005). "Entrepreneurship and the Theory of the Firm". *Journal of Economic Behavior and Organization*. Vol. 58 No.2. pp.267-271.

CCSE(Canadian Centre for Social Entrepreneurship). (2001). Social Entrepreneurship Discussion Paper. No. 1.

Certo, S. T. & Miller, T. (2008). "Social Entrepreneurship: Key Issue and Concept". *Business Horizons*. Vol. 51. pp.267-271.

Chell, E. (2007). "Social Enterprise and Entrepreneurship: Towards a Convergent

Theory of the Entrepreneurial Process". *International Small Business Journal.* Vol. 25 No. 5. pp.5-26.

Cooperrider David L. and Whitney, Diana. (2005). *Appreciative Inquiry.* 유준희 · 강성룡 · 김명언 역. (2008). 『조직변화의 긍정혁명』. 서울: 도서출판 쟁이.

Colvin, J. G., Slevin, D. P. and Schultz, R. L. (1994). "Implementing Strategic missions: Effective strategy, structure and tactical choices". *Journal of Management Studies.* Vol. 31 Issue 4. pp.481-506.

Dees, J. G. (1998). "The Meaning of Social Entrepreneurship". 31 October. www. gsb.stanford.edu/service/news/DeesSocenterPaper.html.

__________. (2001). "The meaning of social entrepreneurship". 30 May. www.fuqua.duke.edu/centers/case/document/dees_SE.pdf.

Dees, J. G., Emerson, J. & Economy, P. (2001). *Enterprising Nonprofit: A toolkit for Social Entreprenuer.* New York: John Wiley & Sons.

__________. (eds.). (2002). *Strategic Tools for Social Entrepreneurs: Enhancing the Performance of Your Enterprising Nonprofit.* New York: John Wiley & Sons.

Defourny, J. (2001). "Introduction: from third sector to social enterprise". Borgaza, C & Defourny, J. (eds.). (2001). *The emergence of social enterprise.* London, New York: Routledge.

Defourny, J. & Nyssens, M. (2006). "Defining Social Enterprise". Nyssen, M. (eds). (2006). *Social Enterprise: At the crossroads of markets, public policies and civil society.* London: Routledge.

Defourny, J. & Nyssens, M. (2010). "Conceptions of Social Enterprise and Social Entrepreneurship in Europe and the United States: Convergence and Divergence". *Journal of Social Entrepreneurship.* Vol. 1 No. 1. pp.32-53.

Desa, G. (2007). "Social entrepreneurship: snapshots of a research field in emergence". 3rd International Social Entrepreneurship Research Conference, 18-19 June, Frederiksberg: Denmark.

Dess, G. G. and Lumpkin, G. T. (2005). "The Role of Entrepreneurial Orientation in Stimulating Effective Corporate Entrepreneurship". *Academy of Management Executive,* Vol. 19 No. 1. pp.147-156.

Dey, P. & Steyaert, C. (2010). "The politics of narrating social entrepreneurship". *Journal of Enterprising Communities: People and Places in the Global Economy.* Vol. 4 No. 1. pp.85-108.

Dollinger, M. J. (1984). "Environmental boundary spanning and information processing effects on organizational performance". *Academy of Management Journal.* Vol. 27 No. 2. pp.351-368.

Doherty, B. et al. (2009). *Management for Social Enterprise.* London: SAGE.

Drucker, P. (1985). *Innovation and Entrepreneurship.* Harper & Row.

__________. (1985). *Innovation and Entrepreneurship Practice and Principles.* Harper & Row.

DTI(Department for Trade and Industry). (2002). *Social Enterprise Strategy for Success.* DTI: London.

Elkington, J. & Hartigan, P. (2008). *The Power of Unreasonable people.* Schwab Foundation for Social Entrepreneurship.

EMES. (2008). *Social Enterprise: A new model for poverty reduction and employment generation.* UNDP Regional Bureau.

Emerson, J. and Twersky, F. (1996). *New Social Entrepreneurs: The Success Challenge and Lessons of Non-profit Enterprise Creation.* The Roberts Foundation.

Epstein, J. M. and Roy, M. (2003). "Improving Sustainability Performance Specifying Implementing and Measuring Key Principles". *Journal of General Management.* Vol. 24 NO. 1. pp.15-31.

Espinosa, A., Harden, E. & Walker, J. (2010). "A complexity approach to sustainability". *European Journal of Operational Research.* Vol. 187. pp.636-651.

Evans, P. and Wurster, T. S. (2000). *Blown To Bits: How the New Economics of Information Transforms Strategy.* Boston: Harvard Business School Press.

Evers, A. & Schulze-Bönig, M. (2001). "Germany: Social Enterprise and Transitional employment". Borzaga, C. & Defourny, C. (eds). (2001). *The Emergence of Social Enterprise.* London & New York: Routledge.

Fayolle, A. & Matlay, H. (2010). *Handbook of Research on Social Entrepreneurship.* Cheltenham, UK: Edward Elgar.

Gardin, L. (2006). *A variety of resources mixes insides social enterprises.* Nyssens, M.

(eds). (2006). *Social Enterprise: at the crossroads of markets, public polities and civil society*. London: Routledge.

Garrido, P. (2009). "Business sustainability and collective intelligence". *The Learning Organization*. Vol. 16 No. 3. pp.208-222.

Golob, U., Podner, K. and Lah, M. (2009). "Social economy and social responsibility: global anarchy of neoliberalism?" *International Journal of Social Economics*. Vol. 36 No. 5. pp.869-878.

Gompers, P., Lerner, J. & Scharfstein, D. (2005). "Entrepreneural Spawning: Public Corporations and the Foundation of New Ventures, 1986-1999". *Journal of Finance*. Vol. 60 No. 2. pp.577-614.

Greve, A. & Salaff, J. W. (2003). "Social Network and Entrepreneurship". *Entrepreneurship Theory and Practice*. 2003: Fall. pp.1-22.

Hartigan, P. & Martin, M. (2004). *Social Entrepreneurship: Understanding the New Strategic Space for Social Value Creation*. The Schwab Foundation for Social Entrepreneurship. University of Geneva. Department of Economics. (http://www.schwabfound.org/docs/web/)

Helm, S. T. (2008). *Social Entrepreneurship*. Kansas City: University of Missouri.

Helm, S. T. & Andersson, F. O. (2010). "Beyond Taxonomy: An Empirical Validation of Social Entrepreneurship in the Nonprofit Sector". *Nonprofit Management & Leadership*. Vol. 20 No. 3. pp.259-276.

Haugh, H. (2005). "A research agenda for social entrepreneurship". *Social Enterprise Journal*. Vol. 1 No. 1. pp.1-12.

Henton, D., Melville, J. & Walesh. K. (1997). "The Age of the Civic Entrepreneur: Restoring Civil Society and Building Economic Community". *National Civic Review*. Vol. 85 No. 2. pp.149-156.

Hill, T. L. (2010). "Pattern of Meaning in the Social Entrepreneurship Literature: A Research Platform". *Journal of Social Entrepreneurship*. Vol. 1 No. 1. pp.5-31.

Hisrich, R. D. (1986). *Entrepreneurship and Intrapreneurship: Methods for Creating New companies That Have on Impact on the Economic Renaissance of the Area. Entrepreneurship, Intrapreneurship, and Venture Capital*. Lexington Books.

Ho, Li-An. (2008). "What affect organizational performance?: The linking of learning and knowledge management". *Industrial Management & Data Systems*. Vol. 108 No. 9. pp.1234-1254.

Kerlin, J. (2005). "Social Enterprise in the United States and Europe: Understanding and Learning from the Differences". *Voluntas*, Vol. 17 No. 3. pp.247-263.

Laville, J. (2001). "France: Social enterprises developing proximity service". Borzaga, C. & Defourny, J. (eds). (2001). *The Emergence of Social Enterprise*. London & New York: Routledge.

__________. (2003). "A New European Socioeconomic Perspective". *Review of Social Economy*. Vol. 61 No. 3. pp.390-405.

Leichsenring, K. (2001). "Austria: Social enterprises and new childcare service". Borzaga, C. & Defourny, J. (eds). (2001). *The Emergence of Social Enterprise*. London & New York: Routledge.

Li, Y., Guo, H., Liu, Y. and Li, M. (2007). "Incentive Mechanisms, Entrepreneurial Orientation, and Technology Commercialization: Evidence from China's Transitional Economy," *Journal of Product innovation Management*, Vol. 25 No. 1. pp.63-78.

Lieberman, M. and Montgomery, M. (1988). "First-Mover Advantages," *Strategic Management Journal*, Vol. 9. pp.41-58.

Light, P. C. (1998). *Sustaining Innovation: Creating Nonprofit and Government Organizations that Innovate Naturally*. San Francisco: Jossey-Bass.

____________. (2003). *Pathways to Nonprofit Excellence*. Brookings.

____________. (2006). "Reshaping Social Entrepreneurship". *Stanford Social Innovation Review*. Vol. 4. pp.47 - 51.

Low, C. (2006). "A framework for the governance of social enterprise". *International Journal of Social Economics*. Vol. 33 No. 516. pp.376-385.

Lumpkin, G. T. & Dess, G. G. (1996). "Clarifying the Entrepreneurial Orientation Construct and Linking It to Performance". *Academy of Management Reviews*. Vol. 2 No. 1. pp.135-172.

____________. (2001). "Linking two dimensions of entrepreneurial orientation to firm performance: The moderating role of environment and industry life cycle". *Journal of Business Venturing*, Vol. 16. Issue. 5. pp.429-451.

Mair, J. & Marti, I. (2006). "Social Entrepreneurship research: A source of explanation, prediction, and delight". *Journal of World Business*. Vol. 41 NO. 1. pp.36-44.

Maurrice, S. (2004). *Lessons from the Equater Initiative: Honey care Africa's be keeping in Rural Kenya*. Center for Community-Based Resource Management. University of Manitoba.

Massarsky, C. W. & Beinhacker, S. L. (2002). *Enterprising Nonprofits: Revenue Generation in the Nonprofit Sector*. (http://www.ventures.yale.edu).

McDonald, C. and Warburton, J. (2003). "Stability and Change in Nonprofit Organization: The Volunteer Contribution". *International Journal of Voluntary and Nonprofit Organizations*. Vol. 14 No. 4. pp.381-399.

McMurthy, J. J.. (2004). "Social economy as political practice". *International Journal of Social Economics*. Vol. 31 No. 9. pp.869-878.

Meadows, D. H et al. (1974). *Dynamics of Growth in a finite world*. Pegasus Communications.

Miller. D.. (1983). "The Correlates of Entrepreneurship in Three Types of Firms". *Management Science*. Vol. 29 No. 7. pp.770-791.

Moshe, S. & Lerner, M. (2006). "Gauging the Success of Social Venture Initiated by Individual Social Entrepreneurship". *Journal of World Business*. Vol. 41 NO. 1. pp.6-20.

Morris, M. H., Kuratko, D. F., Covin, J. G. (2008). *Corporate Entrepreneurship and Innovation, Second Edition*. Thomson South-Western.

Mulgan, J. (2007). SOCIAL INNOVATION: *What it is, Why it matters and How it can be accelerated*. The Young Foundation.

Nicholls, A. (2006). *Social Entrepreneurship: New Models of Sustainable Social Change*. Oxford USA.

Pättiniemi, P. (2001). *Labour co-operatives as an innovative response to unemployment. The Emergence of Social Enterprise*. London & New York: Routledge.

Pearce, J. (2003). *Social Enterprise in Anytown*. London: Calouste Gulbenkian Foundation.

Peredo, A. M. & McLean, M. (2006). "Social Entrepreneurship: A Critical Review of the Concept". *Journal of World Business*. Vol. 41 No. 1. pp.56-65.

Pestoff, V. (1998). *Beyond the Market and State: Social Enterprise and Civil Democracy in a Welfare State*. Brookfield: Ashgate.

Pomerantz, M. (2003). "Social entrepreneurship in the northwest". Communication to the Coleman Symposium on Social Entrepreneurship Annual Conference. Hilton Head, South California, Jan. pp.23-25.

Prabhu, G. N. (1999). "Social entrepreneurial leadership". *International Journal of Career Management*. Vol. 4 NO. 3. pp.140-145.

Putnam, R. D. (1993). "The Prosperous community: Social Capital and Public Life". *The American Prospect*. Vol. 4 No. 13. pp.1-11.

Reich, Robert B. (2007). SUPERCAPITALISM. 형선호 역 (2008). 『슈퍼자본주의』. 파주: 김영사.

Ridly-Duff, R. & Bull, M. (2011). *Understanding Social Enterprise: Theory & Practice*. SAGE.

Rifkin, J. (2004). THE EROPEAN DREAM: How Europe's Vision of Future Is Quietly Eclipsing the American Dream. 이원기 역 (2010). 『유러피안 드림』. 서울: 민음사.

Roling, S. (2002). "Growing with an Entrepreneurial Mind-Set". Dees, J. G., Emerson, J. & Economy, P. (eds.). (2002). *Strategic Tools for Social Entrepreneurs: Enhancing the Performance of Your Enterprising Nonprofit*. New York: John Wiley & Sons.

Roper, J. and Cheney, G. (2005). "Leadership, learning and human resource management: The meaning of social entrepreneurship today". *Corporate Governance*. Vol. 5 No.3. pp.95-104.

Salamon, L. (1995). *Partners in public service*. Baltimore: Johns Hopkins University Press.

Sandefer, R. L. & Lauman, E. O. (1999). "A Paradigm for Social Capital". *Rationality and Society*. Vol. 10 No. 3. pp.481-501.

Scholhammer, H. (1982). "Internal corporate Entrepreneurship". Kent, C. A., Sexton, D. L., Vesper K. H. (eds). (1982). *Encyclopedia of Entrepreneurship*. prentice-Hall, Englewood Cliffs.

Schumpeter, E. H. (1934, 1973). *The Theory of Economic Development*. Harvard University Press.

Scott. J., Park, J. and Cocklin, C. (2000). "From Sustainable Rural Communities to Social Sustainability: Giving Voice to Diversity in Mangakahia Village, New Zealand". *Journal of Rural Studies*. Vol. 16 NO. 4. pp.443-446.

Shane, S. & Venkataraman, S. (2000). "The promise of entrepreneurship as a field of research". *Academy of Management Review.* Vol. 25 No. 1. pp.217-226.

Shaw, E. & Carter, S. (2007). "Social Entrepreneurship: Theoretical antecedents and empirical analysis of entrepreneurial processes and outcomes". *Journal of Small Business and Enterprise.* Vol. 13 Issue 3. pp.418-434.

Shipp, S. (1996). "The Road not Taken: Alternative Atrategies for Black Economic Development in the United States". *Journal of Economic.* Issues 30. pp.79-95.

Siebert, S. E., Kraumer, M. L. & Grant, J. M. (2001). "What do proactive people do? A longitudinal model linking proactive personality and career success". *Personnel Psychology.* Vol 54. pp.845-874.

Smallbone, D., Evans, M., Ekamen, I. and Butters, S. (2001). *Researching Social Enterprise: Final Report to the Small Business Service,* Centre for Enterprise and Economic Development Research.

Smock, K. (2006). 「커뮤니티 조직화 모델의 개요」. 『도시와 빈곤』. 통권 제80호. pp.170-203.

Social Enterprise Coalition. (2003). *There's More to Business Than You Think: A Guide to Social Enterprise.* London: Social Enterprise Colalition.

Spear, R. (2006). "Social Entrepreneurship: a different model?" *International Journal of Social Economics.* Vol. 33 No. 5-6. pp.399-410.

Speckbacher, G. (2003). "Balanced Scorecard for Project". *Project Management Journal.* Vol. 32 No. 1. pp.38-53.

Tan, W. L., Williams, J. & Tan, M. T. (2005), "Defining the 'Social' in 'Social entrepreneurship': altruism and entrepreneurship". *International Entrepreneurship and Management Journal.* Vol. 1 No. 3. pp.412-431.

Thalhuber, J. (1998). How Nonprofit and For-profit entrepreneurs differ. http://www.celcee.edu/abstract.c19982470.html.

Thompson, J. L. (2002). "The World of the Social Entrepreneur". *The International Journal of Public Sector Management.* Vol. 15 No. 5. pp.412-431.

Timmons, J. A. (1999). *New venture creation-Entrepreneurship for the 21st century.* 4th ed. Irwin.

Ulhoi, J. P. (2005). "The social dimensions of entrepreneurship". *Technovation.* Vol. 25 No. 8. pp.939-946.

Urbano, D., Toledano, N. and Soriano, D. R. (2010). "Analyzing Social Entrepreneurship from an Institutional Perspective: Evidence from Spain". *Journal of Social Entrepreneurship*. Vol. 1 No. 1, pp.54-69.

Voss, Gleen B., Cable, Daniel M. and Voss, Zannie Giraud. (2000). "Linking Organizational Values to Relationship with External Constituents: A Study of Nonprofit Professional Theaters". *Organization Science*. Vol. 11 No. 3. pp.330-347.

Voss, Z. G., Voss, G. B. & Moorman, C. (2005). "An Empirical Examination of the Complex Relationships between Entrepreneurial Orientation and Stakeholder Support". *European Journal of Marketing*. Vol. 39. pp.1132-1150.

Wallace, B. (2005). "Exploring the meaning(s) of sustainability for community-based social entrepreneurs". *Social Enterprise Journal*. Vol. 1 No. 1. pp.78-89.

Weerawardena, J. & Mort, G. S. (2006). "Innovation Social Entrepreneurship: A Multidimensional Model". *Journal of World Business*. Vol. 41. pp.21-35.

Williams, C. C. (2008). "Beyond Ideal-Type Depections of Entrepreneurship: Some Lessons from the Service Sector in England". *The Service Industries Journal*. Vol. 8 No. 7. pp.1041-1053.

Young, D. (2003). "New trends in the US non-profit-sector: Towards market integration?" OECD. (eds). (2003). *The nonprofit sector in a changing economy*. Paris: OECD.

Young, D. R. & Salamon, L. M. (2002). "Commercialization, Social Ventures, and for-Profit Competition". Salmon, L. (eds). (2002). *The State of Nonprofit America*. Washington, D.C.: Brookings Institution Press.

Zahra, S. A. (1991). "Predictors and Financial Outcomes of corporate Entrepreneurship: An Exploratory Study". *Journal of Business Venturing*. Vol. 6 Issue 4. pp.259-285.

__________. (1993). "Environment, Corporate Entrepreneurship, and Financial Performance: A Taxonomic Approach". *Journal of Business Venturing*. Vol. 8 Issue 4. pp.319-340.

__________. (1998). "Governance Ownership and Corporate Entrepreneurship: The Moderating Impact of Industry Technological Opportunities". *Academy of Management Journal*. Vol. 39 No. 6. pp.1713-1735.

Zahra, S. A. and Colvin, J. G. (1995). "Contextual Influences on the Corporate Entrepreneurship-Performance Relationship: A Longitudinal Analysis". *Journal of Business Venturing*. Vol. 10 No. 1. pp.43-58.

3. 기타

고용노동부. (http://www.moel.go.kr)
법제처 국가법령정보센터. (http://www.melog.go.kr)
한국사회적기업협의회. (http://www.ikose.or.kr)
아소카 재단(Ashoka Foundation). (http://www.ashoka.org)
한국사회적 기업진흥원. (http://www.socialenterprise.go.kr)
한겨레경제연구소. (http://www.heri.kr)

부록 1: 인터뷰 질문지

사회적 기업가정신과 사회적 기업의 지속가능성에 관한 인터뷰 조사

안녕하십니까?

귀중한 시간을 내어 주셔서 대단히 감사드립니다.

저는 서울시립대학교 대학원 도시행정학과 박사과정에 재학 중인 최조순입니다.

본 인터뷰 조사는 **사회적 기업가정신과 사회적 기업의 지속가능성의 관계**에 관한 연구를 위한 것입니다. 연구를 진행함에 있어 사회적 기업을 운영하고 계시는 분들의 현실적인 의견을 듣고, 사회적 기업의 지속가능성 정도와 사회적 기업가정신 등을 파악하여 사회적 기업의 지속가능성 관련 정책을 모색하고자 인터뷰 조사를 실시하게 되었습니다.

본 인터뷰 조사는 학술적인 통계분석 목적으로만 사용되며, 신상에 관련된 사항은 통계법 제13조(비밀의 보호 등)에 의하여 일체 비밀이 보장이 됩니다.

응답해 주신 내용은 연구의 소중한 자료로 활용될 것입니다. 번거롭고 바쁘시더라도 귀하께서 가지고 계신 평소의 생각과 경험을 솔직하게 답변해 주시기를 부탁드립니다.

인터뷰에 응해 주셔서 진심으로 감사드립니다.

2011년 9월

지도교수: 김태영
연구자: 최조순
문의: ehjs6297@naver.com
전화: 010-4945-0919

1. 현재의 사회적 기업은 어떠한 배경에서 설립이 되었습니까?

- 사회적 기업의 설립 배경 및 목적은 무엇입니까?
- 사회적 기업의 업종 및 사회적 목적 실현은 무엇입니까?
- 해당 사회적 기업의 전망(시장성, 발전 가능성 등)은 어떻습니까?
- 사회적 기업의 조직 체계 및 구성은 어떻게 구성되어 있습니까?
- 사회적 기업의 운영 방식과 의사결정기구는 어떻게 구성되어 있습니까?
- 사회적 기업의 근로자 수(정규직, 비정규직)는 얼마입니까?

2. 사회적 기업의 경제적 활동 측면과 관련된 부분에 대해서 질문을 드리겠습니다.

- 사업 규모액과 매출액이 증감하고 있습니까?
- 전체 수입의 구성 비율(시장, 공공, 기금 등)이 증감하고 있습니까?
- 정부 지원 규모 증감 및 성격은 어떠한 것들입니까?
- 시장 매출 규모 및 증감하고 있습니까?
- 공공기관과 연계된 매출 규모가 증감하고 있습니까?
- 지역 단체 및 이해관계자들과 관계된 지원이 증감하고 있습니까?
- 사회적 일자리 지원 금액과 자기 부담 금액이 증감하고 있습니까?
- 작년 대비 임금 수준이 증감하고 있습니까?
- 전체 근로자 평균 급여 수준 및 증감하고 있습니까?

3. 사회적 기업의 사회적 활동 측면과 관련된 부분에 대해서 질문을 드리겠습니다.

- 전체 고용자 중 취약계층의 고용 인원은 얼마나 됩니까?
- 사회 서비스 제공 중 취약계층 서비스 제공 비율은 얼마나 됩니까?
- 임금 수준에 대한 만족 정도는 어느 정도입니까?

- 내부 구성원들이 의사결정에 참여하고 있습니까?
- 안정적인 일자리 제공과 관련된 노력을 하고 있습니까?
- 사회 취약계층에게 일자리 제공이 지역사회에 어떤 영향을 미친다
  고 생각하십니까?
- 개인 능력 향상의 기회를 제공하고 있습니까?
- 근로 환경 개선과 관련된 사항들이 이루어지고 있습니까?
- 사회적 기업이 활동할 수 있는 제도가 잘 정비되어 있습니까?

4. 이해관계자들과의 호혜적 관계 측면과 관련된 부분에 대해서 질문
   을 드리겠습니다.
- 지역 내 단체들과의 교류 정도 및 연계 단체 수는 얼마나 됩니까?
- 지역 내 단체들의 운영에 참여 유무 및 단체 수는 얼마나 됩니까?
- 사회적 목적과 가치, 비전에 대한 이해관계자들이 동의하는 편입
  니까?
- 사회적 목적과 비전의 공유 방법은 무엇입니까?
- 지역 내 단체들과의 교류 정도는 얼마나 됩니까?
- 지역단체들에 대한 상호 신뢰 정도는 얼마나 됩니까?
- 지역단체와의 사회적 관계 형성으로 인한 도움은 어느 정도입니까?
- 지방정부와의 관계는 어떠합니까?
- 일반 시민들과의 관계는 어떠합니까?

5. 사회적 기업의 지속가능성과 관련된 내용에 대해서 질문을 드리겠
   습니다.
- 사회적 기업의 지속가능성을 측정하기 위해서 고려되어야 할 부분
  은 무엇입니까?
- 사회적 가치 창출이 사회적 기업 지속가능성에 도움이 된다고 생

각하십니까?
- 경제적 기반이 사회적 기업 지속가능성에 도움이 된다고 생각하십니까?
- 지역사회 네트워크가 사회적 기업 지속가능성에 도움이 된다고 생각하십니까?
- 지역사회의 일반 시민의 인식이 사회적 기업의 지속가능성에 도움이 된다고 생각하십니까?
- 제도적 지원이 사회적 기업의 지속가능성에 도움이 된다고 생각하십니까?
- 사회적 기업이 지속가능하기 위하여 각 이해관계자들의 역할은 어떠한 것들이 있을까요?

6. 사회적 기업가정신과 관련된 측면에 대해서 질문을 드리겠습니다.
- 사회적 기업가정신은 어떻게 발현된다고 생각하십니까?
- 사회적 기업의 활동이 지역의 어떤 부분에 기여하고 있습니까?
- 사회적 기업의 사회적 활동에 대해 구성원들은 어떻게 받아들이고 있습니까?
- 사회적 활동에 대해 구성원들이 자발적으로 헌신을 하는 편입니까?
- 기존 조직과 비교하여 볼 때, 운영방식의 차이가 있습니까? 있다면 어떠한 측면에서 차이가 있습니까?
- 기존 조직과 비교하여 볼 때, 의사결정의 차이가 있습니까? 있다면 어떠한 측면에서 차이가 있습니까?
- 기존 조직과 비교하여 볼 때, 자원 동원의 차이가 있습니까? 있다면 어떠한 측면에서 차이가 있습니까?
- 시장의 변화 및 진출에 대한 지속적인 탐색을 하고 있습니까?
- 시장변화에 대응하기 위한 체계적인 계획을 수립하고 있습니까?

- 시장변화와 관련하여 내부적으로는 어떠한 준비를 하고 있습니까?
- 기존과 다른 시도로 인하여 발생 가능한 위험에 대해 인지를 하고
  있었습니까?
- 발생 가능한 위험에 대해서는 어떻게 대처를 하고 있습니까?

※ 긴 시간 동안 인터뷰에 응해 주셔서 진심으로 감사드립니다.

부록 2: 자기 평가 설문지

사회적 기업가정신과 사회적 기업의 지속가능성에 관한 설문

안녕하십니까?

귀중한 시간을 내어 주셔서 대단히 감사드립니다.

저는 서울시립대학교 대학원 도시행정학과 박사과정에 재학 중인 최조순입니다.

본 설문 조사는 **사회적 기업가정신과 사회적 기업의 지속가능성의 관계**를 살펴보고, 사회적 기업의 지속가능성을 모색하기 위해 실시하게 되었습니다.

본 설문 조사는 학술적인 통계분석 목적으로만 사용되며, 신상에 관련된 사항은 통계법 제13조(비밀의 보호 등)에 의하여 일체 비밀이 보장됩니다.

응답해 주신 내용은 연구의 소중한 자료로 활용될 것입니다. 번거롭고 바쁘시더라도 귀하께서 가지고 계신 평소의 생각과 경험을 솔직하게 답변해 주시기를 부탁드립니다.

다시 한 번 설문응답에 진심으로 감사드립니다.

2011년 11월

지도교수: 김태영
연구자: 최조순
문의: ehjs6297@naver.com
전화: 010-4945-0919

※ 「사회적 기업가정신이란」?

　사회적 기업가정신은 사회적 목적을 달성하기 위하여 창조적인 대안을 모색하고 이를 적용 및 실행하려는 성향이라고 할 수 있음.
　사회적 가치 지향성: 지역의 문제를 인지하고 해결함으로써 지역사회에 기여하려는 성향
　혁신성: 사회적 목적을 실현하기 위한 적절한 방법 및 대안을 모색하려는 성향
　진취성: 시장의 변화에 대응, 사업 확장을 위해 적극적 노력하려는 성향
　위험감수성: 새로운 방법이나 아이디어의 적용을 통해 발생 가능한 위험을 인지하는 성향
　　ex) 이해관계자 참여와 민주적 의사결정 과정에서 발생 가능한 의사결정 지연 등의 인지취약계층 고용의 과정에서 발생할 수 있는 생산성 감소에 대한 문제 인지 등

Ⅰ. 다음은 사회적 기업가정신에 관한 질문입니다. (최소 1점, 최대 10점)

1	귀 기업의 사회적 가치 지향성은 어느 정도라고 생각하십니까?	①	②	③	④	⑤	⑥	⑦	⑧	⑨	⑩
1-1	해당 점수를 부여하신 이유를 간략하게 기입해 주십시오.										
2	귀 기업의 혁신성은 어느 정도라고 생각하십니까?	①	②	③	④	⑤	⑥	⑦	⑧	⑨	⑩
2-1	해당 점수를 부여하신 이유를 간략하게 기입해 주십시오.										
3	귀 기업의 진취성은 어느 정도라고 생각하십니까?	①	②	③	④	⑤	⑥	⑦	⑧	⑨	⑩
3-1	해당 점수를 부여하신 이유를 간략하게 기입해 주십시오.										

4	귀 기업의 위험감수성은 어느 정도라고 생각하십니까?	①	②	③	④	⑤	⑥	⑦	⑧	⑨	⑩

4-1	해당 점수를 부여하신 이유를 간략하게 기입해 주십시오.

5	우리 기업의 사회적 기업가정신은 어느 정도라고 생각하십니까?	①	②	③	④	⑤	⑥	⑦	⑧	⑨	⑩

5-1	해당 점수를 부여하신 이유를 간략하게 기입해 주십시오.

※ 「사회적 기업의 지속가능성이란」

사회적 기업의 지속가능성은 사회의 다양한 이해관계자들과의 사회적 관계 형성과 경제적 기반을 토대로 사회적 목적의 실현과 사회적 가치 창출을 장기적으로 실현하는 것으로, 사회적 목적 달성, 경제적 기반 형성, 사회적 자본 형성으로 구성되어 있습니다.

사회적 목적 달성: 사회적 기업이 설정하고 있는 목적과 관련된 것으로 목적 실현의 여부와 직접적으로 관련이 있음. (ex: 사회 취약계층 고용, 사회 서비스 제공 등)

경제적 기반 형성: 사회적 기업의 운영에 필요한 자원과 관련이 있음. (ex: 시장에서의 매출액 증대, 위탁사업을 통한 매출액 증가, 기부금의 증가, 운영에 필요한 자원의 동원 등)

환경적 수용성: 사회적 기업이 활동할 수 있는 환경적 여건. (ex: 제도적 체계 구축 및 지원, 지역사회 이해관계자들과의 호혜적 관계 및 자원 교류, 지역사회 (정부, 일반시민)의 인식 정도)

Ⅱ. 다음은 사회적 기업의 지속가능성에 관한 질문입니다. (최소 1점,
   최대 10점)

		①	②	③	④	⑤	⑥	⑦	⑧	⑨	⑩
1	귀 기업의 사회적 목적 달성은 어느 정도라고 생각하십니까?										
1-1	해당 점수를 부여하신 이유를 간략하게 기입해 주십시오.										
2	귀 기업의 경제적 기반 형성(경제적 안정성)은 어느 정도라고 생각하십니까?	①	②	③	④	⑤	⑥	⑦	⑧	⑨	⑩
2-1	해당 점수를 부여하신 이유를 간략하게 기입해 주십시오.										
3	귀 기업의 환경적 수용성은 어느 정도라고 생각하십니까?	①	②	③	④	⑤	⑥	⑦	⑧	⑨	⑩
3-1	해당 점수를 부여하신 이유를 간략하게 기입해 주십시오.										
4	귀 기업의 지속가능성 정도는 어느 정도라고 생각하십니까?	①	②	③	④	⑤	⑥	⑦	⑧	⑨	⑩
4-1	해당 점수를 부여하신 이유를 간략하게 기입해 주십시오.										

※ 끝까지 설문에 응답해 주셔서 진심으로 감사드립니다.

최조순 ————————————————————————————————

서울시립대학교에서 행정학 박사학위를 취득하고(「사회적 기업가정신과 사회적 기업 지속 가
능성의 관계에 관한 탐색적 연구」), 현재 서울시립대학교 사회과학연구소에서 근무하고 있다.
주요 관심분야는 사회적 기업 정책, 주거복지 및 주택정책, 지역정보 격차 등이다.

「여성 일자리 대안으로서의 사회적 기업」(2010),
「도시재생에서의 사회적 기업의 역할」(2011),
「커뮤니티 비즈니스의 정책적 정당성」(2011),
「도시환경정비사업 갈등형성과정의 정책네트워크 분석」(2011)

e-Mail: ehjs6297@naver.com

사회적 기업의
지속가능성과
기업가정신

초 판 인 쇄 | 2012년 06월 29일
초 판 발 행 | 2012년 06월 29일

지 은 이 | 최조순
펴 낸 이 | 채종준
펴 낸 곳 | 한국학술정보㈜
주　　　소 | 경기도 파주시 문발동 파주출판문화정보산업단지 513-5
전　　　화 | 031) 908-3181(대표)
팩　　　스 | 031) 908-3189
홈 페 이 지 | http://ebook.kstudy.com
E - m a i l | 출판사업부　publish@kstudy.com
등　　　록 | 제일산-115호(2000. 6. 19)

ISBN　　978-89-268-3474-9 93320 (Paper Book)
　　　　978-89-268-3475-6 98320 (e-Book)

내일을여는지식 ■ 은 시대와 시대의 지식을 이어 갑니다.